本书由贵阳孔学堂文化传播中心编
本书获贵州省孔学堂发展基金会资助

阳明学研究年鉴2020

YANGMING STUDIES YEARBOOK

曾顺岗　谢群洋——主编

孔學堂書局

本书获贵州省孔学堂发展基金会资助

图书在版编目（CIP）数据

阳明学研究年鉴. 2020 / 曾顺岗, 谢群洋主编. —
贵阳 : 孔学堂书局, 2022.10
ISBN 978-7-80770-389-1

Ⅰ. ①阳… Ⅱ. ①曾… ②谢… Ⅲ. ①王守仁
（1472-1528）—哲学思想—研究—2020—年鉴 Ⅳ.
①B248.25-54

中国版本图书馆CIP数据核字(2022)第177147号

阳明学研究年鉴（2020）

主　编：曾顺岗　谢群洋
YANGMINGXUE YANJIU NIANJIAN (2020)

责任编辑：杨翌琳　孟　红
责任校对：陈　真
书籍设计：张　莹
责任印制：张　莹
出　　品：贵州日报当代融媒体集团
出版发行：孔学堂书局
地　　址：贵阳市乌当区大坡路26号
　　　　　贵阳市花溪区孔学堂中华文化国际研修园1号楼
印　　制：贵阳精彩数字印刷有限公司
开　　本：787mm×1092mm 1/16
字　　数：324千字
印　　张：22.75
版　　次：2022年10月第1版
印　　次：2022年10月第1次
书　　号：ISBN 978-7-80770-389-1
定　　价：98.00元

本书编委会

序

由于历史的机缘，贵州有着丰富的阳明文化资源。1508年，明代大儒王阳明遭到贬谪，来到贵州。他在修文龙场悟出了“知行合一”，开创了儒学发展的新境界，成就了中国思想史上的一座高峰。“知行合一”是王阳明以贵州为平台对世界做出的一次巨大文化贡献，也成为今天贵州人增强文化自信可以充分利用的文化资源。2014年3月7日，习近平总书记在全国“两会”期间参加贵州代表团审议时曾殷切寄语：“今天，我们不仅要坚定‘三个自信’，也要大力弘扬优秀传统文化，去其糟粕、留其精华，增强文化自信。明朝时，王守仁曾经在贵州参学悟道，贵州在这方面还是很有优势的，希望在这方面继续深入探索。”

作为弘扬和传承中华优秀传统文化的一个新兴综合体，贵阳孔学堂是贵州省弘扬阳明文化的重镇。近年来，孔学堂坚持“创造性转化、创新性发展”的文化方针，整合国内外各种资源，聚集知名专家学者，修建了“阳明文化馆”，成立了“阳明心学与当代社会心态研究院”，多次开展以“弘扬阳明文化”为主题的公益讲座、课题招标、学术论坛、戏剧汇演、书法展陈、漫画征集等活动，责无旁贷地承担起传承、弘扬阳明文化精神的重担，努力构建贵阳孔学堂、修文阳明洞、贵阳阳明祠“三足鼎筑”的贵阳“精神大厦”，产生了较大的学术影响，取得了良好的社会效益。

随着对中华优秀传统文化的挖掘、整理、阐释、传播和推广，阳明学的国内外影响力与日俱增。近年来，阳明学已成为显学，阳明学研究蓬勃发展，相关研究成果蔚为大观，相关学术会议不断召开。国内外涌现出许多研究阳明学的机构及刊物，诸如韩国阳明学会的《阳明学》，日本阳明学会的《姚江》，国内的《王学研究》《阳明学刊》《阳明学研究》《阳明学研究新论》以及中国台湾的《鹅湖》等。鉴于此，贵阳孔学堂文化传播中心从2017年开始，每年组织有关专家学者编撰出版一部《阳明学研究年鉴》，为学界同仁和热心公众了解、探讨、从事阳明学研究提供参考和借鉴。当然，这只是一个开始。我们希望通过《阳明学研究年鉴》的编撰出版，及时评介国内外阳明学研究的学术动态和学术前沿，系统梳理阳明学的历史内涵和时代价值，进一步推动阳明学的研究和传播，共同服务于“以文化人”的时代任务。

是为序。

徐圻

2018年5月1日

目　录

壹

中国大陆阳明学研究期刊文献综述

2020年度中国大陆地区的阳明学研究依旧保持热度不减，大量的研究成果涌现，研究的广度和深度也在不断地拓展和深化，呈现出多元样态。总体而言，这些研究成果，具体可分疏为以下主题：王阳明思想研究、阳明学诠释研究、阳明学比较研究、阳明学与佛道思想研究、阳明学与地域文化研究、阳明学与宋明理学及儒学研究、阳明学的近现代研究、阳明文献与行迹研究、阳明学与域外文化研究、阳明学与文学及文艺学研究、阳明学的当代价值研究、阳明学研究的回顾与前瞻等。兹依主题分类，择其最具代表性者，对2020年度中国大陆地区阳明学研究所取得的成就，做一简要的总结梳理。

一、王阳明思想研究

关于王阳明思想的研究，是整个阳明学研究的原点和基础，一直以来都是阳明学研究领域的重点和热点议题。在本年度，学界对这一议题继续展开了深入和拓展研究，取得了丰硕的成果。就其研究的总体而言，大致呈现出三个维度：一是对王阳明思想的整体性研究和把握；二是对王阳明思想中的核心概念、命题及思想事件的深化研究，如王阳明思想中“诚”“诚意”等重要概念，“良知”说、“知行合一”、“心外无物”、“心即理”等核心命题，以及“龙场悟道”“竹林格物”等的进一步阐释，突出思想原点的再诠释；三是对王阳明思想多维诠释的拓展研究，包括教育思想、伦理思想、军事思想、生死观、六经删述说、易学思想等，突出新向度的展开。具体而言：

（一）关于王阳明思想的整体性研究

李承贵就阳明心学格局的形成问题进行了考察分析，他认为：作为人文理念的阳明心学，乃是由具有社会科学属性的元素综合、转化、升华而来的，具体来说，阳明心学格局的形成，有赖于接引弟子、刻印语录、修葺书院、处理事务、协调分歧、抵御毁谤、心灵陪伴、分化一方等多种元素的综合作用。[1]崔海东从理论背景、主要内涵、实践向度三个方面剖析了阳明心学中“人的重建”问题。崔海东指出：在理论背景上，阳明心学视人民为一动态发展、辩证否定、自我生长的历史群体。将社会发展分为理想社会、现实社会、未来社会三期，认为三代之时民众乃和谐有序之圆满整体，其后则道绝学丧，人被异化，民众析崩，故需要进行第三期之重建。其主要内涵体现在三个方面：一是平等性，致良知以圣凡平等，倡友道以君臣平等，重工商以四民平等，纠性别以男女平等；二是主体性，由存在与本质之辩出本体转向，从物质欲望与精神性灵两方面重塑个体性；由本体与工夫之辩出工夫转向，从知行合一和能动创造两方面建构实践性；三是生活性，以人伦日用之日常性、多元一体之开放性恢复生活此一存在的本来面目。在实践向度上，以教化为主，广兴书院，自由讲学，以觉民行道重建三代之主人翁。[2]

王觅泉对本体—工夫悖论在阳明学中的典型体现进行了梳理，对导致悖论的原因进行了分析，通过反思和批判心性的本体化，在方法论层面得出一些理解心性的基本教训。认为：王阳明“合着本体的，是工夫；做得工夫的，方识本体”命题中，蕴含一种本体—工夫悖论：未曾“合着本体”，不能真正做工夫；而不做工夫，则又永不能“识本体”。这一悖论是贯穿阳明后学开展的重要线索。王龙溪和聂双江追求“合着本体的是工夫”，但是他们提供的“合本体”方案都成问题。钱绪山追求“做得工夫的方识本体”，但是如何方为“识本体”并不易确认。本体—工夫悖论的症结在本体，它不能离经验太近，否则不成其为本体，也不能离经验太远，否则流于玄虚，阳明后学正是在这种两难中挣扎。黄宗羲“心无本体，工夫所至即其本体”之论是化解本体—工夫悖论的出路。心性的本体化并不能提供实质性的解释和论证效力，反而可能导致独断、神秘和狂

①李承贵：《论王阳明心学格局的形成》，《河北学刊》2020年第6期。

②崔海东：《明代王学视域中“人的重建”》，《贵阳学院学报（社会科学版）》2020年第2期。

妄，应当立足经验性的人性与人心及工夫实践去理解性体与心体。[①]张新国就阳明心学的主体性问题展开了论述，他指出：主体性是人在其伦理行动中所展现出的自主的、能动的与合目的性的地位与特性的综合性范畴。相对于程朱理学较为注重人的行动的理据和根由，阳明心学则既注重美德所从出的人的内在良知即“心灵”，同时也颇为注重人的道德行动展开的直接现实性基础即“身体”；在本体论上则显示为自觉在气论中展开其心学演绎，建构一种即主体即本体、既重价值型塑又重现实关怀的道德哲学新形态。[②]

陈来阐发了王阳明晚年思想中的感应论，认为感应论是王阳明晚年讲学的主要内容之一，具有两方面的意义：一是以感应论来证明万物一体的思想，二是用感应论重新定义何谓“物”。具体而言：阳明通过心与物的感应关系证明了心物的一体性，主张在这种感应的关系中，不是心意构造对象物，而是感应关系构建起了心物二者的一体性，从而证明万物的一体性；阳明晚年对“物”的界定，不再以“意之所在”定义“物”，而是以“明觉之感应”来界定“物”，宣称“物”就是与心发生感应关系的对象，表明王阳明晚年学问功夫向肯定物的实在性方面发生的变化。[③]此外，郗韬从传播学的角度，对明中后期阳明心学盛行的原因进行了解读，指出：阳明心学在传播过程中，传播者因自身拥有的高权威性而产生了巨大的传播影响力，传播者灵活多样的传播方式、通俗易懂的传播语言吸引了更多受众。而受众的尊重需要、自我价值实现等需要被满足则是阳明心学能够产生极强吸引力的核心因素。另外，口语媒介和大众化印刷传播媒介的合理运用也加快了心学传播过程，扩大了其传播范围。[④]

---

①王觅泉：《阳明学的本体—工夫悖论与其教训》，《孔学堂》2020年第4期。

②张新国：《身体、心灵与自然的融通——王阳明心学主体性的结构》，《哲学研究》2020年第2期。

③陈来：《王阳明晚年思想的感应论》，《深圳社会科学》2020年第2期。

④郗韬：《明中后期阳明心学盛行的传播学解读》，《石家庄学院学报》2020年第2期。

（二）关于“良知”思想的研究

良知论是王阳明思想体系的核心内容，历来为王阳明思想研究者所重点关注。在本年度，董平、李健芸、李云飞、左克厚等学者从不同的角度，对王阳明的良知论继续展开了深入研究。董平论述了王阳明“致良知”说作为生存论的基本内涵，指出：王阳明“致良知”说的提出，将朱熹借此所建构的知识世界转换为主体的生存世界。王阳明“致良知”说的起点在于，良知作为人的本原性实在在个体的经验生存中的可能“隔断”；“致良知”的核心要义，即去除良知本体的“隔断”而实现良知于经验生存中的通体贯彻；“诚意”是消除良知本体的“隔断”而确保心体之真实体现的切要工夫。落实“致良知”工夫有两个维度：一是“心上学”，二是“事上磨”。所谓“心上学”，即是要主动地、自觉地实现良知本体的内在挺立，并将它建立为自我全部经验行为的“主宰”。所谓“事上磨”，即是把基于“心上学”而自觉建立起来的主体性通过经验的身体活动呈现出来，把它切实体现到自我日常生活的各种对象性交往关系情境之中去，也就是“致吾心之良知于事事物物”。“良知”即是“中体”，即是“未发之中”，故“致良知”即是“致中和”。“中”的实现，即是事物实在之真实情状的还原，即是真理的实现。“致良知”的根本要义，即要求将作为“主体性”的本原性贯彻、落实于现实的生存境域，由是而实现生命、人格、意义之整全的统一。“致良知”所展开的，既是一个真善美圆融统一的真实人生，也是一个秩序与和谐并在的人道价值世界。[①]

李健芸对良知之“真诚恻怛”与“知是知非”的关系作了辨析，认为：良知之“知是知非”只有诉诸良知之“真诚恻怛”才能得到恰当理解，正是良知之“真诚恻怛”规定了“知是知非”的标准。良知作为是非判断的头脑和主宰，其本然朝向先于一切意识活动而具有、始终作用于一

①董平：《主体性的自我澄明：论王阳明“致良知”说》，《中国哲学史》2020年第1期。

切意识活动之中，并为一切意识活动和由之带出的行为确定善恶是非。良知的本然朝向即良知以其根源上具有的指向他者、与他者贯通为一的活动能力为动力，走向实现自身本有的对万物一体的醒觉和成全。良知在具体个体的实现过程中，依其真诚恻怛展开为一种厚薄分明的差异结构，对厚薄的判断是否适应于此差异结构则为具体的是非判断确定了标准，对此差异结构的实现是良知实现自身的必然要求。良知的同一性和普遍性使具体个体同时知道他者应当实现的差异结构，这又为具体个体知道他者之是非确定了标准。良知之真诚恻怛所确定的是非标准是在每一个具体个体的具体处境的展开过程中所呈现出的具有丰富的差异性和层次性的秩序结构，而这个秩序结构又是同一个良知的展开。①

李云飞阐发了王阳明良知说的现象学意蕴，指出：阳明晚年以“是非之心”统摄良知，凸显良知“是非之心”的“自知”面向。由于其所聚焦的乃是功夫的入手和用力处的问题，并未能直接点出“是非之心”之“自知”与“意之所发”之“同时性”特征，因而招致后世的诸多批评。现象学的争执意识和安宁意识展示了良知呈现的普遍结构，以此为视角分析阳明的良知概念，可以回应这些批评和疑难。②左克厚对王阳明的良知论进行了辩证的反思，从良知质量与数量、良知与致良知、良知的现在与历史、良知独知与共知等四方面，论述了良知概念的二重性质，说明了良知的限度。指出：阳明学在当下复兴的同时也蕴含着危机，必须正视良知概念的两面性，不能无限夸大良知的作用，良知固然重要，但只依赖良知，最终会失去良知。③张小琴以海德格尔现象学和伽达默尔解释学为视角，论述了阳明学“良知共通性”的可行性问题。指出：在宇宙天道视野中，程朱伦理学立足“理本体”，提出“性即理”，自上而下探究普遍人性，

①李健芸：《真诚恻怛：良知的本然朝向——良知之真诚恻怛与知是知非关系辨析》，《特区实践与理论》2020年第1期。

②李云飞：《论良知呈现的现象学意蕴》，《学术研究》2020年第5期。

③左克厚：《王阳明良知思想及其限度》，《青海师范大学学报（哲学社会科学版）》2020年第1期。

先验“性体”成为普遍性人性的形而上根据。阳明将形而上“性体”拉回到“心体”，提出“心即性即理”。在伦理生活情景中，以良知和德行来说明什么是善的问题，以工夫实践赋予人性以生存论的诠释。良知作为具体的普遍性人性的根据。“良知共通性”是保证良知普遍有效性的根据。以海德格尔现象学和伽达默尔解释学为视角，剖析“良知共通性”之所以可能的三个基础条件：一是良知建基于真己；二是良知建基于“同情”与“同理”；三是良知建基于“工夫”。这三个基础条件如三足鼎立，坚实地支撑起“良知共通性”，完善了阳明生存论伦理学。①

（三）关于“知行合一”的研究

“知行合一”作为王阳明思想体系的又一重要组成部分，在本年度同样也受到了学界的高度关注。丁为祥分析了王阳明“知行合一”思想的根据、先驱及其判准，指出：王阳明的“知行合一”说，属于从“践形”系统出发对于程朱建立在认知基础上之“践行”系统的一种根本性扭转。这一扭转，凸显了道德理性与认知理性的深层分歧及其不同的人生作用。②陆永胜论述了王阳明“知行合一”的理论效力与实践能力，认为：王阳明的“知行合一”不仅仅是一种工夫方法，同时也是一种工夫哲学，具有自身的理论效力和实践能力。阳明心学的知与行具有特定的德性内涵，王阳明的“知行合一”是中国传统知行观发展到宋明时期理论特质的集中体现。修养论、价值论、理性主义、道德实践规定了“知行合一”的理论效力范围。作为具有时代特色的儒家哲学命题，王阳明的“知行合一”是时代问题意识性建构的结果，并在政治哲学领域延展，是解决时代问题的实学。其实践能力突出表现在批判与建构、教化天下和价值落实三个方面。王阳明“知行合一”的理论效力与实践能力分别关涉意义的有效性和价值的有效性，为我们于当代文化语境中理解王阳明的“知行合一”提供了诠释边

①张小琴：《论阳明学“良知共通性”的可能性——以海德格尔现象学和伽达默尔解释学为视角》，《贵阳学院学报（社会科学版）》2020年第5期。

②丁为祥：《“践行”还是“践形”？——王阳明“知行合一”的根据、先驱及其判准》，《哲学动态》2020年第1期。

界，同时也意味着践行“知行合一”的局限性。[①]

高正乐以意向为线索，对王阳明“知行合一”命题进行了系统阐述。认为：王阳明龙场悟道的内容，主要是明确了意向是“事”的表征。进而，他将“格物”解为“正事”，又进一步解为“正念头”。意的本然状态是心之知觉，故心之知觉是“事”最根本的决定因素。心在吾人行为活动中的知觉状态，决定了这些行为活动属于何事，此即“知行合一”。心的知觉与事件的展开可以相互促进，此即“知行并进”。知行合一与并进，需要“心即理”作为前提与保证，这样践履工夫才有明确的头脑。因为“知行合一”命题一定要与“心即理”配合才完整，故阳明的教法最终变为“致良知”。总而言之，王阳明“知行合一”命题的内涵是心之知觉与行为活动在本质上一致。心之知觉为行为活动提供了原始的动力及内容，并赋予其意义，而行为活动则是心之知觉在现实中的展开，因此知行是同一事的两个侧面，如鸟之双翼，不可分割。[②]姚新中、隋婷婷从当代社会心理学的视域出发，对王阳明“知行合一”论作了新的解读，指出：当代社会心理学的研究成果对阳明心学所提出的“知行合一”，既给予了实证性论证和解释，也提出了挑战，呈现出知行合一在心理结构和认知发展中面临的诸多困难，如群体一致性压力下个体的知行背离、大脑前额叶损伤引发情感缺失所导致的知行相悖以及电车难题中情感认知双加工竞争造成的知行两难等。然而，从阳明心学“一念发动即是行”与魏格纳“白象效应”的相互佐证到阳明心学与社会心理学在情理并举层面上的所见略同，从克除不善之念、抵御外物之诱的自律与认知心理学中内驱力的对应，到飞轮效应与“一万小时定律”对知行工夫的具象性推演与实证性勘测，可以发现阳明心学与社会心理学不但在思想中有诸多共鸣，其理论交叉与互补也为把握情感与认知的平衡、推动知行一致的自验期望、去除蔽

①陆永胜：《王阳明“知行合一”的理论效力与实践能力》，《江淮论坛》2020年第6期。

②高正乐：《王阳明“知行合一”命题的内涵与局限》，《中国哲学史》2020年第6期。

染引人习行、为“知行合一”在当代社会的嵌入与施行提供了更大的空间与可能性。[①]

（四）关于“心外无物”的研究

乔清举以“南镇观花”为中心，就王阳明“心外无物”思想的内在意蕴及其展开进行了考察分析。指出：“南镇观花”中花的色彩的“明白”既是客体的呈现方式，也是主体综合地领悟世界的体知方式。由前者说，“明白”是自然的生机与生意的流溢，是“仁”，具有本体性；自后者论，“明白”是人通过“感”建立与世界的多重联系，与世界形成生命共同体。“寂”不是物不存在，而是人对物的存在无感应，物不在人的意义世界之内，不与人构成生命共同体。“心外无物”的意蕴可展开为：一“存在应当被感知”，即人应当通过感知与物相通，构成意义世界；二“存在应当被关切”，即人应当让外物成为道德关注的对象，与之构成生命共同体；三“存在应当与人为一体”，即人应当通过致良知的道德实践达到与天地万物为一体的境界，使自身的价值和世界的意义同时得到澄明和提升。总之，“南镇观花”本质上表达的是人的存在方式，是人成为圣人的一条路径，而不是物的存在方式。[②]陈心想从现代认知科学的视角，对王阳明“心外无物”思想进行了阐发，认为：王阳明所论之“心”即“认知”，必须通过认知水平的提高，“心外无物”的心学才能够真正发挥其提高个体和社会认知“社会事实”心智层次的价值和意义。[③]黄瑶从“责任”的视域对王阳明“心外无物”作了阐释，认为：阳明的“心外无物”说较之其他宋明儒学的进展，在于将心物交融贯注于自我对他者的责任之中。在“责任”视域下，“心”指的是具有主体自觉性的道德本心，“物”指的是生发于道德本心之上的“道德行为”，主动担当的道德行为

①姚新中、隋婷婷：《当代社会心理学视域下的知行合一》，《江苏社会科学》2020年第1期。

②乔清举：《王阳明“心外无物”思想的内在义蕴及其展开——以“南镇观花”为中心的讨论》，《哲学研究》2020年第9期。

③陈心想：《“心”即“认知”：认知框架、社会事实与赋值力》，《南京师大学报（社会科学版）》2020年第2期。

必然能够搭建起自我与他者的桥梁。构筑自我之于他者的责任，“心”与“物”在责任的黏合下交融贯通，最终形成和谐的道德关系。[①]

（五）关于“心即理”的研究

李承贵论述了王阳明“心即理”的构造与运行，指出：“心即理”是由具有觉知、主宰能力的“心”与综合所有善德的“理”组合而成的至善本体，此至善本体可直接展示为“万善之源”“自善自信”“心定善恶”“圣凡之鉴”“收礼归心”“实有其事”等六个面相，是一种滋润万类、善化四方的道德本体。因为构成道德本体的以上六个面相，都包含有“‘心’努力成为‘纯乎天理之心’的心理活动”，所以“心即理”不是一种专制性、固化的本体，而是民主性、动态的本体，蕴含了复杂的心理结构和运行机制，表现为一种特殊的合德性与理性于一体的心理构造。[②]

（六）关于“诚”和“诚意”的研究

郝鑫论述了王阳明心学中“诚”的多重内涵，指出：在阳明心学中，“诚”在不同的情境中有着不同的呈现形态，具体展现为：“立诚”“诚意”“诚身”“诚心”“诚明”“至诚”等，可以概括为“诚”的“开启”“涌现”“境界”，分别代表着个体为学历程所涵盖的唤醒信心、践行纲领、生命体悟，并集结为以“诚”为中心的层次鲜明的概念系统。以“真诚”作为本性的“致良知”，整合、吸收“诚”的丰富含义，使之相互切近、贯通，升华为“圆融”，使阳明心学中的“诚”具备多元阐释空间。[③]朱小明探析了阳明心学中的“诚意”说，认为：对于“良知自知而不自致”的问题的解答，既关系到儒学的本体与功夫为一体的修证体系，同时又不可避免地引发了儒学对于恶的思考，暗含着儒学乐感文化和道德精神背后的忧患意识。阳明心学主要着眼于“意”的视角，具体阐释了良知

①黄瑶：《“责任”视域下的“心”与“物”——王阳明“心外无物”新解》，《大连海事大学学报（社会科学版）》2020年第1期。

②李承贵：《“心即理”的构造与运行》，《学术界》2020年第8期。

③郝鑫：《论王阳明心学中“诚”之内涵的多重性》，《宁夏社会科学》2020年第2期。

的遮蔽或迷失，从“意”与“心”“良知”“物”“情”之间的相互联系中，指出了应物起念的“意”所引发的私欲，以及由此而带来的良知的遮蔽。在此基础上，王阳明指出了“恶”在心学中的非本体的性质，并通过格致诚正等道德践履过程，将身心修养的重心放在了道德主体的自我努力上来。[①]

（七）关于“龙场悟道”的研究

“龙场悟道”是王阳明思想发展过程中一个的重要思想事件，李振纲、郭亮、赵文会、汪艳等学者，从不同的视角分别对此进行了考察。李振纲以《何陋轩记》《君子亭记》《象祠记》《玩易窝记》为中心，对王阳明“龙场悟道”的人文心境进行了论述。认为：王阳明“戊辰四记”从一个侧面反映出王阳明“龙场悟道”时的生命感悟与心灵涤荡。艰难的生存境遇使王阳明洗刷去文人士大夫清高自恋的书卷气，从与底层民众的生活交往中感受到质朴本真的生命体验，继而感悟到“良知”本体及“诚”的境界。龙场悟道是阳明心学的一次精神飞跃，此后王阳明将生死置之度外，把全副精神凝注于知行合一的生命实践。此种经历不仅推进了儒学在贵州地区的传播，而且对王阳明传奇性的一生具有奠基性影响。[②]郭亮从释经学的角度对王阳明龙场悟道进行了整体性的关照，指出：王阳明通过“以经印心”的方式确立了对所悟之道的正确信念，并以“以心解经”的方式创造性地诠释经典，从而把所悟《大学》“格物致知之旨”贯通儒家“五经”“四书”，其释经活动是“用力之久”“默识心通”之后的结果，属于典型的“体知”解经。由于悟道之后的王阳明坚持“道一而已”的观点，使其释经学具有“圣经统一论”和“单一目的论”的取向。虽然王阳明在诠释经典时对载道之“言”的多样性持比较包容的态度，但是并

①朱小明：《从“有善有恶是意之动”到“为善去恶是格物”——阳明心学的“诚意”说探析》，《贵州文史丛刊》2020年第4期。

②李振纲：《龙场悟道的人文心境——王阳明“戊辰四记”钩沉》，《贵阳学院学报（社会科学版）》2020年第6期。

不会陷入诠释学中的历史主义和相对主义。①

赵文会从哲学与历史辩证关系的角度对龙场悟道进行了考察分析，认为：王阳明“龙场悟道”有三个哲学维度：在宏观层面，开拓了内求本心的思想路径论；在中观层面，开辟了阳明心学的人性主体论；在微观层面，开启了阳明哲学的心学本体论。龙场悟道的三个哲学维度，改变了明代儒家士大夫群体修圣贤学的三种历史实践途径：“转理为心”思想路径的转变，人性本体思潮的兴起，对心学本体论的实践。这是一个双向的过程，哲学维度和历史维度是辩证统一的。②此外，汪燕借用心理学的“心流”理论，对“龙场悟道”进行了解读。所谓“心流”，即是指将个人精神力完全投注在某种活动上的感觉。认为：由于王阳明立志“做圣贤”具有“自带目的性人格”这一基础条件，所以在内在向度上他能通过静坐澄默的精神修养工夫成功地掌控意识，实现了自我成圣的“独特化”；在外在向度上他能通过事上磨炼的精神修养工夫积极应对外在的挑战，将压力转化为心流，实现了自我成圣的“整合”；二者交融补充，持续的精神修炼促进了自我的成长，最终实现了龙场顿悟。③

（八）关于“格竹事件”的研究

乐爱国对王阳明早年的格竹事件，作了全新深入的分析。认为：王阳明早年亭前“格竹”而“不得其理”，但事实上，他又从竹子中获得了感悟，讲“竹有君子之道”。尤其是对天地之道有较多的认知。王阳明“龙场之悟”讲“圣人之道，吾性自足”“求理于事物者误也”，后来又批评朱熹“即物而穷其理”是“析‘心’与‘理’而为二”，提出“格物之功，只在身心上做”，但事实上，他非常重视研究外部事物，强调“知所

---

①郭亮：《王阳明龙场悟道的释经学意蕴》，《中山大学学报（社会科学版）》2020年第4期。

②赵文会：《论王阳明龙场悟道的哲学维度与历史维度间的辩证关系》，《宁波大学学报（人文科学版）》2020年第2期。

③汪燕：《王阳明龙场悟道的“心流”阐释》，《安顺学院学报》2020年第4期。

先后”，讲“须能尽人之性，然后能尽物之性”。[①]

（九）关于王阳明教育思想的研究

李兴韵、张杨旭论述了王阳明的儿童教育思想，指出：王阳明以儿童的良知即自然本心为前提，奠定儿童的成长之基。在考德、读书、习礼和歌诗的儿童成长之序中，以考德正其心、立其诚，复归其性情本体，佐以自然环境之陶冶，使其入于中和；以书开智，明心见性，培育修养工夫中良知辨是知非的智力基础；以礼约行，导引儿童外在行为规范，以达精气日足的体貌状态；以诗兴情，涵养儿童自然流露的情感，保持中心喜悦。由是培养儿童生命的精神内核，从“自得之美”出发，达至与天地万物为一体的生命气象，展现生命的千姿百态。王阳明的儿童教育思想深刻并富有启示作用，对我们认识儿童、帮助儿童成长具有现实意义。[②]金世贞以现代教育危机为切入点，深入分析了阳明心学思想体系三大命题所包含的主体性、实践性及有机体的人生观和生命观。认为阳明心学作为一种生命力极强的生命哲学，可以为实现真我的教育观提供强大的动力源泉。讨论了王阳明实现真我的教育观的内容和意义，分析了实现真我的教育方案，指明了阳明教育理论在解决当今社会存在的整体教育危机中的启示和借鉴作用。[③]杨道宇论述了阳明心学的学习意志论，指出：阳明心学从立志、持志、信志、责志四个方面形成了颇具心学特色的“学由志成”论，成为中国传统学习动力论的典型代表。其核心观点主要有四：一是“立志”以使“学而有根”、二是“持志”以使“学成于恒”、三是“信志”以使“学成于信”、四是“责志”以使“学成于责”。这种学习动力论对于揭示学习动力运行的内在机制，纠正西方兴趣动力论的偏颇，改进当前的中国教学实践，构建中国气派的教学理论，具有十分重要的启示作用。[④]

---

①乐爱国：《王阳明的“格竹”与“竹有君子之道”》，《贵阳学院学报（社会科学版）》2020年第5期。

②李兴韵、张杨旭：《王阳明儿童“自得之美”教育思想研究》，《教育研究与实验》2020年第5期。

③［韩］金世贞：《王阳明的生命哲学和实现真我的教育论》，《教育文化论坛》2020年第3期。

④杨道宇：《学由志成：阳明心学的学习意志论》，《山西大学学报（哲学社会科学版）》2020年第2期。

（十）关于王阳明伦理思想的研究

涂可国从隐含的、实质的维度分别从良心之学与责任伦理、良知本体论与责任伦理以及良知工夫论与责任伦理等三个层面对阳明心学与责任的关系问题进行了阐释。认为：王阳明的“良知”本质上就是指的“良心”，虽然王阳明没有上升到自觉理性的层次思考良心与责任二者之间的关系，但其良知说自发地触及二者的关联。阳明通过所阐发的心性论、心事论、心物论和心理论，揭示了责任伦理的心性论基础以及责任与意识的内在关联性，彰显了道德责任的主体性，凸显了道德责任心、义务观念对人的道德意图、道德动机和道德行为的制约、驱动作用。其良知本体论不仅确立了人的致良知责任，也为人的责任担当创构了深层的道德动力、道德准则和精神支撑，在现实道德生活中可以极大地激励人“良心的发现”。其良知工夫论指明了人应当承担正心、尽心、存心、养心等多方面的心灵修养责任，阐述了道德主体精神塑造的丰富内涵和实践路径。王阳明良知责任思想的缺陷在于，忽视甚至抹杀了道德责任的社会性、外在性，夸大了良心良知以及义务心、责任心在人履责中的作用。①

王振钰从道德动机论的角度对阳明心学做了解读，指出：道德动机所关涉的知行问题是宋明儒学探讨德性之知的一个主要面向。围绕对“知而不行”现象的分析与解决，程朱理学提出“理不容已”的道德动机论，认为外在客观道德应当为人们提供践行道德的理由，而不管人们偶然的好恶。王阳明在“心即理”和“是非即好恶”等命题的基础上，将道德情感作为道德真知的来源和道德实践的动力，认为真正“不容已”的是一种集道德认知功能与道德实践功能为一体的“情理”，由此形成“情理之不容已”的道德动机论。这种道德动机论与当代美德伦理学力图走出休谟式道德动机论，证成“信欲”心智状态的存在遥相契合。认为：通过阐述主观性的道德情感如何确保道德客观性，道德认知主义的可错性与良知的可靠

①涂可国：《良知与责任：王阳明责任伦理思想再论》，《孔学堂》2020年第2期。

性如何兼容，以及人类道德心理的真实发生机制，可以进一步证成王阳明道德动机论的合理性。[①]

李史如从“万物一体”论从发，阐发了王阳明的环境美德伦理思想。认为：王阳明的“万物一体”论蕴含着丰富的环境美德伦理思想。“仁者以天地万物为一体”的本质，不是“感同身受”，也不是“移情”，而是“生之性”的体现。“生”即存在，生之性即存在本性，“生之性便是仁”。首先，仁即存在本性，万物皆有。天地间的自然万物都是一种存在，存在于天地间的自然万物中皆蕴藏着存在本性。人与自然万物因这相同的本性而没有隔阂，相互依存，连接为有机整体，这是“仁者”能够“以天地万物为一体”的根本前提。其次，仁即感知能力。这一感知能力使得仁者能够体认万物之中的存在本性，对万物存在本性有所感知而产生“一体感”，这是“仁者”能够“以天地万物为一体”的必要条件。最后，仁表现为爱的情感。这份爱的情感使得仁者能够主动去呵护万物中的存在本性，将自然万物看作自己身体般去关照与爱惜，这是“仁者”能够“以天地万物为一体”的重要保证。正是存在本性、感知能力以及爱的情感这三重因素的共同作用，使得“仁者以天地万物为一体”得以可能，自然万物也因此得以和谐共生，绵延不绝。[②]

苏晓冰通过考察王阳明对“良知”实在性的论证，论述了道德普遍性的根据问题。指出：王阳明对“良知”概念的重视，既源于良知构成“成圣”这一“第一等事”的前提，也因为良知在实质上奠定了道德实践的基础。而这些功能与作用，是建立在良知之实在性这一前提之下的。朱子学以心为明觉而求理于外的理论倾向，实质上是否定了良知的实在性。王阳明对良知实在性的论证，主要有以下三个方面：一是通过对孝、悌、孺子入井等现象的反思进行经验性说明；二是借用体用关系的分析进行形上学

①王振钰：《是非即好恶：阳明心学的道德动机论初探》，《求是学刊》2020年第4期。

②李史如：《“仁者以天地万物为一体”何以可能——论王阳明的环境美德伦理思想》，《南京林业大学学报（人文社会科学版）》2020年第5期。

探索；三是通过一个否定的角度进行反向论证。良知实在性的证明成为其哲学体系建立了坚实的基础，同时也构成了王阳明哲学对道德之普遍性根据这一哲学基本问题的回答。[①]

（十一）关于王阳明“一体之仁”思想的研究

李富强从存在论的视角，对王阳明“一体之仁”思想做了阐释，认为：王阳明的“仁”是本源、本体，具有创造与活动的特点，是“造化生生不息之理”。“仁”即存在的显现，亦即显现的存在，心—意—物的意向结构是存在的原初状态，人不能于其自身存在之外去把握、认知、体验作为超验对象的“仁理”，而只能从人自身存在的原初状态——心—意—物——这一意向结构来澄明世界之意义。王阳明认识到存在中的存在者是共属一体的，必须从天地万物一体同源之“仁”来思考存在者整体。天地万物在人的生存活动中显现自身为一个统一性的整体，即“一体之仁”。[②]张新国阐发了王阳明《大学问》中仁学思想的建构，指出：“一体之仁”的仁学思想是阳明晚年《大学问》的思想论纲。阳明在反思宋儒及明代社会文化状况的基础上，以万物一体之仁为核心理念，熔铸其心即理、知行合一、致良知等一生最为重要的学问理念，建构了融义理与工夫为一个完整体系的仁学思想。这是阳明晚年思想的新动向，也是儒家仁学思想在明代的新开展。[③]

（十二）关于王阳明生死观的研究

龚晓康通过对王阳明生死觉化的心路历程的考察，论述了王阳明的生死观。指出：王阳明生死观的转进缘于对两重自我的区分；同时，阳明的生死观具有生死而超越生死的特征，不但极大地推进了儒家对于生死问题的探索，也实现了对于佛道教生死智慧的融会贯通。阳明对于生死问题的

---

①苏晓冰：《道德之普遍性的根据何在——从王阳明对“良知”之实在性的论证来看》，《海南大学学报（人文社会科学版）》2020年第4期。

②李富强：《王阳明“一体之仁”的存在论阐释》，《洛阳师范学院学报》2020年第4期。

③张新国：《王阳明〈大学问〉的仁学建构》，《南昌大学学报（人文社会科学版）》2020年第1期。

思考，是基于“仁者与天地万物为一体”之理念：人心与天地万物神感神应，即是一体之仁的感通不已，亦即彻生彻死之“真己”；但为私欲执着所遮蔽，众生沉沦于“躯壳之己”，故有“小我”之生死。体证生死的关键，在于挺立知是知非之良知，笃行事上磨炼之工夫，真诚地面对现前一念，破除私欲执着之遮蔽，恢复一体之仁的神感神应，以证入“大我”之化境。然而，一体之仁的体证，不离伦物之感应，故自我的生死超越，关乎他者的生命安顿。因此，阳明之生死觉化，既未堕于虚无寂灭之窠臼，亦未落于自求解脱之坑堑，正是通过对长生不死的视域转化，阳明构建起了“致良知”的道德形上学。①

（十三）关于王阳明六经“删述”说的研究

王胜军对王阳明六经“删述”说进行了阐释，指出：王阳明从哲学层面将孔子“删述”六经与“始皇焚书”对举，展示了“良知”与“私意”对文化生态的不同引导以及“删述”的政治文化意义。以“习染”说为支撑，王阳明从良知异于见闻的逻辑出发，提供了由个人的偏见剥落进而到社会层面“著述”式权威知识文本的删述进路。在批判程朱理学的基础上，王阳明又揭示了“存迹示法”和“削事杜奸”的文献编纂原则，并主张通过“拟经”，即表彰正学的方式，渐次淘汰足以诱发人欲和败坏风俗的各种言说，以净化良知发用的外在文化生态环境。六经“删述”说实际上是王阳明良知学建构的重要补益性发明。②

（十四）关于王阳明军事和易学思想的研究

黄朴民、熊剑平阐发了阳明的军事思想，认为：兵儒合流的特征，在其身上有着集中的体现。王阳明兵学思想，就战争观而言，主张“求善”与“去患”；就实力运用而言，力倡“兵民合一”；就战争谋略的运用而言，注重奇正结合。王阳明将兵家的用兵谋略与儒家的治国安邦之策很好

①龚晓康：《“此心光明”：王阳明的生死觉化与良知体证》，《中国哲学史》2020年第3期。

②王胜军：《王阳明六经“删述”说发微——兼论文化生态的净化》，《湖北大学学报（哲学社会科学版）》2020年第5期。

地结合起来，并通过用兵理论与战争实践的结合，推动了兵学与儒学的融通。[①]赖少伟论述了王阳明易学思想的发展路径问题，指出：王阳明易学思想的发展，经历了三个阶段："龙场悟道"之前，阳明易学思想主要表现为对程朱易学之因循；"龙场悟道"之后，发挥易理以证其"道"；晚年提出"良知即是易"，良知与易道圆融。[②]

二、阳明学诠释研究

诠释学作为方法论，为解读古典文本提供了新的视角，因而受到现代学界的高度关注和重视。将诠释学引入阳明学研究中，具体呈现为两个方向：一是阳明学本身对经典的诠释，二是对阳明学的现代再诠释。李春青论述了王阳明经典阐释学思想的实践性品格，指出：在儒学经典阐释学的历史上，"汉学"与"宋学"分别代表两种阐释模式。前者坚持"章句训诂"之路，称为传注或注疏之学，以"我注六经"为己任；后者则坚持"发明本心"门径，名曰心性之学，以"学作圣人"为鹄的。在"宋学"系统中又有两种不同的阐释方式：一者以程朱为代表，主张从文本阐释而达于自我阐释，所谓"格物致知"；一者以陆王为代表，主张以自我阐释统摄文本阐释，所谓"致良知"。王阳明关于"自我阐释"有系统阐述，在突破传统儒学思维方式、张扬个体主体精神方面起到了划时代作用。其"致良知"与"知行合一"说所给出的经典阐释框架集中彰显了阐释的实践性品格。[③]邹莹对王阳明的经典诠释学作了整体的考察，指出：王阳明的经典诠释以"忘鱼而钓，寄兴于曲蘖"为总体原则，其基本内涵是对传统的读书求道观念的反叛，要求以经典为吾心之印证。为了使得经典可以与吾心相接，阳明以"良知"为心之本体，从而使得释经者与经典在心

①黄朴民、熊剑平：《知行合一：王阳明兵学思想管窥》，《浙江社会科学》2020年第9期。

②赖少伟：《王阳明易学思想之发展路径》，《赣南师范大学学报》2020年第5期。

③李春青：《从"文本阐释"到"自我阐释"——王阳明经典阐释学思想的实践性品格》，《山东师范大学学报（社会科学版）》2020年第4期。

之"良知"的本体层面达到彻底的"视域融合"。由此阳明得以将"致良知"作为理解与解释经典的"权衡"，进而将明代的"二十四民"全部纳入经典诠释的对话对象之中，最终开启了明末以情抗礼的社会风尚。[①]

汪学群论述了王阳明心学与经典诠释的关系，指出：阳明心学源自对经典的解读，这一个"心学的经典化"与"经典的心学化"一体两面的过程。在王阳明看来，"心学"与"经学"是一种"道"与"经"的统一关系，"心之常道"就是"经之常道"，对"经"的宗旨及源流的考察须以"正人心"为本，孔子删述《六经》等也正是围绕着正人心、塑人伦进行的。阳明心学是对经典诠释的心学，不是空谈心性、游谈无根的。[②]何柳以"情本体"为诠释视角，从本体论、实践论、境界论三个维度对王阳明心学理论进行了诠释和考察。指出：儒家哲学思想体系在本质上是情感伦理学体系，其根本是以"情"为纲要的一种内在意识现象向外部客观世界的展开。在生命现象学视域下，阳明心学在本体论、实践论、境界论三个面向呈现出丰富的情感性。在王阳明本体论的思想脉络中可求见一种基于主体反身逆觉的源初性生命体验，而在此基础上被建构的实践论则又昭示出良知作为一种彻底内在性的意向性，它使得主体能逾越现象学间距，从"在生存"跃迁为"在存在"，从而察悉出一条复归自生自化的源初生命境界，达致万物一体的理想人格的具体路径。[③]

三、阳明学比较研究

因为阳明学本身是在关系中创建和存在的，因而比较研究对于开阔视野、拓展阳明学研究的范围和空间具有不可替代的独特价值。比较研究既是阳明学研究的重要方法，也是阳明学研究的重要论域。通过比较研究，阳明学的内涵和特征得以更加清晰的呈现。本年度中国大陆学界对阳明

①邹莹：《"忘鱼而钓，寄兴于曲蘖"：王阳明的经典诠释学》，《理论界》2020年第2期。

②汪学群：《王阳明心学与经学的互释》，《哲学动态》2020年第1期。

③何柳：《王阳明心学的情本论新解》，《贵阳学院学报（社会科学版）》2020年第6期。

学的比较研究，大致呈现出四个向度：一是阳明学与朱子学的比较、二是关于阳明学与象山学及甘泉学的比较研究、三是阳明学与禅学的比较、四是阳明学与西方哲学比较。其中，阳明学与朱子学的比较研究是本年度的重点议题。

（一）关于阳明学与朱子学的比较研究

陈乔见、徐亚豪、樊智宁等学者，比较分析了王阳明与朱子在格物问题上的异同。陈乔见通过比较研究，考察分析了王阳明对朱子格物论的批评，指出：王阳明把朱子格物穷理说定性为“外心以求理”，并等同于告子“义外”之说而加以批评。阳明的批评，虽然击中朱子学的要害，但却并非完全相应。朱子的格物说颇为强调对外在物理的认知与节目时变的讲问商量。阳明强调廓清良知为头脑工夫，对外在物理与知识难免有所忽视。实际上，在日常生活的一些情形中，缺乏相应的物理知识，徒致良知亦无法实现知行合一。就此而言，朱子格物说自有其不可替代的意义。[①]徐亚豪论述了王阳明与朱子在格物问题上的不同以及王阳明对朱子格物说的内在化转向，指出：宋明儒学的格物之学，始终存在着道德与知识不断抵牾的张力。在王阳明看来，儒学的最终指向是道德人格的圆成，作为至善的天理根植于道德主体，知识只有时时处于道德的观照之下方能表征其意义，朱子格物说的弊端在于方向不明，易陷溺于具体事物的考索而游骑无归。针对朱子格物说的流弊，王阳明对朱子格物说进行了内在化的改造。王阳明、朱子所论格物之“理”具有不同层面的内涵，王阳明以“道德事实”代替“客观事实”的做法，亦未能在同一学理层面上对朱子格物说达成有效的批评。总的来说，在体证天理的终极意义上，朱子所侧重的是由事物之理的获得而涵养为至善的道德之理，王阳明所侧重的则是在天赋至善之理的指导规引下陶铸事物之理。[②]

①陈乔见：《王阳明批评朱子“外心以求理”的得与失》，《浙江社会科学》2020年第8期。

②徐亚豪：《道德与知识的张力——论王阳明对朱子格物说的内在化转向》，《特区实践与理论》2020年第1期。

樊智宁以《春秋》《左传》学为视角，对王阳明与朱熹的“格物致知”论进行了比较分析，指出：朱熹和王阳明对《春秋》的评价大致相同，都肯定《春秋》的价值，认为其中蕴含圣人之道，都将《春秋》中的“大义”视为“天理”。但在对《左传》的态度上，二人却截然相反。朱熹认为《左传》是理解《春秋》和探知“天理”的必要文献；王阳明则认为《左传》所载的内容尽是“人欲”，不值得提倡。二人之间的差异，源自对“格物致知”的不同理解。朱熹倡导“即物穷理”，《左传》即是“物”，《春秋》中的“大义”则是“理”；王阳明推崇“致良知”，《春秋》中的“大义”作为“良知”应当向内自求，而非在《左传》这种“外物”上做工夫。二人“格物致知”论的不同，也影响着他们的解经方式，朱熹强调从礼法入手，王阳明则以正心为核心。[①]

乐爱国论述了王阳明与朱子在理欲论以及对“克己复礼为仁”解读上的异同。指出：王阳明的“去人欲而存天理”来自朱熹的“存天理，灭人欲”，二者之间存在着三个方面的不同。一是，朱熹讲“性即理”，既讲人之性又讲物之性，并且认为人、物之性都是禀赋天理而来；王阳明则讲“心即理”，以为天理即人之道心，人之良知。二是，朱熹认为，“存天理，灭人欲”首先在于“即物而穷其理”“格物致知”，然后“为善以去恶”，从而“克尽己私，复还天理”；王阳明则反对朱熹所谓“即物而穷其理”之说，认为“去人欲而存天理”只是就心上讲求，“存天理”只在于“去人欲”。三是，朱熹认为，“存天理”与“灭人欲”是先后不同且又相互统一的两种工夫；王阳明则认为，“去人欲”与“存天理”是同一的，“去得人欲，便识天理”，且特别强调去除人欲。相同之处在于：都讲天理与人欲的对立，要求去除人欲。[②]王阳明对“克己复礼为仁”的

①樊智宁：《朱熹、王阳明的“格物致知”论比较——以其〈春秋〉〈左传〉学为视角》，《井冈山大学学报（社会科学版）》2020年第1期。

②乐爱国：《王阳明的“去人欲而存天理”及其与朱熹理欲论之比较》，《安徽师范大学学报（人文社会科学版）》2020年第2期。

解读，源自朱熹《论语集注》将“克己复礼”分为“克己”与“复礼”两个部分，将“克”解读为“胜”，“己”解读为“身之私欲”。与朱熹一样，王阳明强调“克去己私”，讲“克己工夫”。然而，阳明后学的解读却发生了变异。他们明确反对朱熹把“克己”之“己”解读为“己私”，王畿、邹守益、罗洪先等将“克己”解读为“修己”，罗汝芳则推崇陆九渊、杨简的解读，将“克”训为“能”。[①]

此外，曾亦以明代“大礼议”为视角，结合程颐、朱熹关于宋代“濮议”的意见，考察了程朱理学与阳明心学在处理儒家孝道问题时的不同态度，以及在实际政治生活中的不同后果，揭示了双方在经学见解上的差异对其心性概念理解上的不同。认为朱子在事上言至善，王阳明在心上言至善，二者对“至善”概念的理解，有着根本性的差异。[②]叶云通过比较分析，论述了阳明学与朱子学的相同之处，认为：虽然王阳明是以批评朱子而起家的，但在批评朱子并重新建构儒家思想的同时，不可避免地继承了朱子的一些思想前提。重点论述了王阳明对朱子天理思想的继承，指出：王阳明在阐释良知时，相当程度上就是从天理的角度来说的；在天理、人欲之辨上，王阳明也承袭了朱子的基本立场。王阳明对朱子天理思想的继承，为良知的客观性、普遍性作出了有力论证。但同时也存在一些理论难题：一是，以天理为心之本体、为至善者，以人欲、私欲为恶，在“去得人欲，便识天理”的论调下，理与欲就处于非此即彼的关系中。如此，感性欲望的地位就不得独立，意义就不得彰显。二是，以超验的天理诠释良知，会使作为人内在成德根据的良知抽象化，从而使阳明心学陷入二重性的困境，在学理上有走向分化和破败的可能。[③]

---

①乐爱国：《王阳明对〈论语〉“克己复礼为仁”的解读及其后学的变异——兼与朱熹的解读比较》，《贵州社会科学》2020年第2期。

②曾亦：《严父莫大于配天：从明代“大礼议”看朱熹与王阳明对“至善”概念的不同理解》，《中国哲学史》2020年第3期。

③叶云：《王阳明对朱子天理思想的继承》，《宁波大学学报（人文科学版）》2020年第2期。

（二）关于阳明学与象山之学及甘泉之学的比较研究

欧阳祯人依托于孟子的相关思想，以《拔本塞源论》为出发点，从文献入手，对陆象山与王阳明进行了比较研究。具体从良知之心隔于物欲之蔽与功利之毒沦浃心髓两个方面讨论了王阳明对陆象山思想的继承与发展。指出：陆象山与王阳明都是孟子思想忠诚的继承者。《拔本塞源论》与陆象山《与邵叔谊》等文献有着惊人的承继关系。王阳明《拔本塞源论》深受陆象山的启迪，是陆象山的思想之观点、角度、思路、构架的扩充、重构与发展。[①]张慕良从王阳明与湛甘泉谈“心”背后的关于构建形而上学的思维方式为考察维度，对二人思想的差别给予了理性的解释。指出：王阳明与湛甘泉面对朱子理学所留下的“心”“理”二分问题，分别将“心”作为哲学立场而落于生存实在中以“体察”“天理”的模式求其“所存”和将“心”通过语言建构为实体的以知识形式统摄“心”“理”的答其“所是”。对王阳明与湛甘泉之别的学理考察，可以为合理把握王阳明与湛甘泉之间的学术关系，包括王阳明与湛甘泉之师陈白沙的学术关系，以及宋明理学尤其是明代理学发展脉络等问题提供借鉴意义。[②]

（三）关于阳明学与禅学的比较研究

车辙从概念、理论起点、运作过程、最终境界等四个方面，比较分析了王阳明“知行合一”的修养方式与祖师禅“明心见性”的修行法门之间的异同。指出：在概念方面，“知”与心性在道德价值上同一，在理论位置上分异；在理论起点方面，“心即理”与“即心即佛”在应用场域上同一，在发用环节上分异；在运作过程中，“知行合一”运作下良知的显现与“明心见性”达成后佛性的显现在出发点上同一，在方向性上分异；在境界方面，成圣与成佛在意象上同一，在作用上分异。指出，二者即便在相似度极高的内容中也包含着差别，这些差别表明了阳明学“知行合一”

①欧阳祯人：《从〈拔本塞源论〉看王阳明与陆象山的关系》，《孔学堂》2020年第3期。

②张慕良：《“信心”与“言心”——思考王、湛之别的一个维度》，《北京师范大学学报（社会科学版）》2020年第3期。

思想始终立足于儒学语境，说明了阳明学与祖师禅在修养论上不可混为一谈。[①]

（四）关于阳明学与西方哲学的比较研究

黄勇和段素革比较分析了迈克尔·斯洛特与王阳明道德动机论，指出：休谟式的“信念—欲望”模型是道德动机理论的主流。在当代哲学中，第一种理性主义的反休谟主义者宣称，信念自身足以使人产生行动的动机，因此欲望不是必要的；而第二种情感主义的反休谟主义者则宣称，只有欲望或情感才能解释一个人的行动。第三种反休谟主义者既同意休谟主义的观点，认为信念和欲望都是为解释一个人的行动所必需的，同时又不同意休谟主义，认为信念和欲望并不是两个相互分离的心灵状态，相反它们构成了一个称作“信欲”的单一心灵状态。迈克尔·斯洛特是第三种反休谟主义者的代表，其信欲概念对道德动机问题的讨论做出了重要贡献，然而亦有其局限性：因为他称一切信念都是欲望存在不必要的彻底性，同时因为他需要一个独立的欲望来解释人的行为动机又不够彻底。王阳明的良知概念及“知行合一”思想，可以为克服斯洛特观点的局限性提供有益借鉴，因为良知作为一种信欲，仅适用于道德或规范性领域，而且能够在不需要一个独立欲望的情况下激发人的行动。[②]

李浩比较分析了王阳明的“心即理”学说与约翰·亚当斯的“良心自由”思想，指出：王阳明的心即理学说是对传统理学的突破，亚当斯的良心自由突破了传统基督教教义。两种伦理学的理论关键是二人对人性的看法，其一致之处在于人性本质是无善无恶的。在伦理实践中，面对个人自由与公共规范之间的张力，王阳明与亚当斯都坚持良知与良心具有先验性，而这种先验性的显现分别需要“致”的工夫和自制。王阳明和亚当斯分别将“惟为圣贤方为第一”“虔诚和美德”奉为个人伦理事业的圭臬，

---

① 车辙：《王阳明“知行合一”与祖师禅“明心见性”比较研究》，《贵阳学院学报（社会科学版）》2020年第4期。

② 黄勇、段素革：《信念、欲望与信欲：斯洛特与王阳明道德动机论之比较》，《伦理学研究》2020年第3期。

原因在于两人虽然都突破了传统社会伦理的非理性意识，但又都将传统伦理思想追求的个人修身目标置于经验性的信仰地位，在这一点上，王阳明强调“意诚”，亚当斯强调“虔诚”。此外，二者都蕴含着“宗教性—世俗性”“整体的—个体的”对立统一的因素。王阳明与亚当斯在处理传统与现代的裂变所造成的“迷茫感”时，都将出路指向了带有宗教意识的内心。王阳明的“心即理”学说和亚当斯的“良心自由”思想在近代转向的时空中卓然并列。①

高鹤文、范永康将王阳明的工夫论与福柯的生存伦理学进行了比较分析，指出：福柯生存伦理学与王阳明工夫论具有一定的相似性，两者都提出了具有实践性、知识性、主体性和精神性等特点的修身理论。但是，以西方主客对立和中国天人合一为哲学基础的这两种伦理思想，又具有主体先行与主客统一、个体本位与社会本位、神性境界与天地境界这三个层面的差异。王阳明工夫论既涵盖了福柯的个人伦理诉求，又追求天人合一的天地境界，对当代西方伦理学的发展具有重要的借鉴意义。②徐良以海德格尔和王阳明为研究对象，从存在与心在、根据律与致良知、此在与此心、领会与格物等四个方面，比较分析了中西本体论的共同态度和基本立场，揭示了中西思想赖以沟通的可能性和共同方法，从而预示着人类命运共同体可能构建的思想根基。徐良认为：海德格尔和王阳明，是西方文化和东方文化最有代表性的思想家之一，他们虽然前后相隔400多年，出现于两个不同文化背景的国度，然而其本体论思想却有着惊人的相似之处，由此展开的比较对话意味着中西哲学有着高度共鉴的一致性，蕴含着东西方文明共同的理性精神。③

①李浩：《“心即理”与“良心自由”之比较研究——兼论近代中西伦理体系中的核心思想》，《内蒙古社会科学》2020年第3期。

②高鹤文、范永康：《关怀自身与万物一体——福柯生存伦理学与王阳明工夫论之比较》，《曲靖师范学院学报》2020年第4期。

③徐良：《王阳明和海德格尔的本体论思想研究》，《中华文化论坛》2020年第2期。

四、阳明学与佛道思想研究

阳明学与佛道二教的关系问题，一直以来都是阳明学研究领域的重要议题之一。陈立胜将王阳明对待佛教与道教的态度总结为“王阳明模式”，认为“王阳明模式”是一种独特的宗教对话模式，不同于当今宗教学通行的“置换模式”“成全模式”“互益模式”“接受模式”，它既承认每一种文明都有其本己的宗教，同时又汲取了“置换模式”下对本己宗教的强烈认同与归属感。相较于“成全模式”与“互益模式”，“王阳明模式”更注重自我的开放性与自我的成全，而不是以本己宗教去“成全”异己宗教。“王阳明模式”的重点在于向宗教的“他者”保持开放性，而其始终如一的“人道”取向可以把宗教向度贞定在人性的肯定与实现这一面向，避免宗教信仰走向迷狂、偏执与蒙昧主义。①

在本年度，大陆学界重点对阳明学与佛学的关系展开了深入探讨。刘继平考察分析了阳明心学对禅学的融摄，认为：王阳明的心学体系是建立在明代儒佛道大融合的背景之下。王阳明心学思想中的心性本体论、知行合一以及致良知等思想的基本观点，都对禅宗思想进行了改造与吸收。但二者毕竟是两种截然不同的思想体系，心学对禅学的借鉴主要体现在语言文字与思维方法两个方面，在具体内涵方面二者是完全不同的。②曾燚考察了王阳明对华严宗的继承与扬弃，他指出：王阳明与华严宗都用一心来构建自己的学说，心不仅是万事万物的本源、清静圆明的本体，还是烦恼妄想的根源和众生迷失的依据。因此，修行始终都是着眼于此心展开。对华严宗而言，“心真如门”为体，“心生灭门”为用，本体与现象统一于一心；对阳明而言，“良知”为体，“意”为用，体用一如不二。阳明作为后来者，在其哲学建构中认可并借鉴了华严宗诸多内容。其不同之处在于：华严宗在追求解脱轮回、涅槃证真的过程中，以出家为形式；阳明成

①陈立胜：《“王阳明模式”——一种新的宗教对话模式之提出》，《哲学动态》2020年第2期。

②刘继平：《阳明心学对禅学的融摄》，《贵阳学院学报（社会科学版）》2020年第2期。

圣明德、止于至善的过程，则不拘形式，专注一心。华严宗继承释迦牟尼的态度，以真如理体为世间之本体，万物皆无自性。阳明在理论建构过程中以“气”为基础，认定万物皆是由气而成，确立万物即是实有，以有无双存体系实现学术史上对华严宗的超越。[1]谭振江具体考察了阳明心学“知行合一”说与佛学的关联，他认为在佛学视域下，王阳明知行合一的内涵可以理解为：知，之所以为行的起端，因“知”为意的“造作”，就已构成了“行”的“业”；“行”包含身、口、意的“造作”，所以知行不可分割。[2]

此外，黄诚、包滢晖借用“转识成智”的佛教语言结构与思维逻辑，分析阐释了王阳明圣学的建立。黄诚指出：阳明心学经“初识”“迷识”“真识”阶段环节，并在“龙场悟道”中实现“转识成智”，初步建立了心学思想；“龙场悟道”不是彻底之悟，却是阳明思想的重要转折，在儒学史上具有重大意义，阳明在思想飞跃中实现了对“良知”的体认与创造性言说，从而开启了心学在中国儒学史上的新篇章。值得注意的是，文中特别强调：王阳明“龙场悟道”乃是钱德洪建构起的一个既具有完整意义又具有真实性的龙场悟道概念认知系统，即钱德洪以龙场空间的独特形式压缩了具有连贯性的悟道一系列实践过程，形成了一个完整概念印象中独无仅有的“龙场悟道”的“单体事件”。[3]云龙就王阳明由龙场悟道而归本儒学的原因展开了论述，云龙认为：生死问题是王阳明龙场悟道的核心，也是理解阳明归本儒学、判分三教的一把密钥。由龙场之悟对生死一念的勘破，阳明洞达了生命存在的实相：吾人本具长生不死之体，本有圆满自足之性。立于这一彻悟，王阳明一方面强调破除执着功夫，将对死生之道的理解完全转至当下的道德境域之中，奠定了归本儒学的根基；另一

①曾燚：《同境不同路——王阳明对华严宗的继承与扬弃》，《绍兴文理学院学报（人文社会科学）》2020年第2期。

②谭振江：《阳明心学“知行合一”说的佛学关联》，《山西高等学校社会科学学报》2020年第12期。

③黄诚、包滢晖：《转仙释之识，成“儒门”之智——儒释道三教关系视域下的阳明心学思想建立之检讨》，《贵阳学院学报（社会科学版）》2020年第2期。

方面以儒学为宗，“校勘仙佛”，将二教所言生死的内涵进行了道德化的发明阐释，宣称原始佛道之义与儒家圣人之道实无不同，圆满地实现了对三教的判分与融通。由此，在阳明心学中，养身与养德一体同宗，居仁由义即可长生不死；儒学与佛道一体同源，尽性至命实能作佛成仙。[①]

五、阳明学与地域文化研究

阳明学在发展、传播的过程中存在着“地域性”形态，呈现出一定的地域特色，考察和研究阳明学的地域分布、传播发展，发掘其地域特色，是阳明学研究深化和拓展的题中应有之义。杨国荣考察了王阳明心学与浙学（“浙”地之学）的关系，他指出：王阳明的心学既是浙学的特定形态，又对浙学产生了多方面的影响。浙学具有注重理论思考或理论阐发、包含批判的意识、关切现实、具有历史的观念等特点，这些特点在王阳明的心学中得到了充分体现。王阳明的“意之所在即是物”说和工夫与本体之辩，从不同方面体现了独特的理论建构；其良知说、心即理说从一个比较内在的层面为浙学的独立思考、批判意识提供了某种根据；其知行合一、事上磨炼等观念，从不同方面体现了现实的关切；其“五经皆史”说，内含着深层的历史意识。同时，作为浙学的特定形态，王阳明的心学对浙学产生了多方面的影响，不仅体现于“浙中王门”，而且在思想史的意义上表现为对明清之际的浙学，特别是黄宗羲思想的制约。黄宗羲是明清之际浙学的重要代表人物，在思想的层面上，黄宗羲多方面地受到心学的影响，王阳明的心学也通过制约黄宗羲的思想而在这一时代的浙学之上留下了多方面的印记。[②]

林晓峰、张山梁论述了阳明学对福建地域文化的影响，指出：阳明学以其良知之精神魅力，冲破福建“朱学重镇”的藩篱，使八闽豪杰之士

①云龙：《“死生之道”与三教之判——王阳明由龙场悟道而归本儒学之密钥》，《中南大学学报（社会科学版）》2020年第2期。

②杨国荣：《王阳明的心学与浙学》，《哲学分析》2020年第3期。

翕然顾化，得以持续继承、弘扬和发展，深刻影响了福建地域文化，同时对闽南地区的人文思想、社会发展产生重要影响和积极作用。王阳明及其阳明之学，是继南宋朱熹及其朱子学之后，对闽学的形成和发展产生了重大作用的核心元素之一。[①]林迅论述了王阳明与吴越地域狂侠精神的交互影响，他指出：吴越地域狂与侠的思想特点，对王阳明精神气质的形成与发展有着重要影响。深受吴越文化影响并已完成对吴越文化超越的王阳明，其精神气质反过来又对吴越文化进行了反哺，促进了吴越之地文化的进步，是吴越文化性格的补充与完善。[②]解光宇、刘艳基于民国安徽通志馆抄本《新安理学先觉会言》的发现和研究，指出“徽州王门”是阳明后学的第八派。王阳明弟子钱德洪、邹守益、刘邦采等人，结合徽州特有的理学背景对阳明学进行了创造性的转换，并以讲会的形式向徽州地区传播心学。受到阳明弟子心学思想的影响，徽州学子翟台、陈昭祥、陈履祥等人对心学有了独特的认识，他们对心学的诠释反映了明代中后期徽州学人对阳明学的肯定，符合徽州人试图挣脱理学枷锁及发展徽商经济的强烈需求。[③]

华建新以越文化为研究视域，考察了明嘉靖初年越中阳明心学的勃兴与流播。华建新指出：明嘉靖初年越中阳明心学的勃兴与流播，追根溯源是受到越文化传统精神的深刻影响，孝道、易道、士道之文化内核成为阳明心学孕育与发展的丰富土壤。王阳明晚年居越城六年，虽身处逆境，但其通过著书立说、讲学论道、书信交流及山水游历等途径，兴起了一场以倡明“万物一体”学说为指归的王学振兴运动，无论从规模还是影响上均达到了前所未有的高度。“万物一体”学说的提出，最终圆通了阳明心学体系，扩充了阳明心学的境界，标志着王学发展进入最辉煌的阶段。王阳明晚年在越城的传道活动，对于越中王门的形成具有巨大的感召力量，对

①林晓峰、张山梁：《阳明学与福建地域文化》，《闽台文化研究》2020年第4期。

②林迅：《王阳明与吴越地域狂侠精神的交互影响》，《安徽理工大学学报（社会科学版）》2020年第2期。

③解光宇、刘艳：《晚明徽州阳明学思潮》，《中国儒学》2020年总第15辑。

于彰显越文化的时代精神则是注入了强大的活力。[①]常新分析了明代中期关中士人与阳明学的学术分歧，他认为：明代弘治年间的文学复古运动既是一场文学的革新运动，又引发了儒学内部的自我反思与批判。这一时期基于共同的文学追求与政治理想，关中的李梦阳、康海及王九思，与王阳明参与了文学复古运动，后王阳明专注于儒学的革新，形成的“良知”说打破程朱理学在儒学内部的尊崇地位，引发了儒学的激变。面对儒学出现的大变局，关中士人对阳明的“良知”学做出了回应，显示出关中士人与阳明在“良知”“格物”“知行”“工夫”等层面的学术分歧，反映出这一时期关学的朱子学立场。[②]

刘媛考察分析了王阳明与中晚时期的贵州书院精神，她认为：在王阳明心学和讲学之风的影响下，中晚明贵州书院教育经历了以理学为主到以心学为主的思想背景转向和以官学为主到以私学为主的书院体系变化。实现了在讲学形式上从侧重体制内生员讲学到侧重体制外平民化讲学、在讲学内容上从注重理学教化到重视心学启迪、在讲学性质上从以规范性讲学为主到以自由化讲学为主、在讲学目的上从学以成吏到学以成人的转变，从而形成以平民化和自由化讲学为主、注重心学启迪、培养人的主体性的书院精神。[③]王剑波考察了明清时期赣州府立阳明书院与地方士人的互动。指出：赣州府立阳明书院创建于明嘉靖初年，重建于清道光二十三年。由最初官学化、强调道德教育与经世致用理念的书院，成功转型为新学教育的学堂。阳明书院的变革同时反衬出地方士人鲜明的本位属性，展示出敢于担当、勇于进取的精神追求。[④]钱明基于比较论的视角，从政治、经济、社会、文化等方面，剖析了吉安、赣州王门成长过程的差异性。钱明认为：基于王阳明及后阳明时代的明代中后期江右地区特殊的历史条件和地

①华建新：《越文化视域下明嘉靖初年越中阳明心学的勃兴与流播》，《教育文化论坛》2020年第3期。

②常新：《明代中期关中士人与阳明学的学术分歧》，《孔学堂》2020年第2期。

③刘媛：《王阳明与中晚明贵州书院精神》，《贵阳学院学报（社会科学版）》2020年第3期。

④王剑波：《变革和回应：明清赣州府立阳明书院与地方士人》，《赣南师范大学学报》2020年第1期。

缘环境，可以将赣州归入以“新界”“流民”为主动脉的阳明学的地缘系统，将吉安归入以“族群”“人缘”为主动脉的阳明学的血缘系统。赣州在阳明学的地缘系统中更多的属于“事功性地缘”，吉安属于师承性和家承性地缘。在后阳明时期，吉安因其师承性、家承性的地缘文化特征，在阳明尤其后阳明时代成为全国传播和发展阳明学的中心。①

此外，刘和富考察分析了明清时期广东阳明祠的地域差异，他认为：明嘉靖年间以来，广东地区的阳明祠大致可划分为“功祀”与“道祀”两种类型。前者侧重于阳明之事功，后者侧重于文教。“功祀”阳明祠大多位于北部山区，“道祀”阳明祠多集中于沿海地区，这种海陆地域分布差异与南赣巡抚辖区设置、阳明心学传播差异、区域文化程度高低等息息相关。②张山梁对福建地区的阳明祠进行了考察分析，他指出：王阳明去世之后，福建先后在武夷山、长汀、上杭、平和等地立有阳明祠十一座，时间主要集中在明嘉靖、崇祯以及清康乾年间三个时期，体现了官府主导、后学推动、朱王会通的“官、学、融”福建地域文化特色。③董华、李平对赣南地区王阳明祠的历史变迁及分布情况进行了考察分析，他们指出：赣南地区是王阳明生祠修建最早最多，阳明祠庙修建规模最大、分布最广、总体修缮次数最多的地区。赣南阳明祠兴修之所以如此兴盛，主要有以下因素：一是王阳明在南赣巡抚任内主政时间长，管辖范围大，成就了三不朽伟业，给赣南百姓留下积极而久远的恩惠，这是成就此盛况的一个直接原因；二是与当时良好的政治条件分不开，徐阶、欧阳德等在朝官僚以及沈谧、毛子翼等赣南地方官吏都致力于促成阳明祠的兴修；三是以黄弘纲为代表的赣南及其周边王门弟子的大力推动；四是以刘节为代表的乡绅以及民间百姓的积极参与。不同身份所代表的力量积极互动并往往形成一股合

①钱明：《江西政商环境与王学共同体的形成——基于赣州、吉安比较论的视角》，《赣南师范大学学报》2020年第1期。

②刘和富：《功祀与道祀：明清时期广东阳明祠的地域差异探析》，《赣南师范大学学报》2020年第5期。

③张山梁：《闽地祠祀阳明考》，《福建江夏学院学报》2020年第1期。

力，从而造就了此种独特现象。[①]

六、阳明学与宋明理学及儒学研究

将阳明学置于整个宋明理学乃至中国儒学发展史的视域进行研究，可以从不同角度展示阳明学的思想内容和理论特质。李承贵基于王阳明的视角，透过王阳明对陆象山心学的评论的两个论域的考察，论述了陆象山之于阳明心学贡献的双重性质。这两个论域分别是：一是“朱陆异同观”，即通过“朱陆异同”的讨论表达对象山心学的看法；二是“陆王异同观”，即通过“陆王异同”的讨论表达对象山心学的看法。具体而言：通过对阳明“朱陆异同观”的考察，阳明强调“尊德性”优于“道问学”的趋向、致力“陆学非禅”的申辩、对“太极之辩”中象山“未晓于文义”的默识，表明阳明对象山心学圣人之学性质的肯定，确认象山心学在大本大原处的奠基作用，此即象山对于阳明心学的积极性贡献。通过对阳明“陆王异同观”的考察，阳明进一步揭示、肯定了象山心学“心即理”“求诸心”“简易直接”等根本内核，并引以为同道而发扬光大，但也揭露了象山心学“粗”“沿袭之累”“非纯粹和平”等瑕疵，表明阳明对象山心学的缺陷有着清醒的认知，而成为阳明修正和完善的任务。总之，象山心学既是阳明学的基础，亦是动力。象山心学在“大本大原处”为阳明心学确立了基础，而其“粗”“沿袭之累”“非纯粹和平”等瑕疵则成为王阳明构建“精一心学”的学术动力。[②]

吴震论述了心学与气学的思想异动，他认为：“气”并非“气学家”的专利。无论是理学还是心学，对“气”的问题，或有重要的正面论述和理论创见，或者往往作为一种思想“背景”或理论“陪衬”，隐伏在其思想发展的整个过程中。阳明心学有关“一气流通”“同此一气”的气学论

①董华、李平：《赣南王阳明祠与其他地区之比较》，《贵阳学院学报（社会科学版）》2020年第6期。

②李承贵：《陆象山对阳明心学形成的双重意义——基于王阳明的视角》，《学术研究》2020年第1期。

述充分表明，“气”作为一种根源性存在的要素而得到重视。由于气与理同样具有天生的本性，故从人性论上讲，既可说“性即理也”，也可顺利推出“气即是性”的命题；由此，告子“生之谓性”及孟子“形色天性”等老问题开始被重新解读乃至价值重估。随着中晚明时代心学与气学的这股思想异动的弥漫和扩散，及至明清思想转型之际，各种各样的重视形色、肯定气质甚至主张情善、气善的新奇论调层出不穷，于是，“气质何以通向道德”遂成为需要重新认知的理论问题。①

丁为祥就宋明理学关于“天人合一”主题的展开、落实及其指向等问题展开了论述，他指出：中国文化以“天人合一”为至上追求。在不同的时代，天人合一有着不同的内涵。在理学的开创阶段，天人合一表现为本然与实然的统一，表现在张载以“虚气相即”为代表的本体论与宇宙论的并建与统一上，理学的本体宇宙论由此得以确立。朱子时代，天人合一表现为理与气的不即不离；但理和气本然与实然的两属以及“所以然”与“所当然”的不同侧重，又意味着“尊德性”与“道问学”、理本论与气化宇宙论的分裂。王阳明从官场与学界共同的内外背反现象中发现了知行为二的根源，从身心一致的“知行合一”出发，通过致良知，完成了从知行到身心、主客包括本然与实然两重世界的统一；从罗钦顺开始，则又从理与气之不可分割特征入手走向了气学。因此，心学与气学，既是中国文化天人合一追求的两种不同走向，也代表着中华民族现代化追求的双重资源。②

陈白沙与王阳明都是明代开启学术新风的重要思想家，二者的关系素来为学界所关注。束景南先生在《王阳明年谱长编》一书中，认为王阳明与陈白沙之间存在“学脉传承”关系。黎业明的研究则指出，束景南先生关于阳明与白沙之间存在“学脉传承”关系的论断值得商榷。理由在

①吴震：《心学与气学的思想异动》，《复旦学报（社会科学版）》2020年第1期。

②丁为祥：《从“虚气相即”到“知行合一”——宋明理学“天人合一”主题的展开、落实及其指向》，《学术月刊》2020年第10期。

于：束景南先生在其《王阳明年谱长编》中，关于阳明在成化十九年就已经认识白沙并深受其影响、就已经对白沙学问“熟闻习见”的论述；关于阳明在成化二十年便与张诩相识，“盖张诩可谓阳明生平最早相识之白沙弟子，自此阳明乃可从张诩接触白沙之学”的推断；关于“张诩确在弘治十八年来京师，将《白沙先生全集》赠王华、阳明”的考证，都缺乏足够的文献依据，值得怀疑。①

戢斗勇考察了阳明心学与甘泉心学的交互关系，他指出：阳明心学与甘泉心学是明代同时并立的两大心学流派。王阳明与湛甘泉两人一见定交，友谊甚笃，共倡圣学。在学术的几大转折点上，甘泉对阳明有关键性的点拨作用，而阳明一些思想观点也影响甘泉。王学与湛学互有同异，两人的弟子也递相出入，因而是交互关系。但湛学的后世影响不如王学，有其自身的缺陷和历史的原因。②黎业明考察分析了王阳明与湛若水在“格物致知”问题的论辩，他指出：在关于格物致知问题的辩论之中，王阳明一再指责湛若水之训格物为至其理、为随处体认天理是“求之于外”；湛若水批评王阳明之训格物为正心、为正念头是“自小其心”，且“不免有外物之病”。论辩的原因是两人对“心”的理解互不相同。在湛若水看来，阳明所说的“心”，是“指腔子里而为言者”，主要是指个体之心，是为“小心”；而自己所说的“心”，则是能“体万物而不遗者”，此能“体万物而不遗”之心，是为“大心”。同时也与他们对“体认”的不同理解有一定关系，湛若水所谓“随处体认天理”之“体认”，主要是指涵养以自得，而王阳明却将其完全理解为对外物的认知。湛若水与王阳明关于格物致知问题的论辩，反映了两人的思想取向存在差异。③

黄琳分析了王阳明思想中的二重向度以及存在的道德悖论，他指出：

---

①黎业明：《王阳明与陈白沙之间是否存在学脉传承关系？——束景南〈王阳明年谱长编〉相关论述辨正》，《现代哲学》2020年第1期。

②戢斗勇：《阳明心学与甘泉心学的交互关系》，《佛山科学技术学院学报（社会科学版）》2020年第1期。

③黎业明：《湛若水与王阳明关于格物致知问题的论辩》，《学术研究》2020年第11期。

王阳明思想兼具二重向度，一方面偏重逻辑推绎的形上本体对形而下的情、意、欲、念、物、事的规定，一方面偏重在绵延流动的现实经验世界中的生成与开显。认为：心性论的特色，并非仅止于道德主体性的透显，更重要的是如何在现实的经验世界中开显良知、心体、性体的道德理性。心统性情，隶属于不同范畴的“情”与“理”，惟在绵延俱进的对治对决、感统激励摩荡的一体一元纵贯中开显、呈露先验的道德本体。否则，良知仍只是一先在超验的纯粹形式道德。心有统合、结合、综合“情”与“理”并做出现实价值判断的功能、职能，良知“心体”不应僭越“心”做出现实的价值判断。①

汪学群在总结黄宗羲《明儒学案》关于阳明学分派的利弊得失的基础上，结合近代以来关于阳明学分派的研究成果，提出了历史过程说作为阳明学分派的新视角。汪学群指出：黄宗羲《明儒学案》对阳明学的分派，以地域为主、思想为辅，以地域轴把思想与师承相结合，凸显了阳明学各派的学术风格及思想特色，为近代以阳明学分派诸说定下了学术基调。黄宗羲的划分，虽然存在一定的局限性，但为我们了解明代的阳明学发展与演变提供了不可替代的蓝本。今人对阳明学的分梳应该超过他，但绝不能绕过他。在此基础上，提出了以历史过程说作为阳明学分派的一种新视角。强调从历史与逻辑统一角度出发动态地理解阳明学，把阳明学看成一个历史的过程，这一过程主干依次是浙中、江右、泰州三派的演进与嬗变，大体与阳明学的确立、发展、衰落的轨迹相适应。②

此外，黄勇从宋明儒学的角度对美德伦理学进行了考察，他指出：虽然美德伦理学在当代西方获得了长足的复兴，成为自近代以来作为西方伦理学主流的义务论和后果论的有力挑战者，但它不仅经常遭到后者的批评，而且自身也确实存在着各种缺陷。在帮助美德伦理学回应外来的批

①黄琳：《观念形而上学与直观形而上学：心学思想中的二重向度与道德悖论》，《广东社会科学》2020年第6期。

②汪学群：《〈明儒学案〉与阳明学的分派》，《贵阳学院学报（社会科学版）》2020年第3期。

评、克服其自身的一些问题、扩展美德伦理学的范围方面，宋明儒可以作出重要的贡献。以二程、朱熹和王阳明为中心，具体论述了其对美德伦理学的贡献。[①]杨肇中从中西哲学比较的视域，论述了宋明理学中王道的公共性意涵及其当代价值。杨肇中指出：公共性是人类社会政治共同体得以存在的重要特质。但中西方凸显公共性的具体进路，则因应各自文化习性的差异而表现不同。西方现代公共性言说主要建基于权利哲学之上；而宋明理学家之王道公共性思想型塑则诉诸宇宙本体论之上的德性论述与责任伦理意识。宋明理学虽偏于理气心性之形上思辨建构，但却隐藏着独特的重塑儒家王道公共性关切。在朱熹、王阳明与黄道周等宋明理学家的诸多理学命题中，可发现王道公共性意涵所蕴含的三个不同维度：一是外在“天理”作为一种王道公共性之存在；二是内在“良知”作为建构社会政治秩序之公共性指向；三是“回归经学”作为统合内外，重建王道公共性之进路。而以上公共性意涵皆在中国独特的“天人合一”思维中得以呈现。重构宋明理学中的王道公共性意涵具有重要的当代价值：一是承继儒家致力于王道政治理想之经世精神，重思宋明理学“由内圣开外王”之逻辑进路的合理性；二是弘扬儒家基于德性观念而来的责任伦理意识；三是超越现代民族国家的偏狭性，重建儒家对于人类作为一个整体性存在所具有的普遍性关怀。[②]

七、阳明学的近现代研究

以近现代思想家和现代性的视角研究阳明学，是阳明学研究的重要维度，可以凸显阳明学的现代价值和对现代思想的影响，促进阳明学的创造性转化和创新性发展，具有重要的意义。王锐检视了章太炎对王阳明心学评析，他指出：章太炎一方面认为王学缺少近代科学所体现出的逻辑

---

①黄勇：《美德伦理学：从宋明儒的观点看》，《四川大学学报（哲学社会科学版）》2020年第5期。

②杨肇中：《论宋明理学中的王道公共性意涵及其当代价值——兼从中西哲学比较的视域看》，《江南大学学报（人文社会科学版）》2020年第2期。

性、严密性与条理性，致使学说内容含混不清、流于空论，体现了先秦诸子之后中国学术的整体缺憾。立宪派受近代日本思潮的影响，多假借王学以立言，章太炎极力揭示、论说“致良知”不足以成为政治判断的主要原因。另一方面又很重视道德在政治活动中的重要性，强调除了革命道德和激情，革命活动更需要基于熟识历史与现实基础之上的冷静判断，而这恰恰是王学所不能提供的。因此他在民初重思王学，虽承认其迅捷奋发之绩，但更强调从中国自身传统和现实出发周知民间利病、冷静处理政务的持久之道。[①]张倩对唐君毅以“气”论拓展阳明心学的理论尝试进行了考察分析，她指出：阳明以“心”统摄“理”与“气”，高扬“心”的主宰力和人的主体性，在说明“良知”与“气”的关系时，对于客观事物、人伦规范的客观性说明相对不足，导致了阳明后学流于空疏的弊端。唐君毅以“存在的流行”“流行的存在”说明“气”，证成“心灵为体，精神为用”的文化根源论，拓宽了心性论在文化哲学层面的理论基础，用精神空间来说明文化活动在涵养心灵的作用；强调重“气”是重“礼”的依据，彰显“礼”在道德生活和文化生活中的重要意义，成为现代新儒学拓展阳明心学的一个范例。[②]

乐爱国考察分析了梁漱溟对阳明学的阐发与吸取，指出：梁漱溟推崇阳明后学泰州学派王艮所言“‘良知’者，不虑而知、不学而能”，据此以“直觉”释“仁”；又吸取王艮对王阳明所言“乐是心之本体”的发挥，将孔子之“乐”与“仁”统一起来；通过分析王阳明的知行观，而将其“知行合一”解读为“知行本来合一”。梁漱溟对阳明学的阐发与吸取，在于对儒学作出新的诠释，以回应当时对于儒学的误解。[③]此外，乐爱国还对民国时期学界对王阳明“知行合一”的不同解读与论争进行了梳

①王锐：《清末民初章太炎对王学评析之再检视》，《天津社会科学》2020年第1期。

②张倩：《唐君毅以“气”论拓展阳明心学的理论尝试》，《贵阳学院学报（社会科学版）》2020年第4期。

③乐爱国：《梁漱溟对阳明学的阐发与吸取》，《湖北大学学报（哲学社会科学版）》2020年第2期。

理，指出：民国时期对于王阳明“知行合一”的解读，存在三个方面的维度：一是以谢无量为代表的从认识论、伦理学角度的解读，深化了对于知与行不可分割的认识；二是以梁漱溟为代表的从心性本体论的角度的解读，凸显了王阳明“知行合一”之根本；三是以梁启超、贺麟为代表的从心性本体论与认识论统一角度的解读，为当今更为全面解读王阳明“知行合一”开了先河。研究民国时期对王阳明“知行合一”的不同解读，有助于弄清从王阳明“知行合一”到今人所言“知行合一”的思想发展过程。[①]

冯骏豪比较分析了陈来和劳思光对王阳明“知行合一”诠释，他指出，王阳明的“知行合一”具有两个层次的意涵：一是心性论的理论说明，二是工夫论的实践。陈来对于王阳明“知行合一”的诠释进路着重于前者，劳思光的诠释进路则着重于后者，二人的诠释进路分别展示了王阳明“知行合一”理论的不同面向。相对于劳思光，陈来对于“知行合一”的“知”与“行”的理解较为宽泛，能够包含“知行合一”的两个层次，更贴合王阳明“知行合一”的本意。[②]冀志强论述了耿宁关于阳明学“良知”概念的研究，他指出，耿宁认为王阳明的良知概念有三个方面的内涵：一是作为一种向善的秉性与倾向，二是作为一种本原意识，三是作为始终完善的本原知识的本己本质。[③]

八、阳明文献与行迹研究

文献整理与研究是思想研究的基石，阳明学文献的整理与研究在阳明学研究领域无疑具有基础性的意义，素来为学界所高度重视和关注。张新民以嘉靖贵阳本《新刊阳明先生文录续编》为中心，考察了明代黔中地区阳明文献的刊刻与传播。张新民指出：黔中王门学者与宦黔心学官员相互配合，

①乐爱国：《民国时期对王阳明“知行合一”的不同解读与论争》，《兰州学刊》2020年第8期。

②冯骏豪：《“主体与工夫”——陈来、劳思光“知行合一”诠释比较》，《特区实践理论》2020年第1期。

③冀志强：《耿宁关于阳明学“良知”概念的研究》，《邵阳学院学报（社会科学版）》2020年第3期。

自正德后期以迄万历年间，先后整理和刊刻了六部阳明典籍。种类及数量之多，即使置于全国亦十分突出。其中《新刊阳明先生文录续编》，即代表官方的王杏与代表地方的陈文学、叶梧相互合作的产物，乃极为罕见的阳明文集早期单行刻本，无论是版本还是史料价值都极为珍贵。阳明文献在黔中地区的大量刊刻，恰好反映了心学新颖思想在西南边地的广泛传播，呈现了黔中王学崛起于边缘区域的生动文化景观，折射出边缘与中心交流互动的复杂历史信息。[①]邹建锋、陈雪通过对现存《传习录》多种稀见孤本的调研和比较，考察了《传习录》的形成过程，他指出：上海图书馆藏题南大吉刻《传习录》（三卷）是万历时期重刻本，而非嘉靖三年首刻本，德安府本是国内外所存最早刻本，萧彦本为国内存世最早刻本，钱镩本源出萧彦本。水西精舍本，较德安府本增加二卷续录，其收语录较接近通行本下卷。北京大学图书馆藏《王阳明集》附录单刻《传习续录》二卷本为水西精舍重刻嘉靖本。崇正书院本为《传习录》定稿本。胡宗宪天真书院本为通行本《传习录》足本，内容最全。[②]张献忠、朱候渝从阅读史视角对《传习录》展开了分析，他指出：《传习录》在明清两代得到了广泛传播，在士人中形成了阅读《传习录》的社会风尚。士人围绕《传习录》形成了一个阅读群体，并形成了只属于《传习录》阅读群体的回忆空间。以《传习录》为中心的回忆空间，成为士人共同的学术资源与精神宝藏，促进了思想的变迁。[③]

《大学古本序》定本，是王阳明心学的一部纲领性文献。关于其末句“乃若致知则存乎心悟致知焉尽矣”如何断句的问题，从王阳明弟子以来，通常即读作：“乃若致知则存乎心悟。致知焉尽矣。”陈来认为当读作：“乃若致知则存乎心。悟致知焉尽矣。”林乐昌则力主传统读法无误，由此成为一个未解公案。方旭东从禅宗“迷即众生悟即佛”的表达得

---

①张新民：《明代黔中地区阳明文献的刊刻与传播——以嘉靖贵阳本〈新刊阳明先生文录续编〉为中心的研究》，《孔学堂》2020年第3期。

②邹建锋、陈雪：《王阳明〈传习录〉形成过程研究》，《浙江社会科学》2020年第3期。

③张献忠、朱候渝：《阅读史视角下的〈传习录〉研究》，《江西社会科学》2020年第8期。

到启发，提出了一种新的断句读法："乃若致知则存乎心。悟，致知焉尽矣。"认为，其要义在于，"悟"是衡量"致知"与否的标准，"悟"是"致知"的最高阶段。①

张倩茹就王阳明《朱子晚年定论》与正德九年朱陆之辩的关系作了考证。认为"正德九年朱陆之辩"为王阳明《朱子晚年定论》之作提供了理论与舆论准备，王阳明《朱子晚年定论》是对"正德九年朱陆之辩"争论内容的深化。"正德九年朱陆之辩"构成了王阳明《朱子晚年定论》的成书背景之一，主要体现在："正德九年朱陆之辩"与王阳明《朱子晚年定论》在写作时间的重合；在主旨、内容上一致。②侯丹、温骞骞考察了王阳明的书院讲学活动以及产生的影响，认为：王阳明的书院讲学活动，不仅促进了明代讲学平民化的发展，更是在阳明心学形成、传播并得以践行上起到了关键作用。丰富并完善了中国古代书院教育思想，对推进明代思想文化的发展做出了极大贡献。③夏朋飞、刘湘兰对明清时期王阳明传记的书写进行了考察分析，认为：王阳明一生在事功、儒学两方面都有极高成就，集名卿与大儒两种身份为一。然而数量众多的阳明传记基于对传主核心身份的不同确认，在形象塑造与书写模式上形成了较大差异。以名卿定位阳明者，其传记书写侧重于阳明事功的一面，着力展现其丰功伟绩，很少叙述其儒学成就；而视阳明为大儒者，则多选取其发明心学的相关事件，叙事上轻事功而重讲学，突出一代大儒的精神风采。《明史·王守仁传》仅表现阳明作为名卿的一面，对其儒者形象则尽力掩盖。由明至清，王阳明传记文本呈现出清晰的生成、变化脉络，其中王学的兴衰与正史文体的制约是主导这一变化的核心因素。④

---

①方旭东：《悟致知焉尽矣——禅学对诠释王阳明思想的一个启发》，《贵阳学院学报（社会科学版）》2020年第5期。

②张倩茹：《正德九年朱陆之辩与王阳明〈朱子晚年定论〉关系新探》，《孔子研究》2020年第1期。

③侯丹、温骞骞：《王阳明的书院讲学活动及影响》，《宜春学院学报》2020年第11期。

④夏朋飞、刘湘兰：《名卿与大儒：明清王阳明传记书写的二维向度》，《学术研究》2020年第4期。

九、阳明学与域外文化研究

阳明学在域外特别是日本、西方世界的传播与影响，也是本年度阳明学研究的重要内容。李想在论述日本阳明学研究先驱安田二郎的阳明学研究旨趣的基础上，通过与牟宗三比较的学术视角，考察了安田二郎阳明学诠释的特质与得失。李想指出：安田二郎用“习惯”范畴揭示了王阳明在消除意志性的紧张问题上与朱子、白沙的一致性，主张朱子在追求心理合一的过程中形成理论，阳明从心理合一的结论立论，故二者为自下而上和自上而下之别。由此分判，安田二郎重新解读阳明学的物、心与知行合一等内容，勾勒出阳明的思想轮廓，并认为阳明无法解决恶的根源问题。安田二郎的诠释，兼顾到概念的辨析和思想结构的阐述，较能注重阳明学的特质。牟宗三对朱王关系和无思无虑等的诠释与安田互有异同，反映出诠释的丰富性以及安田二郎阳明学的独特性。安田二郎和牟宗三不约而同地采用西学来诠释阳明学甚至儒学，是二十世纪学术现代化历程的重要环节，他们的成果是目前阳明学研究的重要学术资源。①

向昊秋梳理了日本学者楠本正继关于王阳明思想渊源的研究，指出：楠本正继认为，王阳明与程颢浑一的立场一致，吸收了程颢的万物一体思想；在“心即理”、动静功夫、爱敬孝悌等方面，对陆九渊有所继承与发展；王阳明的思想承续明道和象山而来，上可追溯至孟子；阳明虽对杨慈湖不满，但又不免吸收了其思想，其“心之良知是谓圣”一语，来自杨慈湖的“心之精神是谓圣”。楠本正继关于王阳明思想渊源的论述，体现出他对宋明理学的整体观照和敏锐的问题意识。②钱明基于中日阳明学比较的视域，比较分析了王阳明之“武”与日本武士文化之“武”的差别。钱明指出：武士的形象在日本就如同中国的君子。在仁、智、勇这三个核心概念中，儒士文化凸显的是仁与智，强调“仁智合一”，而武士文化凸显的

①李想：《在比较视域中看安田二郎的阳明学诠释》，《人文论丛》2020年第1期。

②向昊秋：《日本儒学家楠本正继论王阳明思想的渊源》，《人文论丛》2020年第1期。

是仁与勇，强调的是“仁勇合一”。阳明心学讲的是“心外无理”，日本武士文化讲的是“心外无刀”。王阳明的“智”是建立在“仁”或良知本体的基础之上的，“理”即“仁”即“良知”，与“心”同一，“智”依附于“心”，心智的本质仍在于仁或良知。这是心学化的阳明兵学思想的本质特征，也是与日本武士化的兵学之道的重要差别。①

徐赛颖从“厚重翻译”的视角，对美国学者亨克的英译《传习录》进行了探析。徐赛颖指出：所谓的“厚重翻译”，旨在通过注释、评注等的辅助，将文本置于丰富的语言文化语境中进行阐释。借助厚重翻译，译者力求帮助目标读者尽可能地产生与源语语境的读者相同的阅读体验，并尽可能多地了解源语文化习俗、思维方式及表达方式等，最终达致对源语文化的充分理解甚至是认同。美国学者亨克英译《传习录》呈现出鲜明的厚重翻译特色。亨克主要借助序言、注释、评点英译、索引等延展手段增强译本的“厚重性”，在基本把握原作精神的基础之上，多方位创造富含文化信息的言说语境，构建起中西方文化平等交流的桥梁，推动了阳明学走出中国，为中国优秀传统文化典籍走向世界提供了重要借鉴。②

十、阳明学与文学及文艺学研究

王阳明不仅是哲学家、思想家，同时也是文学家，在文学及文艺学领域取得了非凡成就。从文学及文艺学的视角观照阳明学，不仅可以丰富阳明学的意涵，也为阳明学研究的深化和拓展提供了重要视角。刘凤霞论述了阳明学人的曲学态度以及对戏曲发展史意义，她指出：王阳明的“戏曲有益风化”论，影响了晚明士人的曲体观念，促使戏曲地位得以提升。阳明后学标举的“百姓日用”主张，促使戏曲题材日趋平民化。心学影响下的“风情说”促使剧作家凸显个人情性和趣味。“风教说”则上承“文

①钱明：《从“文武合一”到“心刀合一”——基于中日阳明学比较的视域》，《浙江学刊》2020年第1期。

②徐赛颖：《“厚重翻译”观照下的亨克英译〈传习录〉探析》，《浙江大学学报（人文社会科学版）》2020年第3期。

以载道”，促使戏曲表现出含蓄蕴藉而又感化人心的力量；“风情说”是“抒情言志”的延续，突破了传统诗教的规范，表现出人物的“意、趣、神、色”。两种走向的交错掺杂与较量融合，影响了中晚明剧坛的嬗变，对社会风尚、文化变革、美学范式等要素产生影响，集中表现为戏曲观念的正统化、创作的文人书愤特征、传播的民间化倾向。[①]郑凯歌论述了王阳明“居夷诗”中贵州山水形象的变迁与王阳明心学发展的关系，他指出：王阳明贬谪贵州龙场期间所创作“居夷诗”有大量篇幅写到贵州山水，从中可以看出贵州山水形象在王阳明眼中的变迁。贵州山水形象的变迁与王阳明心学的发展基本一致。王阳明在龙场悟出“圣人之道，吾性自足”，在贵阳文明书院提出“知行合一”，积极践行“致良知”，贵州山水形象在“居夷诗”中也由荒蛮、险怪变为幽奇、绝美。王阳明心学发展与贵州山水形象变迁相互影响，共同促进。[②]

袁宪泼在考察王阳明“游于艺”的工夫实践的基础上，论述了王阳明在文艺观念突破。袁宪泼指出：王阳明继承了儒家“游于艺”的传统，兼擅诗文、琴棋、书画诸艺。在贯穿其一生的“游艺”实践中，他追求道技的并进，众艺会通，尤其是诗歌的创作，因揭发心体，从而使琴棋书画跨越媒介界限，融汇于诗文领域，创作出大量引用艺典、重视书写性和音乐性、以画入诗的诗歌作品，开创了有宋以来性气诗创作的新境界。王阳明的“游艺”工夫实践，最终促使他在晚年形成了具有突破性的“游艺”以志道调心为主要目的文艺观念。王阳明的文艺观念提高了文艺在心学体系中的地位，彰显出了文艺独特的审美价值。[③]常威论述了阳明心学与明代诗文理、情向度的流转问题，他指出：明代诗文“载道派”与“缘情派”以阳明学为节点的分野，固然是一种大势所趋，不过明代诗文的理、情向度

①刘凤霞：《“风教”与“风情”——阳明学人的曲学态度及其戏曲发展史意义》，《山东社会科学》2020年第1期。

②郑凯歌：《“居夷诗”中贵州山水形象变迁与王阳明心学发展》，《广西民族大学学报（哲学社会科学版）》2020年第5期。

③袁宪泼：《王阳明“游艺”工夫实践与文艺观念突破》，《民族艺术》2020年第5期。

并非呈现一种交互递嬗的局面，而是一种交织、延迟又递嬗的情形。因为王阳明心学思想本质重儒道的倾向，兼之唐宋派继承阳明时的儒道侧重，所以重情但更重道的阳明心学并没有即刻导致明代诗文理情向度的转轨。阳明后学因背离阳明心学的“致”而过分强调“良知”，因而有跳脱理道的拘囿而有对个人情欲的强调，而这一转变也滋生了晚明文学重情说的蜂起，但是此期学人看似对理道的背离未尝不是对真正传统儒道的回归。①

王利民和江梅玲运用关系性思维，把王阳明全部诗作看成一个立体的镜像空间，论述了王阳明诗歌中多元的经验描述和意义诠释。王利民指出：王阳明诗歌呈现出儒释道三教因子的交叠和异趋。道教既给王阳明造成了迷思，也带来乐趣，使他诗歌的措辞寓意多带飘逸凌云的仙气，而佛寺的一朝风月也往往染上道教的色彩。相对于佛寺道观幽邃庄严的气氛来说，王阳明的诗歌所呈示的画面总体上显得过于跃动而不够静谧。其诗中有掉弄禅语禅典的情形，却跳脱了禅宗语言的葛藤，不具有禅宗思维的跳跃性和不定性。其性理诗出于真性而气象光昭，出之简易而不离本体。王阳明诗歌中有政坛风云、兵戈战事、个人传奇、性理言说、心态嬗变，也有景物玩赏、山水体验，可谓他波澜壮阔的一生的写照。从诗学渊源上看，王阳明是宋代理学诗派的继承者。王阳明早期诗歌有放旷的特点，确立良知境界后的诗歌呈现的是洒落风格。②蔡洞峰从阳明心学传统的视角，探讨了鲁迅早期文学观和思想形成中的传统文化因子。从阳明心学的角度探讨鲁迅文学在现代中国社会的历史进程中的形成与发展，无疑能为认知中华传统文化对鲁迅的文学实践、价值理想及其思想形成提供一种新的视角。鲁迅的文学思想是对阳明心学在现代性历史背景下进行创造性的转化，是阳明心学的内在精神在现代社会的重新激活，成为20世纪中国文化政

①常威：《论阳明心学与明代诗文理、情向度的流转》，《斯文》2020年第2期。

②王利民、江梅玲：《从王阳明诗歌看其生命抉择》，《北方论丛》2020年第1期。

治进程中批判性存在的典范。[①]

刘强论述了阳明诗学与诗教及其与经学、实学的关系，他指出：王阳明“敦本尚实”的诗学观与其“良知”心学一脉相承。王阳明主张“实行”，反对“繁文”，其“诗学”主张可称作“实学”。阳明一生创作了大量诗歌，完美实现了自己“根本盛而枝叶茂”的诗学主张。王阳明“寓教于诗”的诗歌教化实践，不仅继承了《诗经》以来的“诗教”精神，而且打破了“以《诗经》为教”的“诗教”传统，是一种独具阳明心学特色的“新诗教”。[②]王公山论述了王阳明的《诗经》观及其学术价值，他指出：在王阳明看来，孔子删诗说是合理的，圣人删去繁文，后儒却强加上；“淫诗”非孔子所选，而是汉儒在秦火后附会之作；“《六经》皆史”，以劝善惩恶为目的；《诗经》是心的记籍，“吾心”是第一性的，《诗经》是第二性的，世人重训诂轻心性是舍本趋末、背道而驰。王阳明的《诗经》观具有重要的学术价值，传播了唐宋以来的疑经精神，助长了明清的疑古思潮；承传了前人的经史观，催发了清人“《六经》皆史”的经典观；发展了“《六经》皆我注脚”的阐释观，激发了学术界研究经典的创新意识。王阳明的《诗经》观虽非独创，却在前人学说的基础之上阐扬发挥，扩大了前人《诗经》观的社会影响，开启了后学思路，其学术价值应该受到学界的重视。[③]

十一、阳明学的当代价值研究

立足当前的时代课题和现实需要，挖掘、吸取王阳明思想的精华，对其进行创新解读和继承发展，实现其意义与价值的现实转换，是阳明学研究中的一项重要课题。任健和徐婷在探析王阳明治家思想内涵的基础上，

①蔡洞峰：《阳明心学传统的现代转换与鲁迅文学的生成》，《鲁迅研究月刊》2020年第10期。

②刘强：《论阳明心学及其诗学与“诗教”》，《孔子研究》2020年第3期。

③王公山：《王阳明的〈诗经〉观及其学术价值》，《井冈山大学学报（社会科学版）》2020年第1期。

论述了王阳明治家思想的现代价值。任健和徐婷指出：王阳明的治家思想包括正心诚意的修身之道、忠孝敬信的立德之方、勤俭积善的齐家之道、立志勤学的为学之道、谦虚恭敬的为人之道、责善改过的交友之道、清静知止的处世之道、经世济民的治世之道等；蕴含着修身立德的修己方法、待人接物的处事智慧、谦逊礼让的交往态度、清静知止的处世智慧、经世济民的参与意识、转消极被动为积极主动的良好心态等；呈现以良知教育为主要内容、以知行合一为主要途径、以治平天下为最终旨归的总体特征。王阳明治家思想对当今道德教育、家风重塑、青少年德育和价值观引领具有重要的借鉴意义和参考价值。[①]陈海威论述了王阳明“心即理”思想对培育工匠精神的意义和价值，他认为：王阳明“心即理”思想包括正心、用心、恒心三层含义，分别可以从价值观塑造、学习策略和实践方法等方面对工匠精神的养成提供参考。[②]陈彦斌和麦玮琪在探析王阳明修己思想内涵的基础上，论述了王阳明修己思想的时代价值，他指出：王阳明修己思想的核心要义是“明明德”，根本宗旨是“致良知”，最高追求是“止至善”。修己路径在于省察克治以扫私念、断思虑，事上磨炼以端私欲、持中正，格物以致良知、除私欲，知行合一以尽己心、达内圣。王阳明修己思想的时代价值在于：明德、良知和至善思想能为个人品德修养提供导向参照；“凡人亦可成圣”的修德理念可作为理想人格塑造的基点；省察克治、事上磨炼和知行合一的修身路径是新时代公民道德践履的重要借鉴。[③]

傅锡洪论述了阳明学中“真诚恻怛”概念的思想渊源、工夫内涵及其当代意义，他指出：“真诚恻怛”这一概念，是由真切等词发展而来。其中，真诚指刻意努力去除私欲之蔽的工夫，及其达到的意识与本体一致、本体主导意识而促使人为善的状态。恻怛指的是发自本体的对他人不能自

①任健、徐婷：《王阳明治家思想及其价值分析》，《学术研究》2020年第6期。

②陈海威：《王阳明“心即理”命题内涵及当代价值》，《杭州电子科技大学学报（社会科学版）》2020年第4期。

③陈延斌、麦玮琪：《王守仁修己思想及其时代价值》，《中国哲学史》2020年第5期。

己的同感。合而言之，“真诚恻怛”即是说刻意努力地诉诸恻怛之心以为善去恶，并进而保持恻怛之心自然发用以为善去恶的状态。它既包含了相对明确的目标指向，又包含了明确的动力来源，充分满足了作为工夫指点语的要求，因而得到王阳明的特别重视。真诚恻怛不仅有助于我们深入理解阳明的工夫论，而且对当今个人与社会、权利与责任关系的处理具有重要的启发意义。[①]吕本修论述了王阳明“四句教”的道德价值，他认为：“四句教”来源于“天泉证道”。“四句教”结构中的心、意、知、物，深受《大学》格物、致知、诚意、正心的影响，王阳明对其进行了创造性的发挥。“四句教”中蕴含的心体是道德修养的基础、圣人是道德修养的目标、格致诚正是道德修养的途经的思想，对于当下的道德修养理论与实践具有重要价值。[②]

陈睿超在分析王阳明《南赣乡约》的思想和现实基础的基础上，论述了《南赣乡约》的当代启示，他指出：王阳明《南赣乡约》，一方面继承了宋代理学的乡治思想传统，另一方面又以阳明心学为思想基础，结合明代南赣地区的社会现实而有所调整、改造，相较于宋代乡约呈现出道德教化简易化、乡约形式官方化、乡约与保甲制度并行的新特点，深刻影响了明代乡约的发展。《南赣乡约》立足于特定的思想与现实基础，开辟了一条制度与道德协调共举、官治与民治相互促进的乡治路径，可以为现代中国乡村治理体系建设提供有益的启示。[③]王杨秀论述了王阳明心学的现代政治价值，认为虽然王阳明并未在政治方面进行详细明确的阐述和说明，但是对政治的影响有重要的历史价值和现实意义。指出王阳明心学的现代政治价值主要体现在以下三个方面：一是其生命哲学走向实践哲学，将道德本体置于宇宙本体的天赋之中，事实上其哲学并未远离有为的经世致用；

①傅锡洪：《论阳明学中的“真诚恻怛”：思想渊源、工夫内涵及当代意义》，《杭州师范大学学报（社会科学版）》2020年第5期。

②吕本修：《王阳明“四句教”及其道德价值》，《齐鲁学刊》2020年第6期。

③陈睿超：《王阳明〈南赣乡约〉的思想、现实基础及其当代启示——一个传统中国的“简约治理”个案》，《哈尔滨工业大学学报（社会科学版）》2020年第6期。

二是从历史情境中入手，其哲学思想对当时及后世产生政治影响；三是对儒家内圣外王在政治方面考量，人人可为尧舜、人人可以战胜心中的善念恶念之差、人人可做到自己的内圣外王。[①]

李汉飞论述了阳明心学对未来国土空间规划学科发展与规划实践的启示。结合国土空间规划在生态文明建设、高质量发展、高品质生活及国家治理等方面的时代要求，针对当前国土空间现状以及规划学界、业界存在的空间矛盾日益突出、理论反思有待加强及职业道德急需关注等现实问题，认为阳明心学对当代国土空间规划的启示在于：以“万物一体”提高规划师思想认识，用心构建人与自然的生命共同体；以“知行合一”促使规划师转变思维方式，通过“事上磨练”践履规划价值取向；以“致良知”加强规划师道德修养，坚守职业道德。[②]刘杰阐发了王阳明的危机管理思想与实践对新时代公共管理者的启示，他指出：王阳明在应对职业变动、地方治理、军事冲突等重大危机中，形成了危机感知论、危机责任论、危机化解方法论在内的危机管理思想。晚年提出的“致良知”思想也是在危机中对自己学说的全面审视与总结。王阳明的危机管理思想对新时代管理者的启示在于：强化风险预警能力，注重危机爆发的前置管理；敢于承担危机处理责任，确保危机爆发后管理的连续性；恪守知行合一方法论，关注危机解决的实效性；坚持良知之道，明确危机管理的目的性。[③]

李成林论述了阳明心学对构建中国共产党人的“心学”的启示，他指出：阳明心学对认识“心”的主体地位以及对心性修炼的目标和方法进行了探索。习近平总书记强调文化自信，给我们指明了自信的切入点，提出“党性教育是共产党人的‘心学’”的重要思想，这是中华优秀传统文化的创造性转化和创新性发展的经典示范。构建共产党人的“心学”，要

①王杨秀：《王阳明心学与其现代政治哲学的价值》，《贵阳学院学报（社会科学版）》2020年第5期。

②李汉飞：《阳明心学对当代国土空间规划的几点启示》，《规划师》2020年第8期。

③刘杰：《论王阳明危机管理的实践与思想》，《浙江海洋大学学报（人文科学版）》2020年第1期。

继承和发扬中国传统文化，特别是阳明心学所推崇的修心养性的优良传统，并赋予鲜明的党性内涵和特征，真正做到不忘初心、坚守公心、坚定信心，将党性原则内化为自身的情感和意志，筑牢信仰之基，补足精神之钙，把稳思想之舵。①

十二、阳明学研究的回顾与前瞻

在不断深化和拓展阳明学研究的同时，本年度部分学者也对阳明学研究的历史和现状进行了回顾与反思，对阳明学研究的未来走向做了前瞻性研究。这些研究无论是对于推动阳明学的深入开展，还是更好地传承弘扬阳明学都具有重要意义和价值。张宏敏通过一些标志性学术事件，如对党和国家领导人在不同场合对阳明学语录的引述与阳明学核心命题的阐释，存有王阳明遗迹的各省市县区加大了对阳明学遗迹的保护与修缮力度，王阳明纪念馆、阳明文化广场、阳明文化公园的修建与王阳明雕像的树立，《传习录》《王阳明全集》在数十家出版社的陆续出版与不断印刷，上百家出版社推出了近千种的王阳明与阳明学研究专著，阳明学研究论文的大量发表与阳明学研究辑刊的不断创办，“百家讲坛”阳明学公开课与各种阳明学讲堂、阳明学专题讲座的开设，全国各地各类阳明学会议、阳明学论坛、阳明文化节、阳明文化活动周的不断召开，国家社科基金、省市哲学社科规划等各种级别的阳明学研究课题的立项与推出，高校科研院所的阳明学研究机构与社会团体性质的王阳明研究会不断成立，对当代中国的阳明学研究现状进行了全面回顾，在此基础上对当下“阳明学热”中出现的若干问题进行了反思。

张宏敏指出：近年来出于对“文化自信”的提倡以及视传统文化为“独特战略资源”，再加上党和国家领导人对阳明语录及阳明学核心命题

①李成林：《中国共产党人构建“心学”的思考——基于王阳明心学的视角》，《厦门特区党校学报》2020年第3期。

的关注与阐述，王阳明与阳明学受到社会各界的普遍重视。图书市场上各种版本的《传习录》《王阳明全集》不断推出，报纸期刊上登载的阳明学研究论文数量陡增，不同科研单位主办的阳明学研究辑刊不断出版，阳明学研究机构与王阳明研究会纷纷设立，“百家讲坛”性质的阳明学公开课持续开设，阳明学会议与论坛的频繁召开，各种级别的阳明学研究课题纷纷立项，这些学术事件充分说明了王阳明与阳明学的研究与阐释，已经成为了中华传统文化研究中的“显学”。

同时他也指出，当下的“阳明学热”有助于唤醒我们对中华传统文化的热爱和对中华民族精神家园的回归。但是，伴随着“阳明学热”而出现的一些问题，同样值得引起我们的高度警惕与理性反思：一是阳明文化挖掘、宣传趋于雷同的现象值得反思。在挖掘阳明学资源、推进阳明文化旅游、发展阳明文化产业过程中，应该遵循科学规划、严密论证，因地制宜、量力而行、错位研究、做出特色的原则；二是阳明学在宣传、弘扬过程中出现了商业化、市场化、功利化的不良倾向。此外，还指出学者在对阳明良知心学的解读上出现的不良的倾向也同样值得警惕和反思：一是把王阳明神格化、神秘化、教主化；二是把阳明心学解读玄学化、形而上化，对阳明学做过度诠释；三是在解读王阳明与阳明学过程中，出现了小说化、庸俗化、媚俗化的倾向；四是王阳明学术研究的主观情绪化、意识形态化。①

①张宏敏：《阳明学：中华传统文化研究中的“显学”》，《国学学刊》2020年第1期。

贰

中国大陆阳明学研究著作文献综述

一、专著类

毕游的《朱熹、陆九渊与王守仁理学思想比较：以理、性、心、知四个范畴为中心》[①]一书，以朱熹、陆九渊、王阳明三人的思想为中心，对理学从朱学到王学的演进脉络进行了探讨和概括。作者认为，理范畴存在客观性与主观性的内在矛盾，理学的发展正是解决这一内在矛盾的过程，并最终走向主观性；性范畴逐渐被弱化（包括淡化和弱化两种方式），最终丧失了其道德本体的地位；心范畴的作用从“心具理”走向“心生理”，这是与理范畴的主观化过程相一致的；知范畴从“格物致知”的理性认知逐渐走向了“知行合一”的本能直觉。在对理范畴的认识以及心理关系、知行关系方面，朱学与陆学实际上更接近，而二者与王学之间的差异则是本质上的，从朱陆到阳明，理学逐渐演进为彻底的实践之学、方便之学，得以从士大夫阶层走向民间。

在书中，作者认为目前的学术界已经对朱王时代的思想进行了反复的梳理和研究，作者在此基础上进一步提出诸多疑问，如为什么体系庞大的朱学在明中期以后被王学替代而失去了思想界的主流地位？王学对朱学是完全推翻并取而代之，还是某种批判地继承？如果是某种继承，那么这一过程究竟是怎样的？

第一个问题实际上是思想发展的规律问题。作者关心的是从宋到明，政治生活和社会生活发生了哪些变化？这些思想背景的变化提出了哪些新课题？后诸子时代的朱学何以不能解决这些问题而促使人们纷纷走向心学？这一演变过程是必然的还是偶然的？第二和第三个问题，作者认为是朱王异同问题。作者的关注点在于王学的哪些特点使其较朱学更好地回答了当时的学术问题？王学足以取代朱学的究竟是什么？王学与朱学之差异，哪些是针锋相对的，哪些又仅仅是视角上的不同，哪些又是名异实

① 毕游：《朱熹、陆九渊与王守仁理学思想比较：以理、性、心、知四个范畴为中心》，社会科学文献出版社2020年版。

同？王学对朱学继承了什么又改变了什么？王学与朱学的内在联系究竟是怎样的？最后一个问题，实际上是从朱学到王学的发展脉络问题。作者的关注点是：朱学思想内部是否有心学的萌芽？朱学思想在后学中有哪些被继承了，有哪些被改变了，又有哪些被淡化了？朱学与陆学的哪些成分或明或暗地寄于王学思想当中？哪些人的哪些思想给王学的形成提供了思想资源？元代理学与明初理学在王学形成的过程中究竟起到了什么作用？王学是如何通过发难朱学末流（或朱学官学）从而挽救了理学并将其又推向了一个新的高峰？

基于以上，作者从三个方面进行分析和讨论：第一，朱王异同分析。以此为基础，考察朱王之间若干人物的有关观点，从而发现思想观念的演进轨迹，即脉络分析，呈现前后人物思想变化的特点和总体情形。第二，范畴分析。从不同人物的思想范畴进行分析和比较，对朱王理学变化进行历史梳理。第三，通过具体人物分析。包括杨简、陈淳、真德秀、魏了翁、许衡、吴澄、郑玉、方孝孺、薛瑄、吴与弼、陈献章、胡居仁以及其他相关人物，进行综合评价，进而考察朱王异同点有关的观点。

邓志峰著《王学与晚明师道复兴运动（增订本）》[①]一书，是在2004年出版的同名著作基础之上增订而成，2004年版的著作，以晚明统治学说涵泳的君道与师道的相关度为主线，博考历史文献，细考历史争议，从而论证王学的萌生、遭禁、复苏、隆盛、分化、自残以及走向衰落。此次出版，依旧着眼于晚明的政治儒学，特别是其与现实政治的互动历史。本书认为，阳明“致良知”在“心”的本源处唤醒了师道意识，晚明讲会自称“孔子家”意味着师道精神的社会化，以东林、复社为首的党社运动代表了师道组织对治国平天下的渴望，而以黄宗羲、唐甄等为代表的清初君权批判者的思潮则是师道精神的自我反思。

本书一反黄宗羲对阳明后学师承兼及地域的分派方式以及日本学者冈

①邓志峰：《王学与晚明师道复兴运动（增订本）》，复旦大学出版社2020年版。

田武彦以“良知”概念解释不同而划分的分派方式，提出了自己的王学分派方式。即以王门诸子的行动取向为分派标准，将王门后学分为狂侠派、乐学派、会通派、东林学派等，并逐一对其师道思想进行论述。

作者首先将王学划分为三个阶段，第一阶段为弘治十八年王守仁以讲学自认，到嘉靖七年客死南安，四方弟子赢粮景从、百川宗海、逐渐形成与朱学分庭抗礼的阳明学派。第二阶段是王守仁去世以后，以其亲传弟子为核心逐渐形成三个阵营，即以邹守益、欧阳德、罗洪先等为代表的江右一派；以王艮等为代表的泰州学派以及以王畿为代表的浙中学派。第三阶段从嘉靖后期到万历中期，随着王学自身的理论发展，在原有的支派基础上，发展出了在朝王学、狂侠派、乐学派、会通派、东林学派等。在朝王学以徐阶、耿定向为代表（甚至包含张居正），可以视作修证、会通两派的裔孙，吸取了两家的思想，在现实中力主躬行实践。狂侠派以颜钧、何心隐最为突出，在思想上对师道派有所发展，行动上则更加激进。乐学派以王艮次子王襞明举乃父复兴师道的口号，暗传的却是老师王畿的衣钵。会通派与“泰州后学”或“狂禅派”大体相当，他们顺着王畿的思路，把会通的思想推广到极致，由会通三教到夷平诸子，再进而容纳西学。东林学派在万历之后实由顾宪成、高攀龙、钱一本、顾允成等为首，实际上掌握了内阁的权力，在朱子学的旗帜下，形成新的学术集群，他们不反对王学本身，或把王学心物一体的精神渗入朱学，倡导复性，反对师心自用，在政治上坚持阁部之争。本书就是通过上述三个分期，进而加以论证。

贾庆军《从天人两分到良知宇宙：王阳明天人思想的历史演变与实践》[①]一书，是浙江省2017年社科规划重点课题“王阳明天人思想的历史演变及其历史实践研究”最终成果，由首都经济贸易大学出版社出版。该书围绕王阳明的天人合一思想为中心展开讨论，研究了阳明思想发展的三个阶段，即：天人两分、天人合一、良知宇宙。

①贾庆军：《从天人两分到良知宇宙：王阳明天人思想的历史演变与实践》，首都经济贸易大学出版社2020年版。

第一阶段，此时阳明的天人思想还停留在传统天人两分、以人合天的状态中，在1508年龙场悟道前，阳明思想中的天人是分离的，具体表现在他对程朱理学的试练、对佛老的沉迷和对古儒礼制的尊崇。内容包括：天人两分下的佛老思想、天人两分下的儒家思想、王阳明前期天人思想的实践。

第二阶段，王阳明体悟到天人合一、万物一体、心外无理、心外无义、心外无物、心外无事、知行合一之旨，建立了自己圆融的天人合一思想。1508年—1520年，阳明开始尝试打通天人之间的关系，使其融合无间，破除朱子之学带来的支离和逐外状况，最终阳明通过心学的建立实现了这一目标。

第三阶段，阳明提出了良知学说，确立了良知宇宙观。从1520年开始，阳明开始用“良知”来概括他成熟的天人思想。其中，天道与人道、天理和人心交融在一起。宇宙论、道德论合二为一，良知即是宇宙论意义上的，也是道德意义上的。心学各宗旨也在良知学中得到了系统的阐发，这标志着阳明天人思想最终形成，他融合了儒释道思想的精华，将传统宇宙观和天人思想推向了顶峰。

另外，在讨论阳明天人思想的同时，对其实践思想也进行了讨论，在第一阶段讨论了儒家道德操守的实践，儒家思想乃是天下至道观念的现实维护。第二阶段讨论了天人合一心学的实践思想，包括阳明心学在行政治理上的实践，以及阳明心学在军事上的实践。第三阶段讨论了阳明良知思想的实践，体现在处置思田事件以及在教育上的实践当中。

贾仕厚的《禅宗心性论与陆王心学的平行研究》[①]一书，借用比较文学的平行研究，对禅宗心性论的三部分理论（自性论、悟修论、教化论）与陆王心学的三部分理论（道德论、工夫论、教化论）进行类比与对比，以发现前者与后者的类同与相异之内涵。全书主要分为两大部分，一是对禅

①贾仕厚：《禅宗心性论与陆王心学的平行研究》，团结出版社2020年版。

宗心性论的形成与发展的研究；二是对禅宗心性论的三部分理论与陆王心学的三部分理论分别进行对应比较的研究。全书最终的结论是：陆王心学的形成，虽然受到了禅宗心性论的影响，使前者与后者的理论呈现出对应类似性，但二者的终极价值观不同，是不可等同的两种思想体系。

司雁人的《阳明心学十讲》[①]一书，从王阳明受吏部尚书焦芳迫害随后到贵州龙场“悟道”谈起，分心即理、知行合一、破心中贼、致良知、事上磨炼、拔本塞源、无善无恶、明德亲民、满街都是圣人等专题，讲解王阳明的心学，书中指出，阳明心学是针砭时弊的良药，在当时取得了巨大的社会影响，对后世有重要的意义。

二、文献整理、集释类

文献整理既是阳明学研究的基础，也是阐发阳明思想的重要渠道，本年度有关阳明学文献整理与点校的书籍较多。其中孔学堂书局出版的《新刊阳明先生文录续编》[②]一书，以明代贵州刻本《新刊阳明先生文录续编》（三卷本）为蓝本，重新整理、校对出版，全书收录阳明诗文300多篇，其中诗歌300余首，文章70多篇。诗歌创作包括五言和七言绝句，五言和七言律诗，五言和七言古诗以及长短句古诗。文章包括文类、书类、跋类、杂著、祭文、墓志等几大类不同体裁和题材的作品。且该书载有《王文成公全书》未收的佚诗、佚文，在内容上具有独特的特点和资料价值，是阳明学研究学者及爱好者应备的一部资料书。

王焱主编的《域外刊刻阳明先生文献》[③]一书，收录了王阳明著作在日本及朝鲜的相关传本共30种，其中如有三轮希贤的《传习录标注》、佐藤一斋评注的《传习录栏外书》等日本人刊刻、抄写的版本，编者收录了大多数日本学者的注释评述。朝鲜地区的传本以抄本、活字本为主，如朝鲜活

①司雁人：《阳明心学十讲》，中山大学出版社2020年版。

②〔明〕王阳明：《新刊阳明先生文录续编》，王力、孙玉婷点校，孔学堂书局2020年版。

③王焱主编：《域外刊刻阳明先生文献》，广陵书社2020年版。

字本《王阳明遗书》等。本书的编纂，一方面，有助于厘清王阳明相关著作在日本、朝鲜的源流；另一方面，也有助于推动王阳明学术思想在日本朝鲜传播发展和研究。

李半知点校的《居夷集》[①]，以明嘉靖三年丘养浩刻本《居夷集》（西泠印社出版社）为底，以王晓昕点校《王文成公全书》（中华书局）为主要参校本。兼以束景南《王阳明年谱长编》（上海古籍出版社），马昊宸主编《王阳明全集》（线装书局），吴光、钱明、董平、姚廷福编校《王阳明全集》（上海古籍出版社），陈明、王正、谷继明等注释《王阳明全集》（华中科技大学出版社），刘宗碧点校《阳明先生集要三编》（西南交通大学出版社），张祥光、林建曾点校《嘉靖贵州通志》（贵州人民出版社）为同步参校本，在校勘的基础上，作了必要的注释，通俗易懂，适合阳明爱好者阅读。

华建新的《王阳明诗文选》一书，精选了阳明的123首诗，60篇文章，并提纲挈领的作了导读、评注，是大众读者学习阳明思想的一部通俗读物。《传习录》有关的译本还有岳麓书社出版的《传习录校释》，肖卫的《传习录》译本等。

此外，本年度还有徐泉华的《王阳明年谱通译》、吴格的《王阳明集》、梁元洪主编的《阳明哲学与阳明文选》读本等出版。

三、传记类及其他

《阳明大传："心"的救赎之路》[②]三卷本，是束景南的一部关于王阳明传记的力作，束景南是国内研究王阳明的大家，深谙王阳明的文献及思想，该书是一部严谨的高质量、高水准的学术著作。作者依据各种史料及王阳明的文集诗词等整合、编辑演绎而成，规模宏大，史思深沉，同时

① 〔明〕王守仁：《居夷集》，李半知校注，贵州人民出版社2020年版。

② 束景南：《阳明大传："心"的救赎之路》，复旦大学出版社2020年版。

采用了文化还原的研究方法，多层面地探讨了王阳明的一生与思想发展历程。作者掌握了大量新资料，多有独到的新发现，具有很高的独创性、学术性。全书史料丰富，研究扎实而严谨，可为学者进行中国传统思想研究提供参考。全书分上中下三册共十八章，从阳明的出生、求学、事功、讲学、心路历程到最终自我超越，将阳明传奇的一生展现在读者面前，该作源于史实又超越史实，游刃于心学世界当中，既不失学术性，又具有强烈的可读性。

刘兆伟和刘北芦的《王阳明统说》[①]是一部关于阳明的传记。作者认为关于阳明的传记颇多，但是市面上很多是演义王阳明事迹及思想的小说类的著作，对初读王阳明的读者有误导，尤其是有的书中颇有一些神秘甚至迷信的色彩。基于此，作者立足于对王阳明生平事迹及其思想进行深入研究并正确普及，以追本溯源维护其真实性。全书共分为五章，第一章讨论王阳明所处的时代、家世与悟道的过程。第二章讨论王阳明于行政施治中践行圣道之实证。第三章论述王阳明学说的本真及其明晰、巩固良心信仰之价值。第四章论述王阳明教育思想与实践及其治理社会的意义。第五章讨论王阳明学说的责任意识、担当精神及其当代价值。

孟斜阳的《王阳明传》[②]一书，是作者潜心研究数年，查阅搜集了关于王阳明的所有正史和野史的资料，以故事情节来演绎一代大儒传奇一生的传记。作品语言通俗不失品位、严谨不失趣味，随人物生平的发展，从中可以感受到他光明俊伟的人格、坦荡磊落的胸怀、追求真理的情操、生命自由的气象。与其他关于王阳明的书籍相比，本书更注重以细节刻画人物，塑造出了一个血肉丰满、个性鲜明、富有传奇色彩的无双国士、一代宗师的形象。在王阳明的心学介绍方面，不刻意求深，而是紧密结合其一生经历行迹，以大众容易理解的方式进行介绍。书中传递的心学的自我心

---

①刘兆伟、刘北芦：《王阳明统说》，中华书局2020年版。

②孟斜阳：《王阳明传》，太白文艺出版社2020年版。

理调整和励志功能，可使读者领会“知行合一”理论的真谛，汲取前人思想精华来指导自己，成就更好的人生。

许葆云关于阳明的小说三部曲①，第一部《王阳明·龙场悟道》，以章回体小说的形式，对阳明龙场悟道的心路历程进行了演绎。他的第二部著作《王阳明·知行合一》以章回体小说的形式，将阳明平定朱宸濠之乱以前的生活经历付诸笔端，将阳明的经历演绎得淋漓尽致。其《王阳明·此心光明》作为三部曲的第三部，从阳明平叛朱宸濠开始，同样用章回体小说的形式，把阳明后半生的经历与心路历程演绎得生动传神。

夏长斯的《王阳明传：此心光明》②一书，通过讲述王阳明的传奇经历，将其思想的形成和演变进程与人生经历结合起来，用不同阶段的人生故事展现其悟道的心灵轨迹。书后还附录了文选、诗选、《传习录》等作品中的经典篇章并对之进行了解读，让读者结合其经历更清晰地触摸其思想轨迹，可感可知，在思想领悟中能更进一步体会知行合一的心学思想。

张山梁的《一路心灯》③一书，是一本学术随笔，按编年顺序，记载了作者多年来探索追寻明代大儒王阳明的心迹与足迹、学思与心得，作者以扎实的学术功底、勤恳的研究精神，结合多年探索阳明心学旅行之路上的感悟而成一本通俗读物。书稿分为五辑，共二十六篇文章。全书共十七万字，以及五十幅与内容相关的彩色图片。

张宏敏的《2019阳明学研究报告》④一书，是一部工具书，对2019年中国大陆阳明学研究的成果进行了归纳和总结，全书分为上、中、下三个部分，第一部分是王阳明与阳明心学研究文献综述、第二部分是阳明后学研究综述，第三部分是对海外学者在大陆所出版或发表的论文进行

①三部曲分别是许葆云：《王阳明·龙场悟道》，中国友谊出版公司2020年版；许葆云：《王阳明·此心光明》，中国友谊出版公司2020年版；许葆云：《王阳明·知行合一》，中国友谊出版公司2020年版。

②夏长斯编著：《王阳明传：此心光明》，石油工业出版社2020年版。

③张山梁：《一路心灯》，福建人民出版社2020年版。

④张宏敏编著：《2019阳明学研究报告》，宁波市王阳明文化研究促进会主编，华夏出版社2020年版。

文献综述。

慈达的《重拾心学》[①]一书，力图从学术与实践两个方面重建王阳明的心学理论。但又不拘于阳明心学，而是以心学为线索，上溯黄老之学，下至陆王心学的汉学思想哲理，试图以现代哲学语言重新解构以儒释道的哲学思想为一体的心学的核心价值观及其对当代社会实践的积极作用与意义。全书分为理论框架、实践应用和阳明心学文钞三个部分。其中理论框架部分分为宗趣、哲理、良知、作用和应世模型五个部分，将心学的儒家主张作为线索，用以阐释传统儒释道思想共性的哲学理念与思维模型。而其实践应用部分，则分为见地、实修、应用三大章节，阐释儒释道的传统体系，尤其是心学如何将理论转换成实践，从而向内提升个人见地、德性、修养；对外知行合一，体道尊德，同社会与自然和谐共生。最后收录了部分阳明心学的文钞。

另外还有计文渊的《王阳明书迹》一书，收录了几十幅王阳明书法作品。李烈军、霍向东从致真篇、知行合一篇、立人篇、理念篇、言论篇五部分内容出发。讨论“明代大儒，真三不朽”王阳明的心学体系，阐明“知行合一”及其与“致真”的关系，强调其现实意义，提出了“为己之学”和“自我实现”的人才培养目标。[②]沙滩孤雁将研读阳明心学著作时写下的笔记整理成《王阳明心学：知行合一的智慧》[③]一书，该书侧重于体悟和实践，深入阳明心学的精髓，将阳明心学的核心思想用现代人能理解的方式阐述出来，并尽可能地减少艰深晦涩的译注。周建华、刘枫编著的《王阳明与福建》[④]一书，分两部分，上部分收录了王阳明汀漳平叛相关素材；下部分写阳明后学与福建的关系，将与王阳明和王学相关的福建人和事汇集在一起，有资料汇集之功；最后附录了王阳明福建诗文。孔学

①慈达著述：《重拾心学》，宗教文化出版社2020年版。

②李烈军、霍向东：《知行合一　致真立人》，华南理工大学出版社2020年版。

③沙滩孤雁：《王阳明心学：知行合一的智慧》，哈尔滨出版社2020年版。

④周建华、刘枫编著：《王阳明与福建》，福建省政协文化文史和学习委员会编，福建人民出版社2020年版。

堂书局出版的《世界眼中的王阳明》为普罗大众学习阳明的思想起到推广作用。徐泉华的《诗话阳明》《书话阳明》《王阳明年谱通译》，杨军的《传习录阐微》，度阴山的《2021王阳明心学日历》等也为阳明文化的普及和推广起到促进作用。

叁

中国大陆阳明学研究辑刊文献综述

2020年中国大陆关于阳明学研究的辑刊主要包括贵阳学院陆永胜教授与刘继平教授主编的《王学研究》第十一辑，陆永胜教授与赵平略教授主编的《阳明学·鱼梁讲会（创刊号）》等两本刊物。

一、《王学研究》第十一辑

《王学研究》第十一辑，是2018年在贵阳举办的第六届知行论坛暨“东亚儒学的现代性转化”和“阳明学与文化区域建构”国际学术大会会议论文选集。会议由贵阳学院阳明学与黔学研究院、贵阳孔学堂文化传播中心、贵州省儒学研究会、江苏儒学学会、《贵阳学院学报》编辑部、韩国阳明学会、韩国忠南大学儒学研究所、韩国始兴文化院主办，所收录文集共有四个板块二十篇文章，四个板块分别是：王阳明思想研究、阳明学与区域文化研究、阳明学比较研究、阳明学的当代价值研究，以下分而述之。

（一）王阳明思想研究

该板块包含九篇文章，分别是张新民的《本体与方法：王阳明龙场悟道探微》、金生杨的《论席书与王守仁的学术交流》、薛正昌的《王阳明军事智慧与“心学”背景》、黄人二的《阳明〈大学〉解释及其哲学转化》、王胜军的《王阳明“龙场悟道”中的君子之学发微——以龙场四学记为中心的考察》、汪洋的《王阳明为何推重王通？》、吴小丽的《王阳明心学与良知的建构》、吕家林和吕菁的《王阳明诗歌的精神世界》以及焦堃的《浅论王阳明在阁部关系问题上的立场》。

张新民的《本体与方法：王阳明龙场悟道探微》一文，是一次讲座的录音整理稿，从王阳明“龙场悟道”前后的经历为例证开展讨论，来观照人的存在就是不断实现自己的生命潜质并不断超越自我的过程。作者认为，“悟道”本身乃是极富个人性的生命体证，从来都属于不可言诠的直观智慧范畴，是很难“探微”的，但个体与方法可以相互定位和支撑，能够互构互动，开启有体有用的生命实践路径，成就人的价值世界或伦理生活，文章认为，王阳明一生的心路历程是可以作为一个示范，能够帮助人们清楚地看到形上本体与实践工夫互动的重要性。

文章从七个方面进行论述。第一，“悟道”是否需要方法？“悟”的意义主要来源于体证和生命，是生命自身存在的真实性决定了意义存在的真实性，“知”的意义往往来源于概念和对象，是知识自身存在的可靠性决定了意义存在的可靠性。“悟”是内在性的自我了解，是自我沉入生命的最深层结构来如实呈现真实的自我，“知”是外在性的对象观察，往往要借助实验所提供的观察手段来加以分析和把握。“悟”作为生命的自我体悟，不是对象知识的追求，是与知识迥然有别的，只能是生命的学问。它贵在“体悟”，即意味着从人化状态重返本然状态。“悟道”所达到的境界“空境”与生命浑然合一，一切无分别，只是直观地如如显现，严格地讲，是不可说不可言诠的。儒释道三家都是通过一系列忘却身心的修行方法，来呈现出不可言诠的本质性世界或“物自体”世界。对“悟道”经验的反思，可以帮助我们踏上人生的修行道路。第二，本体实践学的重建。能够证入道体的不是外在化的语言，而是自己内在化的整个生命。一旦证悟，便可丢弃语言，语言只是“迹”或“形”，不是“道”或“体”。“道”既是生命的本源，人类安身立命的根基，也是大化流行得以展开的终极根据，宇宙人生共同的本体存有。“龙场悟道”前，阳明是寻找方法证入本体，核心问题是自己如何证道悟道，“龙场悟道”之后，是根据本体展示方法，帮助他人证道悟道。阳明的本体实践学是“彻上彻下”的，是要打通“人道”与“天道”，一方面必须彻证形上本体，契入超越界，获得创造发展的活水源头；另一方面也要转为生命的实践活动，投入现实界，成就人类社会的道德生活。第三，良知说的实践论意义。本体与工夫是不二的，二者不能脱离，本体实践既要展现个体生命的价值意义，又要成就人类共同的道德世界，阳明的大彻大悟离不开实践工夫，这是一个渐修的过程。第四，心性功夫的早期涵养。阳明十一岁就有了“读书做什么”的问题意识，早年就有了一定的“不动心”工夫，表现出不同凡俗的独立人格精神气象。第五，静定功夫引发的身心变化。阳明以守静“抱一”的方法初步接近了道体，开始踏上了本体与方法互应互契的生命实践之路，但就静坐本身而言，却是儒释道三家的共法，并非完全放弃了自己早年成圣成贤的价值理想。第六，透过生死磨难展现超越性的人间情怀。阳明强调“事上磨练”，即在社会中踏踏实实作“致良知”的工夫，甚至“收放心”或“止念头”也可以纳入“致良知”的实践方法。内在的心性力量资源通过社会化的方式，转化为建构人间社会秩序的实践性活动，从而建构合理的道德世界或人伦秩序，开出人文教化的崭新天地，实现自我与他人共同完善的终极理想。第七，本体实践学的时代价值与意义。阳明前半生主要是“下学上达”，不断尝试各种方法，并从经典中汲取思想资源，并反复与朱子对话，后半生则“上达下贯”，依据本体不断调适方法，同时重读经典。阳明的道德绝非空洞无根的理论说教，而是良知的到场及行为的开显，不是认为的造作，而是自然的应机。人类只有通过本体诠释与本体实践不断良性互动的方法，才能步入有体有用的生命创造。

金生杨的《论席书与王守仁的学术交流》一文，以席书与王阳明二人的关系问题展开讨论，从平生知己，不患无知、朱陆异同与知行合一、大礼议中的互动三个方面进行研究，认为席书是王守仁的平生知己，是王守仁走出人生低谷的“贵人”，在学术和事功上对阳明均有帮助，二人在贵州讲学互有影响。席书接受了阳明心学，特别是知行合一论，并作成《定性续书》稿二卷，其后又在阳明心学的影响下完成了《鸣冤录》一书。阳明也受到席书的启发，确立知行合一论，并受席书朱陆异同论的影响，持续关注此议题，其《朱子晚年定论》及《象山文集序》等，多少有席书思想的影子。在大礼议上，席书与阳明也有交流，并得到了阳明默默的支持。二人的交流还远不止如此这些，在现存的席书书信当中，还有关于格物、孝道等方面的论述，阳明还曾提到席书将其《道山书院记》赠与他一事。

薛正昌的《王阳明军事智慧与“心学”背景》一文，以阳明军事智慧与“心学”背景进行梳理和论述。文章从两个方面进行论述，一方面是王阳明的军事谋略。包括其一，平定横水、左溪、桶冈、浰头之乱。在这些平乱事件中，阳明采取了诸多的措施，如推行“十家牌法”、选练民兵、立兵符、立社学、举乡约等。同时，他还考虑到点政权建制的增设，巡检司的增设与换位，包括社学兴建、民规乡约的规范等，为社会平稳及和谐发展、倡导传统文化做出了贡献。这些事迹体现了王阳明的军事才能和政治智慧。其二，平定宁王朱宸濠反叛。体现了阳明谙熟军事、长于用兵的军事谋略。其三，广西平乱。几次军事行动及对于边远地区少数民族安抚政策取得了十分良好的效果，军事行动与地方治理并举，增强了地方政权的有效管理。另一方面是王阳明心学与龙场驿。包括其一，龙场驿是体悟“心学”之地。其二，平定朱宸濠叛乱是体悟“心学”的重要经历。

黄人二的《阳明〈大学〉解释及其哲学转化》一文，讨论阳明对《大学》的解释，阳明以古本为止，以为无阙文、错简，文本文正通顺，无不可通。阳明对《大学》的解释，在大方向上的见解，为“以古本为正”“改‘新’为‘亲’”“以‘格’为‘正’”和“以‘物’为‘心’”，“意之所在，以格物为‘去其心之不正’”等几个范畴，作者对上述几条逐一进行分析。作者认为，阳明对“格物”“致知”的理解，有一个从“诚意”转向“致知”，并以为重心的过程；然后再加入《孟子》的“良知”，成为“致良知”，变成其学说的主线；最后，认为将《大学》分“经”“传”者为“益离”“学之日远于‘至善’”，这一批评是比较重的。

王胜军的《王阳明“龙场悟道”中的君子之学发微——以龙场四学记为

中心的考察》一文认为“君子之学”是王阳明龙场悟道中的重要内容，集中体现在了龙冈书院三学记《何陋轩记》《君子亭记》《宾阳堂记》以及最初悟道之地玩易窝所作的《玩易窝记》当中。对四学记的探求，有助于探寻其后期与阳明心学的走向及思想体系之间的关系，有助于加深对“龙场悟道”和阳明心学特质的理解。作者认为阳明与朱子最大的不同不在于其纯知识层面的探索，而在于成圣成贤的道德实践当中。作者从以下几个方面进行论述：第一，从仙人到君子：王阳明人格取向在龙场的转变。阳明人格取向之所以转变，在于佛老之学的“理”尽管高居于纯知识学的云端，却无法真正与现实中情欲交杂、痛痒相关的“心”打通，无法给生命注入应对现实的力量。君子人格就是在变化气质的过程中产生的，既有理学修养的过程，又是书院教育的目标，阳明在龙场提倡君子之学，是他认同儒学、人格取径转变的逻辑结果，是心与现实世界接触最终取得和谐的过程。第二，龙场四学记：心学君子人格的面面观。《玩易窝记》：君子之俟命。阳明不再计较“得失”和“利害”，而是“视险若夷，而不知其夷之为厄也”，终于了解“知命”应先之以“俟命”；《何陋轩记》：君子之质。龙场夷民如“未琢之璞”一样质朴无华，该文高度突出了“质”对成就君子的意义，而不是华夏民族自以为傲的典章礼乐等外在的东西；《君子亭记》：君子之道。该文着重对君子之德、君子之操、君子之时、君子之容进行了阐释和赞美；《宾阳堂记》：君子之明心。该文对“宾日”做了新的解释，从“日”的角度阐发君子之学，用宾日之歌赞美和感叹太阳，礼赞君子辑熙光明的心态。第三，地域特征和心学特质：四学记与作为时代命题的君子之学。包括：其一，西南夷域与四学记关于人生困境和意义的解答。《何陋轩记》论君子文质相资。《君子亭记》标志着阳明在“格物致知”之学上的突破和转折，表明君子之学是在生命实践中达成的。《玩易窝记》论述的是君子知命即如何面对人生困境的问题。其二，四学记的君子之学在阳明心学体系中的展开。一是“化民成俗”的底层传教路线。二是重质反文的教法和史观。三是“格物致知”的实践取径。四是心体光明的生命体验。

汪洋的《王阳明为何推重王通？》一文，对王阳明推崇王通的原因进行了讨论，认为原因有二：其一，二人在思想上有诸多契合之处，表现在对“义利之辨”的重视、“三经皆史”的观念、反对训诂支离、心学的学术理路。其二，对比朱熹、王阳明对待王通的不同评价，可见王阳明与王通有着相同的学术性格。作者以《中说》为主要依据，结合阳明相关文献对以上两个观点进行了研究和探讨。在“义利之辨”上，王通强调的是行仁的动机问题，它对从义出发反而获得不恰当结果的行为，予以正面的评价。他认为汉文帝废肉刑虽是“害于义”，却也是出于仁心；阳明提倡“知行合一”，是对知行分作两截所做出的补偏救弊，阳明强调行为上的道德性，也可能存在行为动机的非道德性。在“三经皆史”上，王通认为，“三经”虽有差异，其根源于史，具有史的作用；阳明在此基础上提出了“五经皆史”的观点。在“反对训诂支离”上，王通认为学问之道，不重广博地记诵，而必须将大道贯穿其中，作文并非为辞章华美，而应该有补世用；阳明为学理路不重字词训诂，只求大义明了，传统儒家经典只是认识道的工具。在“心学的学术理路上”，王通颇具心学倾向，认为心即天理，穷理可知天，即天神之道，求诸己以复归本性（尽性），即人鬼之道。由个人德行注重修心，进而至于治理天下也是如此；阳明“龙场悟道”之后完全确立了“吾性自足，不假外求”的学术路径。在关于朱熹、王阳明对王通评价差异上，作者给出了如下结论：朱熹认为，王通有志于继承孔孟道统，研求“明德”“新民”之学，但是不得其根本；王通谒见隋文帝献策、续“六经”的行为是“不胜其好名欲速之心”；王通《中说》仿效《论语》，以孔子自比，是好高自大之心。而在王阳明处，则认为王通首先拟（续）经是效法孔子删述“六经”；王通欲阐明大道、有补世用的动机出发，肯定他的续经行为；王通的遭遇，阳明晚年也曾遭遇，激发了他的“狂者胸次”。最后，阳明认为王通读经，是“圣人复起不能易”，并不认为王通有僭越之行为，这与其自身的学术性格密切相关。

吴小丽的《王阳明心学与良知的建构》一文，从三个方面对阳明心学与良知的建构做了论述，第一，良知与心之本体。阳明将“良知”视为心之本体，认为“心即理”，是客观世界的宇宙和个体精神世界的统一，“人欲”不是要灭除人的衣食住行等基本欲望，而是指实现社会中一些可能会触犯法律、道德等方面的不合理、不正当的欲望。第二，心与理统一。世间万事万物之理不会再于吾心之处向外求索，天理即人欲。它与佛教所提出的“良知”是不相同的。阳明提出“君子之学，唯求其是”，“知行合一”，主张“致良知”，是一种“求是”学风和精神的阐发。第三，“良知”与“致良知”。阳明把《大学》中“致知在格物，物格而后知至”与孟子“性本善”“良知”相结合，并进一步融合阐释后提出。

吕家林和吕菁的《王阳明诗歌的精神世界》一文，着重探讨了王阳明诗歌中的自由、勇毅和使命三种精神。认为“虚灵”是“云回溪路入花平”的自由精神，“浮名”是“莫负男儿过一生”的勇毅精神。“致良知”是“高楼撞晓钟”的使命精神。第一，阳明喜好游山水自然达到了痴迷的程度。在他的许多诗当中均有体现，其《睡起写怀》中，“羲唐事”也就是“良知事”，其良知之悟源于山水自然，原因就在于“虚灵”（一点灵明），就是暂时摆脱掉世俗的种种约束，在山水之中获得自由精神。第二，阳明在庐陵上任时游瑞华山写了两首诗《游瑞华二首》，其中表达了两个思想。一是自己作为一个小小的庐陵尹是非常努力的，由此而扪心自问，如何展现自己的才能。被嘲笑也好，被认为无能也罢，阳明心中的确是在乎“浮名”的。二是说自己经历万死，不打算再做官，但还得拼命工作，经国大志尚未实现，眼前的一点风浪是阻止不了自己的。实际上体现了阳明“在事上磨”的指向，磨砺养成敬畏他者而克制私欲的能力。浮名并非阳明的目的，而是为了完成君子的职责，阳明一生追求功名，正是其“君子中日干干”勇毅精神的精彩展示。第三，阳明勇于担当挽救文化的使命。“慎独”是儒家修身法门，阳明将其诠释为“独知”，就是在无人监督时完全自主时坚守良知。他认为拯救社会唯一的途径就是“良知”这一剂灵药。在《复过钓台》中阳明实际上已经在向门人交代身后事，回顾自己碌碌一生，认为“高尚”也不过如此，他尽了最大努力“致良知”，以警醒世人，并希望能够久远传扬。

焦堃的《浅论王阳明在阁部关系问题上的立场》一文，是对其著作《阳明心学与明代内阁政治》当中一个问题的研究。作者认为目前为止，对阳明学形成的政治背景作出最系统论述的是余英时先生，认为阳明学因专制君主对士大夫的残酷压制而放弃“得君行道”的路线，转而向民间传道以寻求出路。文章通过对王阳明及其弟子等人的相关资料进行发掘，来对上述问题进行论述。

在《年谱》中记载，阳明倡言专注于一己之人格修养的“身心之学”，乃是因为世间之学者皆沉溺于所谓“词章记诵”。实际上，阳明是批判词章之学的，可以说不仅仅是针对世间士子重科举求功名之风，更是对自己早年追随阁臣经历的反省，以及对阁臣培植派系的“党比之风”，以及“尚名矫激”以追求政治声誉和地位做法的否定。在杨廷和因“大礼议”事件与世宗的冲突而去位后，多位王门弟子入朝执政，王阳明在其与朝中诸人的书信往返中，发挥“致良知”等说，较为全面地阐发了他对内阁地位及作用的看法。总之，王阳明良知等说所隐含的政治思想，其框架已大致清楚，其最大的着眼点在于内阁、六部各自之职能及相互关系上，阳明一派要求政治实务由六部执掌，而内阁则专以选择贤能之人掌六部为责，对内阁特别是首辅扩张势力并侵夺六部之职持抵制态度。明中叶以来内阁极力扩张权势这一政治上的背景，对于阳明学之产生及其政治思想，政治活动均有极为深远的影响。

（二）阳明学与区域文化研究

板块二是“阳明学与区域文化研究”，包含七篇文章，分别是韩国学者金世贞的《从实心与时代精神看韩国阳明学》、越南学者黎黄南的《王阳明的心学思想对越南现代社会的精神生活的影响——交叉和发展的能力》、越南学者范越胜的《王阳明“知行合一”之说对于越南20世纪初开放与维新运动的间接意义》、韩国学者朴炫贞的《聂豹归寂说的体用一源研究》、王绪琴的《东莱心学的二元论困境与学理转向》、米文科的《清初关中王学略论》、黄吉宏的《试论阳明与赣南文化的“小传统”》。

金世贞的《从实心与时代精神看韩国阳明学》一文，围绕“实心”与“时代精神”，沿着韩国阳明学的发展历程，分析了韩国阳明学的特点和特性。作者认为韩国阳明学的主要特点就是“实心”与“时代精神”。韩国古代很多学者都非常重视“实心”及实行、实功、实效。所以不管“实心”这一术语的使用，还是对“实心”的重视，都是韩国阳明学的主要特点。它是对朝鲜中期以后，只重视形式、名分及义理的虚伪、虚饰及伪善行为进行的一种批判和对应理论。江华学派及韩国学者重视“实心”，是为了解决当时自己所处时代所存在的问题。朴殷植虽然没有提及实心，但他也是想根据阳明学来解决当时的时代问题。

朝鲜在建国之初就开始将儒教定为国教，标榜崇尚儒教、抑制佛教的“崇儒抑佛”政策。以这一背景为基础，作者分五个部分进行论述。第一，张维的“实心”与因时制宜。表现在：从对当时学问的承袭和盲目的教条主义的强烈批判中，可以看出张维的主体意识；作为创造性活动基础的主体性良知及实践，重视主体性的生活，重视因时制宜的态度。第二，崔鸣吉的“实心”和权道。它为了解决自身直面的问题而努力，表现在：对名分论者的批评以及对主体思想的重视。其学问目标不受外在权威或名分以及他人评价的影响，保留和扩展了作为人类主体的本心，以权道为依据的主体性主和主张。第三，郑齐斗的实心良知和感通。郑齐斗是韩国阳明学派的集大成者，被评价为“大宗”，他将人类的感通称为“感诚”，即真实无伪的本体。“感通”之道，无论面对何事，都极度专一，毫不动摇。没有半点虚假，与其他存在进行感通。郑齐斗从而对现实进行批判和揭露，以良知为根据讨论“实”。对朱子学派教条主义和名分论思考方式的弊端进行了批判，主张“人类主体性的恢复”“人类平等”“主体平等的外交”。第四，江华学派和郑寅普的实心与感通。江华学派以人类天赋的良知为依据，重点放在心学上，视阳明“心即理”“知行合一”“致良知”等为理论依据，专注诗文学、训民正音和史学的领域，对确立以人为主体的历史观，摆脱根深蒂固的奴隶思想，追求人的解放产生了重要影响。郑寅普提出了“实心”为基础的“实行”，即通过实心“良知”的恢复，确立个人的主体意识，鼓吹韩国民族精神，进而实现全人类的和谐相处。第五，朴殷植的时代精神和四海同胞主义。朴殷植在《儒教求新论》，主张进行儒教改革，他将阳明学视为主旨学问，提倡阳明学的《拔本塞源论》中的“大同思想”，将弱肉强食的帝国主义逻辑转换为“世界和平的逻辑”，摸索心的“人类共存之路”。人类的心体与地域和人种无关，都具有适合自己的职分，超越个人与国家界限，“四海同胞主义”便成为可能。

越南学者黎黄南的《王阳明的心学思想对越南现代社会的精神生活的影响——交叉和发展的能力》一文，认为王阳明的思想与越南文化有巨大的交叉，表现在越南人精神生活发展的道德、宗教、信仰、政治等各方面，文章从四个面向进行论述。第一，越南现代社会精神生活的特点。表现在：马列主义、胡志明思想是越南精神生活的精神基础；传统文化在社会生活中得到不断发挥、提升和治理；伟大宗教人生观和民间信仰继续对越南精神生活产生深远影响；接受西方思想文化潮流，并融合发展中国家的思想文化潮流。第二，越南现有的宗教情况介绍。包括越南佛教、越南的儒学、越南的道教以及民间信仰。第三，心学与宗教，信仰和越南传统民间思想也有交叉，促进了道德生活，文化思想的进步。第四，越南心学与马克思列宁主义和胡志明思想也有交叉。这对认识世界，改造世界，社会转型，个人修养等都有促进作用。

越南学者范越胜的《王阳明“知行合一”之说对于越南20世纪初开放与维新运动的间接意义》一文，对阳明学影响越南的开放与维新进行了论述。文章首先论述了王阳明的知行合一之说与其开放和实践意义，表现在三个方面：即知是行的主意，行是知的功夫，知是行知始。未有知而不行者，知而不行，只是未知。知之真切笃实处便是行，行之明觉精察处便是知。首先，文章对知行合一思想的开放及时间价值进行了论述，认为阳明学在清朝时期的尊崇宋儒的背景下逐渐消失，但在日本明治维新中起到推动作用，瓦解了日本封建体制，为日本实现资本主义奠定了基础。随着东亚国家的维新运动爆发，越南爱国志士再一次接受从日本传来带有实践性与革命性的近代阳明学。其次，越南20世纪初的开放与革命运动。包括：越南20世纪初的维新风潮，如潘周桢关注到在东西文化交流的时代，对于越南及其他东亚的国家而言，接受西方文化是一个自然不可拒绝的倾向。想要振兴国家唯一的道路就是自立自强，全面改革，主动、积极地在国际舞台上与其他国家站在一起；越南20世纪初的东京义塾风潮。河内地区的东京义塾创办者潘佩珠、潘周桢、潘俊丰、阮权等，以反对旧习俗，提倡新风尚，反对科举制度，大力推行国语字（越南文），注重实业，提倡国货等为宗旨，掀起了以振兴实业为主要内容的“维新运动”。主张放弃儒家，学习西方和日本的新思想。最后，作者在结论中认为，阳明学是一种带有开放性与实践性的儒学思想，很有可能已经被越南爱国维新志士通过日本明治维新运动及中国辛亥革命而间接地、慢慢地接受。

韩国学者朴炫贞的《聂豹归寂说的体用一源研究》一文，论述了阳明后学聂豹的“归寂说”的形成与其思想结构。作者认为聂豹的“归寂说”有两大特质：其一，是讲求在超越以前意识活动干扰之上，直证良知本体的功夫论。其二，是在本体与作用之间设定了微妙的时间上的差异。文章解释了聂豹的“归寂说”乃根基于“体用一源”的原理。实则，宋明理学的基本命题“体用一源”具有丰富的含义。本文界定此为“体用一源的多义性”，借此探讨聂豹“归寂说”的发生过程及其特点、理论意义与限制。“归寂说”的基本立场是：在已发的作用上不能讲求本体，一旦确保本体后作用是自然而成的。因此逻辑的着重点自然放在如何确保与现实超离的本体上。虽然，聂豹“归寂说”与阳明的“即用即体、即体即用”有相当的差距，但从哲学史的宏观角度上看，它之所以极力表明对良知本体的希求，是因为看到阳明后学把作用视作本体而忽视了本体自身的自足性与超越性，故而提起以本体为中心的处方，以救其偏弊。文章从聂豹归寂说的阳明学上的根据、养于未发之豫：先涵养良知本体、体立而用自生、阳明后学的体用与情的理解：体用一源的多含义性等方面进行了论述。

王绪琴的《东莱心学的二元论困境与学理转向》一文，尝试通过吕祖谦关于心学的理论来管窥其学之二元背离的问题，但是需要进一步探讨的是，吕祖谦在治学上除了注重兼取各家，还注重学问的现实转换，倡导外王致用，相对于偏重于心性之学建构的朱陆之学来说，又标志着一种学理的转向。这对于倾向于“向内”发展的朱陆之学，是一种调适与平衡。文章从三个方面进行论述：第一，吕祖谦的心学理论介绍。作者认为吕氏心学多依赖于程颢和陆九渊的心学思想而发，无出于陆氏之上。他赋予了“心”本体在先的地位，认为心具有主宰性。圣人之心乃是天命的表达，可以包罗万象，甚至人类社会的历史进程也不过是圣人之心所派生出来的“心史”“心记”。心不但是宇宙的本体，具有绝对的在先性，而且，对天地万物和社会人事具有绝对的主宰和控制能力。第二，心与理的兼容并蓄及其二元论困境。吕氏本意是兼取朱、陆之长而融为己学，但是处理不当，却又“隔膜”和“支离”之感，他希望既不悖于朱熹的天理说，又兼容陆九渊的心本说。这种二元背离，表明了心或道作为本体，只能是二取其一，并非合二为一。第三，学理转向与现实关注。吕氏强调“外王致用”远胜于朱、陆二人。他特别提倡“明理躬行”“讲实理、育实材而求实用”的治学理念，具有理学的转向意义。但是陆氏不空言性命，从史学入手，虽然在事功之学上的学理转向不及永嘉之学和后来的永康之学彻底，但于事功处开拓了道德实践的境域。

米文科的《清初关中王学略论》一文，以关中王学代表李二曲和王心敬为对象进行讨论，研究清初关中学者在哪些方面吸收和发展了王学，从而建构自身的思想理论体系的；以及与当时其它地区相比所具有的特点又是什么。作者认为关中王学与当时其他地区的王学相比，其特点是“明体适用”和“全体大用、真体实功”，造成了其学术上的保守性和传统性。以李二曲和王心敬为代表的清初关中王学，在“提醒人心”和解决朱王之争为问题意识的引导下，一方面挺立良知道德本体，一方面强调躬行实践和重视经世致用。

文章内容分为三个部分，第一部分，李二曲的学术特点。李二曲继承了晚明关学以心性为学的宗旨，同时更强调“良知”本体对人心道德和世风学风的重要性。其特点是：其一，以体认良知本体为主。其二，提倡经世致用。其三，融汇朱子之学。第二部分，王心敬的学术特点。王心敬总体上继承了李二曲的学说并将其进一步发展，其特点表现在：其一，融合会通朱、王之学。包括：陆、王之“立大本”和“致良知”之说来自孟子；陆、王非禅；陆、王之学对于儒学具有重要、积极的作用。其二，返归孔子，以《大学》为宗。其三，重视经世致用。第三部分，清初关中王学与其他流派王学的异同。相同的方面表现在：一是主张在良知本体上用功，挺立价值之源。二是强调躬行实践。三是重视经世致用，以纠正晚明王学“空谈良知”之风。四是在修养工夫上肯定静坐。五是反对党朱、王门户之争，特别是只在口头语言上互相排斥诋毁，而主张力行程朱或陆王之学。六是反对时下的辞章记诵之学。不同之处表现在：一是关中王学在气象规模上不如河北的孙奇逢。二是关中王学在思想上拘守程朱、陆王之间，比较传统和保守，不像其他地区的王学常与其他学术相结合，或发展出心得思想理论来。三是在会通程朱、陆王的具体方式上有所不同。作者最后总结，认为清初关中以李二曲、王心敬为代表的王学学者以明确的问题意识为导向，在挺立心性价值本体的同时，又注重躬行实践和强调经世致用，从而形成了自身的特点，也造成了其自身学术性格与其他学派的区别。

黄吉宏的《试论阳明与赣南文化的“小传统”》一文，以兼顾历史性的行政区划与共生性的客家人集散地之“南赣文化”，聚焦敬畏的圣域与淳厚的世域两个方面来论述阳明对南赣文化的“小传统”的影响。文章论述了阳明文化与赣州地域文化之间的关系。作者认为，王阳明在南赣大地上的“立德、立功、立言”惠泽广袤的社会空间，接续了南赣敬畏的圣域小传统与圣人兴社学以培育淳厚的世域风尚。其神道社交的内核与精神教化的助力，为士民互动之独特性“化乡”地域文化建构提供了重要的内外部条件。

作者认为，阳明居南赣“传习讲学”与“靖乱事功”的主要历程，是其心学接续儒学宗教学“居敬持养”的敬畏的圣域道场，又是其践履社学平民化“知行合一”的化乡的淑世教场。礼祭祀义与社学垂范的治理举措，虽非阳明独创，但从南赣实施的成效看，神圣性与世俗性双行，接续了神道设教与助教伦常的“化乡”小传统。这一立德树人的守成之举可谓与时偕行，促进了华夷融合对儒学的情与心的双重认可。

（三）阳明学比较研究

板块三是“阳明学比较研究”，包含一篇文章，即德国学者施维礼的《内心修养与文化的社会功能——试论席勒之〈审美教育书简〉与王阳明之〈传习录〉中修养与文化的关系》，文章以德国学者弗里德里希·席勒的著作《审美教育书简》及王阳明《传习录》为中心进行讨论，认为席勒的著作是对刚经历法国大革命的欧洲提出的文化论述，而阳明则同样对传统儒家文化重新做反省而提出心的论述。两者都认为整个社会的改变必须从个人修养开始。基于此，文章从对修养的论述以及对修养、社会、传统文化三者之间的关联，对二者的思想进行比较。第一，在改革精神方面，席勒一方面肯定法国大革命所提倡的自由与人权，另一方面无法否认法国大革命所引起的社会混乱。基于此，他认为社会失去传统文化的约束之后，赤裸裸的人性主导了社会上下层的行为。只有普遍的审美教育可以取代过去传统文化对社会的统合功能，其关键在于内心的修养。这正好是阳明所提倡的，阳明试图透过对儒家传统的新诠释推动文化与社会上的改变，他认为社会的问题必须透过文化上的革新才能解决。第二，基本论调。二者都认为人的私心或私欲是核心问题，都强调个人体会。为了避免人的本能的直接体现，二者认为都需要从人的内心出发，反省并打破狭窄的个人观点，进而达到一种具有普遍性的立场。第三，在修养论与基本理论预设方面。二者都试图解决人的基本构造所造成的冲突。对阳明而言，人的行为基础有两种，一是个人私欲，二是普遍“天理”。席勒则认为人的行为有两种互相矛盾的来源，一是感性，二是知性，感性与知性任何一方的强势都会扭曲人格，只有协调两者之间的关系才能使人格完整发展。第四，修养论与文化。为了调和感性与知性，席勒提出审美的“游戏冲动”作为人格发展的唯一可能。而阳明对待传统文化的态度则比较温和，他基本接受传统道德观，更不需要另外提出一个审美经验来取代现有的道德观念。

最后，作者认为，席勒的思想在形式与功能上的冲突还能协调，但王阳明在内容上的绝对差异无法用协调来解决，排他性较强，儒家强调道德上的教化根源也在此。席勒无法直接提倡道德教化的主要原因也在于他不相信外界或人内心缘由的道德性的内容，认为人只有透过审美的经验才能达到道德自觉。因此，推动文化成为他唯一改善社会的途径。

（四）阳明学的当代价值研究

第四个板块是“阳明学的当代价值研究”，包括三篇文章，分别是韩国学者朴成浩的《王阳明的知行论及其道德教育上的意义》、韩国学者赵智善的《第四次工业革命时代下的共同体与阳明学的应用价值——以人性教育领域为中心》、韩国学者金容载的《第四次工业革命时代的阳明学之意义与价值——以王阳明的教育观为中心》。

韩国学者朴成浩的《王阳明的知行论及其道德教育上的意义》一文，梳理了阳明的知行合一学说，分析其基本脉络和根本目的，以先行研究为基础，说明阳明的知行论中的“知”具有“条理创出的主体”“自觉的是非判断”“能动的实践意义”等多重意义，“行”为“隐：去恶”和“显：为善”的双重结构。文章从两个部分进行讨论。第一部分是：知行本体和立言宗旨。在知行本体上，阳明认为“知”不能“行”的原因是“知行”本体的私欲所阻断，并非“知”和“行”是两个不同概念而有先后顺序，分开“知行”的所有现象，都是有违知行本源的意思。阳明主张“心即理”，把心解释为“创出符合情景的条理的道德主体”。心是根据主体的道德原理，可自律性地判断是非与好坏，其“知”包含自发的实践性。所以知行在“心”里面包含着“合一”的动因，知行本体发的理论依据为心即理，即心里面求“理”。在立言宗旨上，阳明认为知行合一是把意念的萌发也都归为已执行的行为。而且若知道了心中萌发了不善的念想（知），应为消除该念想而努力（行），虽然还未转到“行”，但如果放任，那么知和行就一分为二了，不善的念想，应斩草除根，心中不留一丝不善的念想。

第二部分论述王阳明知行论的重层结构。行的重层结构是指：其一，隐：去恶。其二，显：为善。表现在条理创出主体。阳明的“理”指的是主体在与对象建立关系的过程中，从内心创出的具体的实践行为的“条理”。阳明的“知”，包含了动机、欲望等在内的意志范畴，并不是对客观对象的认识的内容或判断，而是作为认识和判断的主体的良知。阳明把心中萌发的意志作用的“知”视为行为的开始。“知”即是良知，是在于对象的感应过程中，包括创出符合主体性情景的实践条理，对是非进行自觉性判断、能动地触发实践意志的重层性。这样的“知”的重层性，也是前面所述的知行合一说的立言宗旨，即消除私欲，恢复知行本体体系的必然要求。作者还论述了阳明“知行论”的道德教育意义。

韩国学者赵智善的《第四次工业革命时代下的共同体与阳明学的应用价值——以人性教育领域为中心》一文，以第四次工业革命为主题，围绕其背后需要的价值观念和道德价值进行论述。第四次工业革命，指的是以ICT为基础，在数据、生物学、物理学等领域突破界限，相互融合的技术革命，其特征是超链接性和超智能性。文章认为，第四次工业革命时代人性教育很有必要，它同时还引导了对于法律性、伦理性责任的问题，哲学思维等问题，以及教育的作用与课题等众多相关问题的探讨。作者认为，阳明学在未来人性教育中具有重要价值。表现在：共感能力（真诚恻怛）、消除私欲以解决矛盾、关系性自我观的形成与实现。最后作者提出在第四次工业革命背景下，我们追求的教育应当：其一，从人类的共感能力中寻求，良知的真诚恻怛作为一种共感能力，发现于日常生活中具体情况发生的一瞬间，真诚恻怛的良知，使得个人与他人能够消除隔阂，共感伤痛。其二，人类依旧处于各种无尽的纷争，要消除它，就要探寻阳明人性教育价值，依靠“去人欲，存天理”的拔本塞源的工夫实践共同体社会的共存与生活，以此来去除私欲。其三，人性教育是以关系性的自我形成为教育目的的教育。在他人与共同体间，甚至高度强化的人工智能间，也能实现相互沟通的关系性自我。阳明眼中的天地万物，是人性教育强调在包括人类与天地万物在内的共同体中的至高境界，人是关系形成中发挥中枢性作用的存在。

韩国学者金容载的《第四次工业革命时代的阳明学之意义与价值——

以王阳明的教育观为中心》一文，是对人与机器人之间关系应当如何的讨论。在第四次工业革命背景下，人类不得不提出有关人的本质的问题，且对这些问题不断加以反省。从儒家思想看，人类以外的他者并不是人类的手段或工具，而是具有固有价值的共存的对象或伙伴。人类要做的是，重建人类的价值体系与道德原则，以探讨如何实现人之为人的本质与义务。文章从三个方面进行论述：其一，良知：在寻找幸福之前，我们应该思考什么才是人的真正本质与生命。阳明学的新的作用就是加强以“良知良能”为基础的人性和品德教育，而且可以迅速地制定与此相符的教育课程。其二，亲民：我们要重视的不是对“优劣”的区分，而是对“差异”的肯定，亲民就是这种关怀与同感的符号。阳明关注的是内在与人心的纯粹本然之良知，以及如何确立人类之能动性和主体性的问题，所以更着重于人之为人的本质。其三，反主知主义：王阳明充实地继承孔子的教育哲学。阳明“知行合一”论的目的之一就是突破“主知主义”教育哲学的限制。阳明所说的工夫不限于“致良知”工夫，也归结于“事上磨练”的反省与修养过程。

二、《阳明学·鱼梁讲会（创刊号）》

《阳明学·鱼梁讲会（创刊号）》一书由陆永胜和赵平略主编，中华书局出版。该书是贵阳学院阳明学与黔学研究院着力打造的学术交流品牌“鱼梁讲会”讲座内容整理而成。在“见面絮语”中，陆永胜教授对本书的基本情况做了介绍：“何为鱼梁讲会？坐落于云贵高原之上的贵阳学院是一所综合性的本科院校，蓝天白云下，鱼梁河从学院中间蜿蜒而过，犹如一条白练。立于阳明桥上，看两岸婆娑之云岚，思流水之来去，悠悠天地间，我为谁耶，谁为我耶！古有庄子、惠施的‘濠梁’之辩：‘子非鱼，安知鱼之乐’；‘子非我，安知我不知鱼之乐’。有感而发，附会而得，名由此始。研究院办‘鱼梁讲会’的目的在于邀请国内外著名学者专家讲学论道，体悟、探讨哲学的思辨精神，促进学科发展，推动学术研究；在鱼梁河畔，体悟鸢飞鱼跃，物我合一，天地一体的境界，这是仁的境界，也是学之真精神。”

全书收录共计20篇文章，其中11篇围绕阳明学展开研究，分别是：钱耕森教授的《王阳明与湛若水共倡圣学》、钱明教授的《阳明学与日本武士道究竟是什么关系？》、陈来教授的《阳明心学》、张学智教授的《王阳明心学的精神与智慧》、董平教授的《阳明心学的实践精神》、韩国学者金世贞的《阳明学的现代意义与价值》、韩国学者金德均的《韩国阳明学与江华岛》、韩国学者宣炳三的《王阳明致良知的二重结构：积累和彻悟》、张新民教授的《本体与方法：王阳明龙场悟道探微》、吴震教授的《论两种阳明学——近代日本阳明学的问题省思》、丁为祥教授的《阳明精神的三“点”一“线”及其现代意义》，以下分而述之。

钱耕森教授的《王阳明与湛若水共倡圣学》一文，论述王阳明与湛甘泉二人“一见定交”并“共以倡明圣学”为毕生志业。二人一见定交的直接原因是王阳明当时正开始授徒讲学，他所讲的与流行的辞章记诵之学不同，他讲的是使儒家成圣成贤的身心之学。阳明得到湛若水的支持，共以倡明圣学为事，这成为二人“一见定交”的主要原因和根本动力。“成德成圣”是他们人生共同的远大目标和最重大的使命。加之“向内自得”的途径，促使二人成为一生的莫逆之交。但二人的论学宗旨则不相同，一主“天理”，一主“良知”。

在“知行合一”上，湛若水并不认同阳明的看法，他认为阳明的“一念发动处便是行”是把思想动机与实际行为不予区别而加以等同，这就把二者混为一谈了。在“格物之辨”上，湛若水指责王阳明把万物置于“大心”之外，并于“大心”之外去格物，终究会厌弃事物，只会在心意上去做格物工夫，其实是“自小其心”，而阳明则批评湛若水于心外去格物。湛若水从四个方面对阳明的格物之说进行了批评，又从五个方面阐明了自己的观点。在“儒佛之辨”上，二人的焦点在于儒佛根株是一还是二？儒佛孰大孰小孰公孰私？宇宙是“空”还是“实”。另外，阳明为湛若水之母撰写墓碑一事，将湛若水母子与孟子母子比较，给予“贤母”及“孝子”的高度评价。阳明死后湛若水为其撰写墓志铭，详细介绍了阳明一生的轨迹，介绍了二人在几个重要问题上的争辩，表明了自己与阳明之间“交用则同”的思想。

钱明教授的《阳明学与日本武士道究竟是什么关系？》一文，详细介绍了阳明学对日本武士道精神的影响。在内容上，作者分述了两个时期和两个层面的武士道。这两个时期是江户之前和江户之后（近世武士道），明治时期的武士道则称为近代武士道。两个层面，一个是儒教式的武士道，另一个是神道式的武士道。江户之前的武士道和阳明没有关系。武士道最典型的形成阶段是江户中期，此时阳明学已经传入日本。作者对山本常朝《叶隐闻书》进行分析，该书是近世日本武士道的代表，而新渡户稻造的《武士道》是近代武士道的代表。文章围绕这两本书展开论述。《叶隐闻书》明确告诉我们，武士道不同于儒教，武士道精神不同于儒家精神，武士道精神是“狂”而不是“仁”，目的是要置对手于死地。武士道精神不强调忠还是不忠，仁还是不仁；儒家思想是以理为主宰，而武士道精神则是以神来裁夺，它不问人的事，只问神的事，是神道而不是人道；武士道的作风是先下手为强，不管事情的正确与否，而儒家的“仁”则强调的是不能偏激。武士道精神强调外在的美，讲究外在形象，而儒家讲究内在的美，甚至可以不修边幅；武士道强调复仇，而儒家强调以德报怨；武士道轻视理性，轻视智慧，轻视智谋，强调“狂死”“忠勇”和“忍耐”。

新渡户稻造的《武士道》是写给外国人的。其中很重要的内容是“义、勇、仁、礼、诚”，对应于中国儒家的“仁、义、礼、智、信”。其中“诚”大致等于“信”，但“勇”却是武士道精神的体现。“智”对儒家来说是很重要的，但日本学者换成了武士道的“勇”，导致日本文化中缺少谋略。综上，王阳明思想与武士道有契合的地方。一个是文武关系，另一个是行动力，两者结合，即为行动哲学。通过论证，作者得出结论，阳明学与江户中期的武士道没有关系。在《叶隐闻书》中看不到王阳明思想的痕迹。到明治中期，武士道从阳明学中吸取了营养，主要表现在王阳明文武合一的形象及行动力的哲学，但这并不能说武士道就来源于阳明学，或者说武士道主要来源于阳明学。新渡户稻造的《武士道》一书，就是要告诉外国人，武士道是儒道、佛道、神道的混合物。儒道里面包含了传统儒家，也包含了王阳明，从这意义上说，武士道与王阳明及阳明学有关系，当然是不错的。但不能因为王阳明的立功尤其是兵家形象，就把阳明学与武士道划等号。

陈来教授的《阳明心学》一文，重点谈了三个问题，第一是天下第一等事，第二是心物关系，第三是知行问题。在“天下第一等事”上，作者认为第一阶段阳明对圣贤的理解还是按照朱熹的路子，读书求做圣贤，按照《大学》当中的三纲领八条目而行。第二阶段因格竹子失败而领悟了“心外无物”。第三阶段通过不断静坐，忽然大半夜明白了“格物致知”之旨。龙场悟道一方面是得失荣辱问题，另一方面是对生死彻悟的问题。“心外无物”和“心外无理”是两个命题，略有差异。心外无理解决的是方法的问题，心外无物是彻底说明格物问题。阳明离开龙场去北京，说“身之主宰便是心”“心之所发便是意”“意之本体便是知”“意之所在便是物”。其中第四句是最重要的，即格物就是“格意之所在”的物，物就是“心外无物”了。归根结底，这还是阳明青年时代所思考的、困扰他的格物问题。作者认为，阳明的格物就等于格心，此处不是存在的问题，而是引导方法的问题。最后作者认为，宋代开始，心学都是让人相信自本、自根、自性、自发、自动、自生，如果不相信，就是“信不及”。所以心学讲的就是内心的自信，没有内心的自信，就没有心学。另外，心学所讲的“体”，在前述六个字的基础上，让心变成永不枯竭的泉眼。把“体”变成“用”，内心真正变成滔滔不竭的源泉，不断地流出需要的、正确的东西，这些东西不是从外面拿出来的，是你自己不断地流出来的。实际上朱熹讲的也没有错，知为先，行为后，没有知是不行的。阳明则打通了朱熹的知与行的问题，即知不用求，知就在我心里。在方法上，实践上就舍去了，没有求知的过程了，就按心告诉的具体去行，这就是“知行合一”，所以重要的问题不是知而是行了。所以阳明说“要在事上磨”。

张学智教授的《王阳明心学的精神与智慧》一文，主要讲述三个部分，其一是阳明波澜壮阔的一生，其二是阳明的“致良知”思想，其三是王阳明思想的特点。在第一部分，作者将龙场悟道及两次格竹子的经历作为重点，认为阳明龙场悟道最大的收获是：真正意识到了过去片面地追求知识的不足，因为在那种艰苦的条件下，虽然知识也可以起到一定的作用，但最重要的是精神里面的其他因素，比如意志、直觉等，这些力量支撑他在艰苦的条件下渡过难关。龙场悟道后，阳明对朱熹提出了质疑，一个是“天下之物如何格得”。一个是“纵格得草木来，如何返来诚得自家意”。按照阳明的说法，圣贤教人着重是精神价值方面，包括知识的获得，龙场悟道促使阳明从知识的追求当中跳出来，认识到了道德本心的作用，奠定了“求之于内”的心学基础。龙场悟道之后，阳明对“格物致知”的定义发生了变化，“格者，正也，正其不正以归于正之谓也”。

在第二部分，“致良知”上，阳明批评陆九渊的心学思想，包括两点，一是尊德性强调得非常充分，但道问学还没有地位。其二是陆九渊“不免沿袭之累”。阳明认为“致良知”这三个字是自家发明，“良知”“致知”是前人的，他把二者合而为一，开发出一套新的义理，作者着重阐发了“致良知”的“德性”与“知性”相统一的思想。作者认为学习王阳明，一方面要学习《传习录》，另一方面要看《年谱》，看他一生的经历，看他的实际事功，那是他的实学。阳明的学问是“神妙应变”

的，这与朱熹截然不同，朱熹所求的是知识上的丰富性与准确性，而阳明的学问是实践中的活智慧，不是书斋里以知识的获得为主的学问。阳明通过融合儒释道思想，以“致良知”而达到“化境”。“致良知”一方面要从内到外，把自己天生具有的良知推至于外，做到要有“良心”。另一方面则是要从外而内，做事要有效率，要有好的有利的结果，以达到锻炼内心的作用。如此循环往复，如滚雪球一般。

第三部分，“知行合一”是阳明学说的重要特点，它强调的是一件事情的两个方面。他早年重知行本来合一，晚年把知行合一与致良知结合起来，“良知”就是“知”，“致良知”的“致”就是“行”。“致良知”就是“知行合一”。作者认为，阳明的思想就是朱熹与陆九渊的综合，是在批评朱熹与陆九渊的基础上建立起来的。作者强调，阳明的“致良知”是以德性为统领、知识为辅翼，在“致良知”活动中，人的理智、意志、直觉、情感各种活动都在“致良知”中得到锻炼，并且相互激发、互相依持、互相辅助。最后，作者还对阳明四句教进行了阐释。

董平教授的《阳明心学的实践精神》一文，是基于阳明心学对现实的意义与当代价值展开。作者首先对阳明心学之所以成为显学做了阐释。认为这首先是作者自身对现实的关怀。其次，阳明文化的复兴表明，我们的国家、学术界、知识界、民众开始关注自我身心建设了。另外，反观中国整个古典文化所走过的路程，阳明是中国古典文化中最后一位既具有完整思想结构、宏大精神境界，又有翔实而又恰当的实践精神，体现了中国古典文化之核心理想、核心价值的思想家。他整合了中国古典文化，包括儒家、道家、佛家以及其他方面的文化。并从中开出了新的篇章，直至后来形成阳明思想遍天下的局面。于今而言，我们要重铸中华文化之魂，重建民族文化之信仰，从阳明先生这里接上，是顺理成章的。

基于阳明与贵州的关系，作者以“龙场悟道”展开论述，阳明在这里悟出了“心即理”“圣人之道，吾性自足，向之求理于事事物物者误也”。但当阳明受席书之邀讲学的时候，却只讲“知行合一”，二者有何关系呢？如果二者没有关系，那说明阳明所悟之道与所讲之学是割裂的，则阳明思想是碎片化的，这显然不符合阳明思想发展的本质。今天人们讲阳明的“知行合一”的“知”是“良知”之意，而不是“知识”之意，实际上只讲良知是不对的，阳明在龙场便开始宣扬“致良知”，这虽然不是说阳明在贵阳就提出了良知学说，而是说他的思想发展是有连贯性的，已经有了良知学的基础，所以把知行合一仅理解为“良知”是不全面的。只要承认了朱熹所说“知先行后”是阳明“知行合一”思想的来源，那就必须承认阳明的“知行合一”有知识论的内涵，而阳明龙场之后说“不出此意”，说明他的“知行合一”当中一样蕴含了“良知”之意。另外，“行”也很重要，通常都把“行”理解为外在的行为，一般意义上的身体活动或实践，大而化之。但阳明说“一念发动处便是行”，当产生坏念头的时候，当即克服，好念头随即而生，这便是“行”，所以阳明先生讲的“行”有内外两个方面的内容。所以阳明先生要强调内外统一。而现代社会的实际情况是“身心分裂”的情况非常普遍，用老百姓的话来说就是“二”，阳明所说的“知行合一”，就是身心统一，内外一致，人格完整，这是正常人，如此而已。作者特别强调“知行合一”的理解过程，过程实际上就是实践性，任何时间都必然体现为一个过程，不能把阳明的思想理解为静态状态下的逻辑关系，否则就偏离正道了。

作者又以“南镇看花”为例，说明人对客观世界的实践，根本目的就是解构客观世界的客观性，客观世界有客观性，但一个纯粹的客观世界恰好是人的臆在。只要他作为人的对象的时候，对方的纯粹的客观性就开始被解构和消解了，这就是实践的本质。所以我们说，哲学的意义在于改造世界，而不是解释世界。如果我们把一个世界理解为不仅是一朵花，而是更加本质的内在，如“圣人之道”“天理”等，那就得把它作为理解的对象，实现它的自我内在和认同，即主体性的自我建立。人要成为人的第一个任务是要主动自觉地把自我和个体转变为主体，就要做到“无所不用其极”，也就是孔子所说的“中”。所以阳明说，良知只是一个未发之中。

韩国学者金世贞的《阳明学的现代意义与价值》一文，主要讲述阳明学与当代社会的关系及对当代社会的启发。作者认为，“自然”一直以来既是人类恐惧和畏惧的对象，也是人们崇拜或敬畏的对象。但由于社会经济的发展，人类中心主义导致了生态的严重破坏，所以我们要审视人类中心主义，人类和自然的关系应当得到重新审视。天人合一的思想给我们提供了可能的路径，而阳明学就是建立在生态文明中的贡献、伦理以外的世界和价值。人们应当尊重世界文化的多样性，尊重万物一体的生命观。在阳明看来，宇宙自然不是机械的、单纯的，也不是上帝创造的。阳明学生生不息的有机体的世界观，其中重要的因素就是人与天地万物的互惠性，它是人与自然的生命伦理，在阳明看来，这是“一气的流通”和“感应能力”为其可能根据。人之为人的关键在于良知的发挥与具有对其他生命的关怀能力，如果我们肯定人良知的实践能力，自然会承认人类应该有生态理念的意识，就应当有维护自然的责任。所以阳明讲的亲民，在于完成自己的某种道德任务，达到与其他物种感通共鸣的境界。人类应该通过一定的途径促进人与自然的和谐发展。

韩国学者金德均的《韩国阳明学与江华岛》一文，讨论了江华岛与阳明的关系。作者认为，中国的贵阳、韩国仁川的江华岛、日本的福冈都有一个共同点，就是与阳明学有关。而且都是阳明学开枝散叶的地方。江华岛作为韩国阳明学的首发地，有着非常重要的地位。江华岛有韩国重要的历史遗迹，普遍认为江华岛就是韩国的一座历史博物馆，韩国著名学者霞谷就是江华岛生长的，他是韩国阳明学的重要代表人物，后期因为霞谷而发展起来的阳明学，被称为江华学派，其内容包含了阳明学、佛教、老庄思想，同时也具有近代精神。

韩国学者崔英辰的《栗谷学与韩国儒学的正统性——以四端七情论

争、未发论争、心说论争为中心》，讨论了栗谷思想中的几个概念，作为政治家兼具学者，栗谷的思想在韩国有重要的影响。“四端与七情”是朝鲜时代儒学最重要的争论，主张四端无不善的人，认为四端是从四德发展出来的，四德是纯善的，那么四端也是无不善，所以能够在现实上实现道德的行为。但是性是形上的，情感是形下的，二者的调和并非那么容易。关于“未发之气”的争论，主要表现在南塘与魏岩之间，魏岩认为“所谓未发，正是气不用事时也”。“湛然纯一，亦善而已矣。”南塘则认为，“盖于未发之前，气虽有刚柔善恶之偏，若一于静而不用事，则不害其心之至虚至明，而无以遮蔽天命之本体”。关于“心是气”的批判主要是寒洲对栗谷的批判以及艮斋的再批判。

韩国学者宣炳三的《王阳明致良知的二重结构——积累和彻悟》一文认为，阳明致良知知识的二重结构是积累工夫和彻悟工夫。四句教作为晚年阳明的重要讲学宗旨，在阳明学内部早期的分歧出现在“天泉问答”里钱绪山和王龙溪的立场，绪山的“四有”说和龙溪的“四无”说可以提供探讨阳明致良知的二重结构。二人的观点可以帮助理解致良知以及阳明的整个思想。但关于“天泉问答”有三种记载，都必须结合“岩滩问答”给予参考和补充，“岩滩问答”是研究阳明工夫论不可或缺的重要文献。另外，作者认为现在学术界对“天泉问答”中钱绪山与王龙溪的立场的理解，有一种倾向，即钱绪山着重于工夫，王龙溪着重于本体。此种说法不无道理，但该讲清楚，否则容易造成误解。阳明学的宗旨是良知本体与致良知工夫。就致良知工夫而言，工夫是良知本体的作用，就是听从良知主宰而致此良知。进一步而言，良知本体是原来的体段，致良知工夫是回复原来良知的修养，故只说良知，不说致良知便无益于工夫，便是放弃工夫。这是对良知的见解，不无道理。但若有人不信良知本体的活泼而只说如此，便已经脱离了良知的本旨。

作者认为，阳明在“天泉证道”对钱绪山的认同以及在“岩滩问答”

肯定龙溪的解释，可以将绪山和龙溪致良知工夫的不同点归纳为“保任良知”的致良知及“恢复心体”的致良知。也即“即本体证工夫”和“用工夫合本体”，二者的不同理解都是源于阳明致良知说的二重结构。这可以从《王阳明全集》当中阳明50岁之后的资料为主进行分析而得出。

张新民教授的《本体与方法：王阳明龙场悟道探微》一文，从王阳明“龙场悟道”前后的经历为例证开展讨论，来观照人的存在就是不断实现自己的生命潜质并不断超越自我的过程。作者认为，“悟道”本身乃是极富个人性的生命体证，从来都属于不可言诠的直观智慧范畴，是很难“探微”的，但个体与方法可以相互定位和支撑，能够互构互动，开启有体有用的生命实践路径，成就人的价值世界或伦理生活，文章认为，王阳明一生的心路历程是可以作为一个示范，能够帮助人们清楚地看到形上本体与实践工夫互动的重要性。

文章从七个方面进行论述。第一，“悟道”是否需要方法？“悟”的意义主要来源于体证和生命，是生命自身存在的真实性决定了意义存在的真实性，“知”的意义往往来源于概念和对象，是知识自身存在的可靠性决定了意义存在的可靠性。“悟”是内在性的自我了解，是自我沉入生命的最深层结构来如实呈现真实的自我，“知”是外在性的对象观察，往往要借助实验所提供的观察手段来加以分析和把握。“悟”作为生命的自我体悟，不是对象知识的追求，是与知识迥然有别的，只能是生命的学问。它贵在“体悟”，即意味着从人化状态重返本然状态。“悟道”所达到的境界“空境”与生命浑然合一，一切无分别，只是直观地如如显现，严格地讲，是不可说不可言诠的。儒释道三家都是通过一系列忘却身心的修行方法，来呈现出不可言诠的本质性世界或“物自体”世界。对“悟道”经验的反思，可以帮助我们踏上人生的修行道路。第二，本体实践学的重建。能够证入道体的不是外在化的语言，而是自己内在化的整个生命。一旦证悟，便可丢弃语言，语言只是“迹”或“形”，不是“道”或

“体”。“道”既是生命的本源，人类安身立命的根基，又是大化流行得以展开的终极根据，宇宙人生共同的本体存有。“龙场悟道”前，阳明是寻找方法证入本体，核心问题是自己如何证道悟道，“龙场悟道”之后，是根据本体展示方法，帮助他人证道悟道。阳明的本体实践学是“彻上彻下”的，是要打通“人道”与“天道”，一方面必须彻证形上本体，契入超越界，获得创造发展的活水源头；另一方面也要转为生命的实践活动，投入现实界，成就人类社会的道德生活。第三，良知说的实践论意义。本体与工夫是不二的，二者不能脱离，本体实践既要展现个体生命的价值意义，又要成就人类共同的道德世界，阳明的大彻大悟离不开实践工夫，这是一个渐修的过程。第四，心性功夫的早期涵养。阳明十一岁就有了“读书做什么”的问题意识，早年就有了一定的“不动心”工夫，表现出不同凡俗的独立人格精神气象。第五，静定功夫引发的身心变化。阳明以守静“抱一”的方法初步接近了道体，开始踏上了本体与方法互应互契的生命实践之路，但就静坐本身而言，却是儒释道三家的共法，并非完全放弃了自己早年成圣成贤的价值理想。第六，透过生死磨难展现超越性的人间情怀。阳明强调“事上磨练”，即在社会中踏踏实实作“致良知”的工夫，甚至“收放心”或“止念头”也可以纳入“致良知”的实践方法。内在的心性力量资源通过社会化的方式，转化为建构人间社会秩序的实践性活动，从而建构合理的道德世界或人伦秩序，开出人文教化的崭新天地，实现自我与他人共同完善的终极理想。第七，本体实践学的时代价值与意义。阳明前半生主要是“下学上达”，不断尝试各种方法，并从经典中汲取思想资源，并反复与朱子对话，后半生则“上达下贯”，依据本体不断调适方法，同时重读经典。阳明的道德绝非空洞无根的理论说教，而是良知的到场及行为的开显，不是认为的造作，而是自然的应机。人类只有通过本体诠释与本体实践不断良性互动的方法，才能步入有体有用的生命创造。

吴震教授的《论两种阳明学——近代日本阳明学的问题省思》一文，以沟口雄三提出的日本两种阳明学为内容展开论述，来讨论阳明学传到日本之后，跟原来的中国的阳明学到底是不是一回事，到底是一种呢？还是已经分化成为另外一种不同的具有日本色彩的阳明学，跟原来土生土长的中国阳明学相比已经发生了根本性的变化？沟口雄三认为这两种阳明学完全不同了，作者从这一问题出发进行讨论，先对“阳明学”这一概念的提出进行了梳理，进而讨论了近代日本阳明学：吉本襄及其开办的杂志《阳明学》，通过富有个人色彩的解释，完全扭曲了阳明学的本来面貌，在他那里，阳明学已经不是中国的阳明学，完全是地道的近代日本阳明学。另一位代表人物本居宣长则认为，日本文化已经受中国文化的腐蚀，因此要从日本文化当中清除中国文化的痕迹，这个痕迹叫作“汉意”，只有把文化当中的有关“汉意”的东西扫干净，才能重建本土优秀文化传统。这一思想在本居宣长的诗中，如《樱花国男儿的气象》均有体现。另外，阳明学讲究以心作为修养的根本，采取简易直接之道，比较容易接受和传播，也促使阳明学在日本发展。

近代日本阳明学涉及两个人物：创办《王学杂志》的东敬治以及创办《阳明主义》的石崎东国。东敬治认为，只有以提倡阳明学为途径，才能更好的促进培养忠孝伦理之道，才能发扬历代圣皇天子流传下来的精神。而石崎东国则提倡下行路线，从明见阳明学的立场出发推广阳明学，与东敬治划清了界限。作者进而划分了四种类型的两种阳明学：沟口雄三所讲的前近代日本阳明学与近代日本阳明学。幕府被推倒之前300年内的阳明学与明治维新之后的近代日本阳明学。左翼阳明学与右翼阳明学（白色阳明学与红色阳明学）。官方阳明学与民间阳明学。但就作者而言如果我们不把阳明学当做工具，那阳明学就只有一个。阳明学不能只是一个历史形态和地域意义上的学说，其思想价值在历史乃至今天仍然具有普遍意义。

丁为祥教授的《阳明精神的三“点”一“线”及其现代意义》一文分为五个部分，第一部分是对阳明精神的三“点”一“线”及其现代意义这一主题的选题进行阐发和解释。第二部分是对阳明学形成的思想文化背景，即为什么是在明代形成心学，而不是在南宋、北宋，尤其是没有形成非常强烈的心学思潮。第三部分是阳明与明代朱子学的具体分歧在哪里，如果不把握这一点，或者把这一点简化处理了，对阳明学的理解和把握就会不清晰。第四是分析阳明精神的三“点”一“线”。第五是结论，即阳明三“点”一“线”思想所表现的精神和现代意义。

作者认为，从目前来看，阳明学发展呈现三种趋势，一个是神化、一个是泛化、一个是理论胎膜化。这三种都是不健康的方式。第一，我们要紧扣阳明的生存实践，阳明的人生实践是其思想发展的重要环境，不能忽略。还要重点关注阳明心学形成的思想文化背景。第二，要从阳明自身的经历当中去看阳明和朱子的关系，看他是怎么把握朱子思想的。阳明和朱子的具体分歧在哪里。阳明精神的第一个点是33岁之前，这时他是一个有着远大抱负并不断追求理想的青年。到37岁前，是阳明精神的第二个点，这是阳明理想的真正确立时期，把道德理性牢牢地落实在个体主体的层面上。第三，就是“良知学”的提出。良知学并不是理论论证出来的，而是以内在呈现的方式显现出来的，是自我实现的精神。作者对这三点之间的关系进行了论述，得出结论，并鼓励青年：个体的志向永远是个体生命的制高点，年轻的学子如果不树立高远的志向，那么这个人生是拓展不开的。自我实现的精神，和咱们民族精神的崛起、个体精神的理想性、个体精神的超越性融于一体，实现了统一。有个体精神的超越，就有民族精神之远大。

肆

中国大陆阳明学研究学位论文综述

由于近几年研究阳明学的学位论文越来越多，学位论文的综述显得很有必要，相较于其他文献而言，学位论文的收集是比较困难的，大多数高校及科研院所学位论文都有数年的保密期，近三年的学位论文较少公之于众，而只是将其纸质版存放于校图书馆或国家图书馆等少数地方，所以有关阳明学位论文收集几乎不可能全面。笔者勉为其难，通过多渠道搜索，检索到本年度有关阳明学的硕博士论文30余篇。

由于硕、博士生对阳明学的理解差异甚大，尤其是在硕士学位论文，错漏之处甚至不在少数，且论文在校对、语言表达上与出版物存在较大差距。为了不改变原作的意思，本部分内容尽量以“转载”原文或“引用”原文观点稍加改变表达方式，以便更好呈现作者真实的思想，此处特作说明。

一、博士学位论文综述

陕西师范大学孙德仁的博士学位论文《“致良知”何以为“教”——王阳明精神的落实与推进》，从晚明时期思想转变的背景出发，讨论阳明及其后学的致良知之教为什么能够在历史上发挥如此重要的作用，从而还原阳明心学的历史影响，也就是回答“致良知”何以为“教”的问题。作者认为，阳明殁后，其弟子后学便从王学分化演变的角度揭示了“致良知”作为王门教法宗旨的普遍性意义。

在摘要当中，作者对文章进行了较详细的总结和归纳。作者认为：致良知教的具体落实就表现在其以讲学为载体、成德为旨归的道德实践活动中。而阳明将“讲学教育”定位为平生志业，其原因就在于致良知教的提出是建立在阳明对儒家成德教育之路的重构上。阳明以朱子格物穷理为圣贤追求，却始终难以实现“天理”如何内在于主体又如何照察于现实的人生。而在具体的生存境遇危机的倒逼下，阳明的成圣之路便转向了主体道德实践的内向澄澈，基于“心即理”主体与本体同一的原则，将朱子学

“知先行后”的横向“践行”结构扭转为“知行合一”的纵向“践形”系统，这既是对朱子格物致知之蔽的纠偏，又是对圣贤工夫追求的有效解决。而“致良知”的提出则是进一步夯实“良知”作为个体内在德性根基，以“随时知是知非”的方式落实并推致于每一个愚夫愚妇心头。在此意义上的讲学，也就成为阳明学派安顿自我精神生命、据德成业的重要实践方式，更是重开儒家“为仁由己”这一成德教育之路的必要途径。

阳明学派在讲学教育的实践中，逐渐从个体道德意识的自觉转向对民众良知的唤醒，这就使得两宋以来儒家士大夫的行道关怀走向了“觉民教化”。觉民教化作为致良知教的具体落实，在阳明后学的不同诠释向度下形成了教化之道的层层转进。从王龙溪“一念灵明”的方式将良知见在化，到王心斋“顺明觉自然之应”对见在良知加以现成化拓展，使得民间大众直接从自然明觉中获得道德自觉与行道担当的使命意识，让天下有道在教化的维度中成为可能。但在致良知教风行天下的同时，见在化与现成化逐渐显露其弊，致使在感性知觉与习心习境的掺杂中失去教化的内在根据，更是将教化应有的超越性维度一并加以消解，而面对来自晚明朱子学与政治生态的双重重压，阳明学派的觉民教化之道毕竟未能真正实现。

致良知教的历史影响与教化困境揭示出一个根本问题——何为既能支撑阳明心学教化之道而又不使其发生滑转的内在根据与价值指向？良知作为道德理性在伦常日用的基础上统摄着现实人生，而其对个体生命实存的转化则是通过德性的“教养”所实现，其实现进路就在于反求诸己、逆觉体证的非对象化之主体体知，此“逆觉”即是不顺着感官之思与气质之性而沦为自然生性的道德本心之自警自觉。在此意义上的良知见在与现成说，是依据良知本体在人伦日常中的当下显现，见在良知与良知本体同一并在。而阳明晚年定见“四句教”更是在此基础上，以良知本体为工夫的内在根据，从“为善去恶”的道德实践中层层超越具体善恶而走向“无善无恶”，这也正是阳明面向民间大众而重构儒家成德教育不可荡越的底线。因此，阳明所贞定的“良知教养”反而成为致良知教在不同层面显发其功用的拱心石，维系着其作为“教”的价值维度。而从王学的教化困境来逆向澄清致良知教得以实现的内在准则与底线，既是对阳明后学教化困境的根源性反思，也是对“致良知”何以为“教”的回答。通过研究，作者得出结论，认为致良知教对于阳明及其弟子后学而言，是一套道德实践的行为系统，而非话语的论证系统。从个体道德自觉的讲学教育到社会伦常秩序建构的觉民教化，无不彰显着致良知教作为德性教养的价值意蕴。而这也成为致良知教得以实现教化的突破——觉民行道，在晚明掀起社会教化运动的根本原因。在此意义上的致良知教，也就是成就个体道德自觉与关怀社会伦常秩序的成德之教。阳明及其弟子后学非常重视民间讲学与社会教化。讲学对于他们而言不仅仅是师弟子之间的传教，更是关乎昌明圣学与扭转世道人心。因此，阳明学派从主持书院讲会到参与民间社会伦常秩序的建构，始终承担着觉民与教化。而大众化正是通过社会教化对道德理性的遍在化落实所实现的，由此形成的“觉民行道”转向，也就成为致良知教具体落实与推进的基本方向。这一方向之所以能够转变，其原因就在于阳明突破了明代朱子学与专制政治的双重压力。阳明对理学的推进绝非概念体系的建构，而是在行为系统上找到了其价值的根据与方向。而阳明后学在深化与推进觉民行道的过程中因见在、现成化的拓展，使得教化难以真实有效地实现，但这并不意味着“法病”，反而是在具体落实中偏离了阳明致良知教的内在法度的“人病”。在此意义上，我们不能“因人废法”，而是要逆向叩问“法”本身，以此夯实良知心体不可荡越的内在准则。①

贵州师范大学赵盛梅博士的学位论文《王阳明道德教育思想及其创造性转化研究》一文，以王阳明道德教育的目标、理念、内容、原则和方法为内容进行研究，以马克思主义为指导，在现代思想政治教育视域下，发

①孙德仁：《“致良知”何以为“教”——王阳明精神的落实与推进》，陕西师范大学博士学位论文，2020年。

掘王阳明道德教育思想体系中含有当代价值的精神内核，并对其创造性转化进行三个部分的研究，分别是“以何转”“何以解”“何以转”。

第一部分，“以何转”，即王阳明道德教育思想以何价值内涵转化成为新时代道德教育体系构建的思想资源。第一章，通过详细阐述王阳明道德教育思想产生的明朝中期的历史背景，认真梳理王阳明道德教育思想形成的理论渊源，展现王阳明道德教育思想形成和发展的思想脉络。第二章，呈现王阳明道德教育思想的理论基础和思想体系，全面深入地阐释王阳明道德教育思想的基本内涵，以及清晰王阳明道德教育思想的框架构成和完整面貌。

第二部分，“何以解”，即王阳明道德教育思想的理论价值和实际价值对新时代道德教育建设的启发。第三章，通过考察王阳明道德教育思想的历史意义和历史价值，对其进行客观理性的综合评析，分析王阳明道德教育思想的时代性和局限性，反思王阳明道德教育思想对中国社会发展的积极意义和消极影响。深入探究王阳明道德教育思想理论体系中的精华，结合新时代我国社会道德教育现状，提炼和彰显王阳明道德教育思想对新时代道德教育思想体系构建的当代价值，包括理论价值和实践价值。

第三部分，“何以转”，针对当前道德领域和道德教育出现的问题，利用王阳明道德教育思想精髓给予启发和价值借鉴，进而开展创造性转化探索研究。这是本论文的核心部分。第四章，从现实论域探索王阳明道德教育思想创造性转化的必要性与可能性，包含当代道德教育境遇和转化何以可能的前提条件。第五章，从理论与现实相结合的角度，以马克思主义为指导，坚持辩证唯物主义和历史唯物主义，对王阳明道德教育思想进行创造性转化研究和创新性实践探索，包含创造性转化的原则、路径和实践。以期经创造性转化后的王阳明道德教育思想能与当代文化相适应、与现代社会相协调，为新时代道德建设和道德教育的研究与发展提供智慧借鉴。

作者认为其文的重点在返本开新。表现在：第一，从梳理和阐释王阳明道德教育思想的历史背景、理论渊源、理论基础、思想体系入手，在系统梳理王阳明道德教育思想的发展脉络基础上，立体呈现其思想体系的理论框架。第二，“以古人之规矩，开自己之生面”。以马克思主义理论为指导，探索王阳明道德教育思想对新时代道德教育的价值启示，激活其生命力和感召力，进而将其思想精髓结合当今时代精神和道德教育要求，创造性转化为符合现代人思维的新表达，赋予其新的时代内涵与现代价值，进而运用到新时代道德教育实践中提供理论借鉴，推动并实现王阳明道德教育思想由“照着讲”到“接着讲”的继承与超越，赋予其新的内涵与价值。

在创新点上，作者认为有三点创新之处。视角创新：以中国当代公民道德建设和道德教育现状为前提，创造性转化王阳明道德教育思想精髓，并将转化成果活用到新时代道德教育实践中，为相关研究奠定基础。观点创新：以“相反相成”的思维对这两种思想进行审视，发掘王阳明的“良知”思想与马克思主义“现实的个人”理论、“致良知”思想与马克思主义实践观、“知行合一”思想与马克思主义认识论、“仁者以天地万物一体”思想与马克思主义自然观存在“融通点”。实践创新：王阳明道德教育思想中的“致良知”思想、“知行合一”思想、“天地万物一体为仁”和“学贵得之心”思想，以体之于心、见之于行的方式真正运用到自己的日常生活、学习和实践体验中，尝试以个体化的体验和认识来诠释其思想内涵，以期能深刻理解和感悟王阳明道德教育思想的本真精神。①

二、硕士学位论文综述

山东大学儒学高等研究院马云云的硕士学位论文《从静坐工夫入手比较朱子阳明的根本差异》一文，通过对朱子与阳明主静工夫的梳理，比较

①赵盛梅：《王阳明道德教育思想及其创造性转化研究》，贵州师范大学博士学位论文，2020年。

二者的思想关系。

作者研究思路大致内容如下：先由周敦颐的“主静”观念入手，讨论“静”在周敦颐的思想体系中既是本体存在，又是修养工夫。《太极图说》中确立“无极”为宇宙本源，人在宇宙万物之灵，接触外物后产生善与恶，因此圣人确定“中正仁义”的道德原则和“主静”的修养方法来趋善避恶。他在《通书》中引入“诚”这一概念，并提出“主静”工夫将寂然不动的“诚”之本体贯穿于人道，实现了本体心性论和修养工夫的贯通圆融。自此“静”逐渐成为儒家一个重要的修养工夫。周敦颐虽没有明确提出使用静坐这一修养工夫，但静坐在他那里具有排除杂思使心体澄明的作用。

静坐成为儒家重要的工夫法门起于二程，二程受周敦颐“主静”思想影响都认同静坐这一为学工夫，但二程只将静坐视为初学的入手工夫，并非唯一工夫。他们认为专于“静”最终会有堕入佛老之险，提出以“敬”来代替“静”，静坐变成了收敛身心、为体证本体做的准备工夫。

朱子继承并发展了二程“静坐”和“主敬”的相关理论。朱子有着丰富的静坐理论，同时强调作为儒门修养工夫的静坐不同于佛老的坐禅、入定。即便如此，静坐中“静”的内涵容易同佛老“禅静”混同，朱子也认识到学者在操持静坐工夫时产生的种种流弊，因此他提出将静坐和主敬穷理相结合，强调静坐作为入手工夫，其收敛身心、涵养本源的功能，消解了静坐工夫可直达本体的功能。

在阳明心学视域下的静坐和朱子理学中的静坐工夫在一些方面是相似的，静坐在阳明这里虽然偏重“静”时体悟，但他也意识到偏执于“静”会有流于佛老“虚静”的危险，静坐使心达到澄净明觉的状态是为了更好的应事接物，强调“动静合一”。朱子将静坐收摄于“主敬”，使其作为涵养心体、收敛身心、辅助格物穷理的工夫存在。阳明后期亦是确立“致良知”的本体工夫。但静坐这一工夫在阳明这里具有向内直达心体使心与理豁然贯通从而体证本体的作用。产生这样差异的原因正是二者对“心”与“理”的观点不同，这也是理学工夫论和心学工夫论产生区别的原因所在。

通过研究，作者得出如下结论：朱子对静坐和“主敬”的思想不但受到二程的影响，他对静坐的态度还受到李延平的影响。朱子曾经因为提出“半日读书，半日静坐”引来一些批评。但是，静坐在朱子这里并不是可以单独使用的本质工夫，它有别于佛老的坐禅、入定，在静坐过程中不强制要求断绝思虑，也没有特定的静坐方法。但由于其形式过于简单，引起一些学者的投机心理，也因为静坐中“静”的内涵容易和佛老的“禅静”相混同，朱子由此提出“主敬穷理”，贯通了“身心”和“动静”。朱子反对“顿悟”之说，静坐不仅需要与格物穷理相结合，还与“主敬”工夫密不可分，他们一起达到收敛身心、涵养本源的目的。

与朱子不同，静坐在阳明心学体系的形成和发展中扮演着更为重要的作用。在贵阳以知行合一教人后，一些学者不能把握其中要旨，且找不到为学入手处，阳明教静坐，指导门人通过静坐收敛身心，于静中反观心体，明得此心良知与天理之合一。但由于每个人的资质脾性不同，在静坐过程中出现流于枯槁和沉溺光景的弊病，阳明随后提出以“致良知”为最终的本体工夫，以此取代之前的教法。但静坐是阳明教法中不可或缺的步骤，它在龙场悟道前和悟道过程中起到了不可忽视的作用，并作为可直达心体的工夫而得到肯定。静坐工夫在朱子和阳明思想体系中具有不同地位的根本原因在于朱子认为“性即理”“心统性情”，想要体认本源之“天理”，必须落实到具体的格物工夫之中，通过不断的格物积累，才能做到“脱然有贯通处”。阳明则认为朱子格物之说将“心”与“理”一分为二，他讲“心即理”，以内心本有的“良知”去指导社会实践，不同于朱子向外求于事事物物的做法。这样一来，意念所在则“无时无处不是存天理”，“天理即明德，穷理即是明明德”，在阳明这里他的“心”与

“理”是时刻合一的。也因此，在他这里，“静坐”工夫由于可以帮助人达到意念之诚，它对本源涵养来说就可能具有更为内在的价值。

因此，对比朱子、阳明对“静坐”的态度，以及静坐在朱子和阳明思想的发展过程中的存在意义，可以帮助我们更好审视阳明心学和朱子理学本体和工夫之间的区别与联系，也能够为我们现实人生提供追求道德本体的具体途径。①

山东大学儒学高等研究院卢珊的硕士学位论文《朱子与阳明〈大学〉“三纲领”比较研究》，围绕朱子和阳明对《大学》的解读进行研究，从而挖掘二者思想脉络差异的内在原因。

文章分为四个部分：

第一部分，探析朱子和阳明讨论“明明德”的内容，分析“明德”和“明明德”之间的关系。从“明德”到“明明德”的过程，是朱子将心性论贯通到工夫论的理学化路径。朱子认为“明德”是主于心而言，人的本心中包含了万事万物之理，人心道心本只是一物，而朱子所谓“明德”正是道心，不免受到个体情欲的杂染，这就需要“明明德”的工夫。阳明不似朱子强调本性的澄然具理，而是认为其是万物一体之体。

第二部分，探讨亲民与新民。朱子继承二程的观点，以“新”代“亲”，并以原文并无“亲”相关内容，但有“其命惟新”，以及古代文字“新”“亲”互训作为其更改原文的佐证。阳明不同于朱子将“亲”改为“新”，以“教化”代替“仁爱”本义，坚持古本“亲民”原文，认为其为万物一体之用。朱子将“亲”改为“新”，行为主体发生变化，对象也有所不同。而阳明保留古本“亲民”，则主体与对象收摄于万物一体之中。

第三部分，首先探析“至善”的内涵，朱子认为“至善”为至于不可更改之地，“至善”不仅是大学之道，也是内圣外王的理论构建。而阳明认为“至善”即是天理，既是良知本体，阳明以“天理”“良知”

①马云云：《从静坐工夫入手比较朱子阳明的根本差异》，山东大学硕士学位论文，2020年。

论述“至善”本义。对于“三纲领”之间的关系，朱子认为“明德”为本，“新民”为末，侧重于将“明德”与“亲民”分判为先后二事，而“至善”即“明德”“亲民”所各自达到的最高标准。阳明则认为“明德”“亲民”为体用关系，体用不二，不可二分，两者为“至善”即良知的体用两面。

第四部分，船山作为宋明理学的集大成者，在对朱子和阳明对《大学》总结上，支持朱子改“亲”为“新”，认为阳明坚持“亲民”有类似佛老的嫌疑。总结而言，朱子和阳明的思想发展与其对《大学》的诠释密不可分，其对三纲领诠释值得深入探讨处较多，经过将两者比较思考，可深入把握理学与心学本体论、工夫论的异同。[①]

山东大学哲学与社会发展学院周芳宇的硕士学位论文《阳明良知学的主体性研究》，以良知的情感化表达为起点，以“心即理”结构下的良知与致良知之间的关系出发，对阳明良知学的主体性进行研究。

文章认为，阳明继承了孔孟对“仁”与“智”的情感传统，发明良知头脑，将道德直觉从本源情感层面上溯到更根源的良知本体层面，其对仁的情感化表达、仁智双彰的继承表现在良知、是非之心、好恶之情的降级化表达中，其“良知”概念融合了孟子的良知与良能，并在宋明理学的“性理”结构下将之上升到本体层面，汲取了孟子是非之心和羞恶之心的概念，指向“良知”自知的内外两个向度。好恶之情也是孔孟的传统表达，好恶之情的正当性诉诸“仁”，而不是人的一切好恶都具有道德合法性。阳明通过是非之心、好恶之情的情感化表达使得良知能真实贴切人的存在，使其人人皆能成圣的道德追求成立，同时也使得人之情感的道德性要诉诸良知。

人能天生具有良知全体就在于阳明通过“心即理”的命题将天理去实体化，其前期为反对朱熹“即物穷理”所提出的“心即理”与后期在“百

①卢珊：《朱子与阳明〈大学〉“三纲领”比较研究》，山东大学硕士学位论文，2020年。

死千难中得来”的“良知”相结合，彻底取消了理的外在性、既定性和认识论意义上的对象性，使心、性、理达到了本来一体，超越了朱熹的统合一体，天理为人所独得，就主体方可言天理的理论。实际上这也是将天理重新放回价值层面的动作，精化天理的意义，在天理与人欲的框架下，使其直接与人欲相对。天理的去实体化成就了良知的“良”之向度，也就成就了“良知”作为道德准则的身份。在“心即理”的命题下，阳明通过天理去实体化完成了良知及好恶之情的赋权，将道德的最高权威从外在之天理转移到内在之良知，万事万变不过人之是非好恶，无逃乎人之良知，其以是非之心表达“良知”的目的在于表明是非大义在内不在外。但阳明并没有取消“天理”这个概念的使用，而是用“良知之天理”的表达，在宋明理学“性理”结构下，“天理”这个概念始终是最高权威。具有了良知的主体通过致良知活动流行良知之天理，万事万物获得其价值之理，主体也在这心物感应之间获得了自己的价值，从而构成了自己生命的价值世界。在“心即理”的命题下，天理去实体化以良知的形式存在，使得人成为一个情感与理性并具的主体，在致良知的实践中使得天理贯穿了主体的生命，人不仅仅是个具有道德明觉的实践者，更在此实践中对万事万物进行了价值赋予，在这过程中自己也成为一个价值存在。在结论章，作者对全文进行了总结，认为以“主体性”对阳明良知学进行一个理解，是因为阳明身处朱学异化的时代，天理失去了是非之大义而成为君主统治的合理化工具，主体性的提法对应着“良知”的提出，是与朱学外求于实体之“天理”的工夫相区别。以良知取代天理，便意味着是非之标准乃是诉诸人心，道德主体性不再是体现在对天理的认求，天理通过良知成为深刻于人心的道德根源，成为“主体性”本身。阳明良知学的主体性并不是建立在混杂的人心上，也并不是一种心性悬谈，其主体性是在良知与致良知之间构建起来的。天理之客观性的失落使得道德必然要反求于主体自身，阳明将“良知”又称作“是非之心”，即意味着大公无私的客观性从外在的天理转移到内在之良知。但如此所面对的问题就是个人与道德的普遍性、客观性之间的冲突，也就是将道德诉诸人心是否还具有合法性的问题，即公私的问题。良知作为道德准则的客观性、普遍性是通过“心即理”赋予的，而良知存在之真实性、普遍性是需要通过情感的真实性和普遍性来证实的。[①]

西北师范大学丁儒贤的硕士学位论文《王阳明格物致知思想研究》，从四个部分对阳明“格物致知”思想进行论述：

首先，针对格物致知问题的提出与渊源予以总括性论述，然后在宋明理学的框架内，就王阳明对朱熹和陆九渊的格物致知说的反思和继承分别加以论述。通过此论述，旨在阐明王阳明继承并发展了陆九渊的心学思想，承认心的本然状态与天地万物的本然状态是统一的，强调人通过内省可以尽心知性以知天，从而达到对天理的真实的体认。表现在格物上便是求理于内。同时指出，其与朱熹思想之间也并非完全对立，至少在理学框架内是有着一定程度的相通性或相关性。

其次，依清代黄宗羲之说，王阳明一生的学术之路总共有六变，其中为学有三变，为教又有三变。以此为据，重点就王阳明为教中的三变展开论述，即从正德三年（1508）龙场悟道开始直至其晚年将近二十年的思想发展中，针对其思想发展的各个阶段，对其格物致知思想的依次变迁予以论述。

再次，对王阳明格物致知思想在工夫论层面的展开进行论述，具体分为三个向度，即事上磨练与静坐、知行合一与致良知。当阳明“格物致知”的思想落实到具体的现实生活层面时，其所要求的功夫修养的实践路径并不是只有一条，而是根据具体的现实问题随时随地依据“良知”天理作出不同的有针对性的解决问题的方法。同时，通过现实生活中心内心外问题的解决来促进“良知”天理的不断可持续的澄明或光明。最终完成了

①周芳宇:《阳明良知学的主体性研究》，山东大学硕士学位论文，2020年。

对“格物致知”内涵的全面性的认识，即是本体论、认识论和修养功夫论三位一体的理解。

最后在结语部分，作者针对王门后学对格物致知的辩论予以总体概括，从总体上来把握说明王阳明对“格物致知”的诠释是在对前人学说思想的综合性的反思中达到了一种创造性的统一，从而完成了对“格物致知”内涵的全面性的认识，即是本体论、认识论和修养功夫论三位一体的理解。阳明学在后期的分化自有其原因，作者认为，首先是因为阳明在不同的时期，针对不同的问题而提出的观点往往强调的侧重点不同，而这些被强调的侧重点都可能导致被人片面的加以发展；其次是因为阳明思想采用的理论形式往往并不严格，这与中国哲学经典著作往往采用语录体的叙述方式有关，他不像西方哲学那样有着严格的叙述逻辑。最后，凡学者各自的资质与性格各异，学习和生活的经历也各不相同，这最终导致了具有不同价值观的人对所学之学问的理解自然产生差异，这也就决定了在他们之间必然会产生理论和实践的巨大差异与分歧。①

南京师范大学阮倩香的硕士学位论文《王阳明格物论研究》，从三个层面研究了王阳明“格物论”思想的特色：第一，身心之学。格物既要从心上做功夫，又要从身上做功夫。心上功夫即是心上体认，身上功夫即是事上磨练。所以格物功夫是集心上体认与事上磨练为一体，二者不可偏废。第二，止至善之功。心之体无善无恶，有善有恶是意之动，良知知善知恶，格物是为善无恶功夫，最终实现止至善的理想。第三，圣凡之功。格物功夫明白简易，既是圣人做的功夫，又是凡人做的功夫，只是层次不同而已。

文章围绕格物这一主题展开，分为四个部分：

第一章研究格物的理论渊源，包括：“朱熹以前的格物思想”，主要分析郑玄、李翱、司马光和二程对格物的注解；“朱熹格物思想”，对朱

①丁儒贤：《王阳明格物致知思想研究》，西北师范大学硕士学位论文，2020年。

熹格物思想的基本情况及主要内容进行梳理和分析。

第二章研究王阳明对朱熹格物之学的探索。包括“朱子之学”及“龙场之悟”两部分。“朱子之学”主要探讨王阳明格竹读书穷理的经历以及由此而产生的困惑质疑。“龙场之悟”主要探讨王阳明仕途受挫被贬谪龙场，在恶劣的环境条件下恍然大悟格物致知之旨。

第三章研究王阳明格物思想的主要内容及变化发展，包括“心即理”“格物正心”“诚意格物”“致知格物”四部分。第一节“心即理”主要阐述“心即理”是王阳明龙场大悟的基本结论。第二节“格物正心”主要阐述王阳明对格物的新解，格物即是正心。第三节“诚意格物”主要阐述王阳明对朱熹格物思想的批判，针对朱熹格物思想中存在缺头脑的毛病提出用诚意统率格物。第四节“致知格物”主要阐述王阳明在平蕃之后揭致良知之教，强调致知在于格物，格物是致知的实功。

第四章研究王阳明格物思想的特色，包括“身心之学”“止至善之功”和“圣凡之功”三部分组成。第一节“身心之学”论述王阳明“格物”是集心上体认与事上磨练为一体。第二节“止至善之功”论述王阳明“格物”是为善去恶的功夫，达到止至善的功夫。第三节“圣凡之功”论述王阳明“格物”既是圣人的功夫，又是凡人的功夫，是人人都可做的功夫。

最后，作者总结：王阳明进行“格物”探索的初衷是为了成为圣人。他以朱熹格物思想作为探索的起点，茫茫荡荡地进行格竹读书穷理，却一连以失败告终。在贵州龙场，王阳明大悟格物致知之旨，知晓“圣人之道，吾性自足”，格物功夫原是明白简易，人人皆可为圣人。此后，王阳明批判朱熹格物思想，对格物进行新解，在生活体验中建立与完善其格物思想。良知是心之本体，良知即是天理，良知统摄“心即理”，致知统摄诚意、格物，致知即是正心。我们知道，《大学》中的正心、诚意、致知、格物具有先后逻辑次序，物格而后知致，知至而后意诚，意诚而后心正。王阳明晚年并没有遵循《大学》中条目的逻辑次序建构其思想体系。王阳明平蕃以前用诚意统率格物正是就朱熹格物思想中的毛病而对症下药。平蕃以后王阳明不再囿于《大学》的结构，而力主《大学》中的“致知”，强调致吾心之良知于事事物物上，格物是致知的功夫。[①]

西藏民族大学王明华的硕士学位论文《王阳明心物关系论探析》，认为阳明心物关系论主要由“心外无物”与“物外无心”以及“万物一体”三个命题构成。“心外无物”所强调的是“心”对外部客观世界之感通关联，即一种实践行为，客观存在物之意义依靠“心”之彰显。主体之“心”不仅收摄了“物”“事”“理”等事实概念，还收摄了“义”“善”等价值概念，由此延伸出“心外无义”“心外无善”等命题。阳明针对当时静坐之修养工夫所带来的“悬空守静”“喜静厌动”之弊病，进而教人致良知于一切事事物物，强调“事上磨”，“物外无心”之论便由此而来。“物外无心”是本体必落实于工夫的“即用求体”，是在良知前提下，本体与工夫在现实生活中的合一。“致良知”提出以后，心物关系论往往被转化为良知、仁等与万物的关系论，阳明也基于此阐释了己之万物一体思想。阳明创造性地把“万物一体”建立在良知本体的基础之上，在彼此关联、互相感通之关系中，考察与定位人之存在及其价值，并经“拔本塞源”“重建秩序”“大人之学”“圣人之境”四个方面表征出内圣带动外王之为学进路，以人己不分、物我无间、圣愚一致等观点将“一体”观用于社会伦理、社会秩序的重构之中。

文章通过龙场悟道与“心外无物”、阳明所言之“心”、阳明心无关系论三个方面进行论述，进而得出结论，认为阳明心学之中，“心”之概念尤为重要，为切入心学之关键，而其含义又颇丰，便易被人误解，故辨析清楚阳明所言“心”之真正内涵才能明了阳明真意思。阳明所言之“心”即天即性即理即良知，不只是血肉之心与认知之心，其为万物立

①阮倩香：《王阳明格物论研究》，南京师范大学硕士学位论文，2020年。

法。阳明在心物关系论之中侧重于“心”，但也未忽略“物”，其在言“物”之时皆是将其放置于“心”的涵摄之下，注重物与心之感通关联，物各付物，得其中，离心无以言物，离物亦无以言心，心物浑沦一体，心物一体之极致便是万物一体，万物与我浑然一体成就圣人境界。阳明对心物关系的建构匡正了人自身存在与世界相即不离之存在关系，不是人被动地去回应抑或反映外部世界对人之刺激抑或作用，而是作为主体之人，在面对周围一切之时，通过“心”之感通关联为自己发现创造一个丰富之意义世界，这就复归了人之主体性，阳明思想是对道德主体向度的追寻，其价值便在于高扬了人之主体精神，将最高本体之“理”安放于“心”，让人自觉与自律以及富有实践精神，获得平等与自由。万事万物之理不外于吾心，学术不外于现实，理论在于实践，阳明思想所体现出来的人与万物之一体性及其层次性与秩序性，于现实对治之意义及人本原之意义，皆富有莫大之启发。①

上海师范大学葛跃辉的《王阳明气思想研究》一文，认为受到西方唯理论和机械唯物主义等“反向格义”的影响，大多数现代学者对“气”的研究是不全面和不“自然”的。阳明思想中的“气”即实即虚，即是实体又是意识，既现象又本质，与“心”“性”“理”“良知”是融贯一体的，它在“心”与“物”之间作为实体感应存在，是“心物”贯通和转换的关键环节，是泯灭“心物”二元紧张的行事要素，是“心即理”“致良知”“知行合一”得以在现象界中实现的核心链条。

作者认为，阳明以“气”之意义在于：第一，使心具万物、万物一体有了现实之基。第二，使心物二元矛盾转向了“心体之气”的内部运动，生发有则成为善恶的标准；不著于相成为行事的原则，突出了个体的良知对万事的统摄能力，“心即理”得以实现。第三，消解了心物之间的二元矛盾，强调事上工夫，事上见性，为知行合一提供了现实保障，正面解决

①王明华：《王阳明心物关系论探析》，西藏民族大学硕士学位论文，2020年。

“析知行为二”。第四，气为阳明“心本体”没有流入佛老之“心生则种种法生，心灭则种种法灭”作了现实保障。总之，气为心即理之“即”、致良知之“致”、知行合一之“合”，作出了现实的回应。

文章旨在揭示王阳明“气”思想的全貌，重点涉及以下内容：第一，《王阳明全集》中涉及哲学意义上的气范畴，以及分析这些气范畴的含义，及其语境和情景，并对这些气范畴进行总结。第二，基于对气范畴的总结，进而探讨“气”与“心”“性”“理”等核心范畴的关系，以及这四对关系，使阳明气思想呈现出的特点。第三，基于这四对关系和呈现出的特点，概括出气在阳明思想中的位置以及气与“心即理”“致良知”“知行合一”关系。第四，通过“点—线—面”的方式，基于气之范畴，气之关系，气之作用呈现出王阳明“气”思想全貌。选取王阳明常用的九个“气”范畴，进行梳理，并对这些范畴使用的场景和语气进行特点归纳，探究“气”与“心”“性”“理”“良知”的关系。最后展现出阳明“气”思想的全貌。

在内容上，文章从本体论和工夫论两个视角切入，从阳明思想中与“气”相关的九条“目”（范畴）出发，进而探讨气与心、性、理、良知四条“行”（关系），最终得出阳明“气”思想的四条“达”（结论）。第一部分文章采用定性分析与定量分析相结合，兼与其他理学家和佛道思想作对比。在本体层面，气表现为元气、血气、精气、志气。在工夫层面为“存夜气”、养浩然之气、消“习气”、除“客气”，这些表达了气即是实体，又是感应与意识，万物同此一气，良知以其流行即是气；第二部分论述了阳明气与心、性、理、良知的关系，理是气之阴阳运行条理，即是易。现实之心是气之凝聚精华，心动则气动，动则不失其则即是理即是善。良知是气的感应流动，良知是本心之惯性运动。性的自然即是气之本然，自然即无所谓善恶，偏执即恶，心气之自然即是最高之善。强调“理”往往导致现象界的旁落，所以在“本体心”上，气贯穿于“现实心”、性、理、良知中。[1]

河北大学陈光的硕士学位论文《王阳明〈大学〉思想研究》，通过解读王阳明对《大学》不同阶段的理论见解，结合王阳明思想的发展历程，从本体论、工夫论以及认识论的角度加以分析，力图完整地展现王阳明对《大学》的思考和解读。

作者指出，王阳明反对程朱对《大学》的增改，他提倡学者恢复使用古本《大学》，并且在古本《大学》的基础上进行了新的理解和发挥。有关《大学》中的“格物致知”理论，程朱理学认为，就实践主体而言，通过对客体的观察和接触，认识事物存在和发展的规律，进而进行归纳和总结，以这种方式积累知识，做到触类旁通，争取一朝“豁然贯通”体认天理。王阳明批评程朱理论中出现的心物二分现象，他认为这会导致功夫的支离和烦琐，并且背离了先秦儒家强调的反求诸己的观念，且人的本心既然完整地包含了天理，那么格物的功夫也应该落实在人心上，去除私欲，从而恢复人心的本来样貌。除了对“格物致知”这一功夫理论提出新的理解外，他以《大学》首章提到的“明德”发挥心体理论，用“至善”解读圣人境界。王阳明晚年时又通过“致知”发明出他的“致良知”学说。王阳明思想的完成与《大学》密不可分，在此基础上他还提出了独具特色的“知行合一”思想和“四句教”教论。

在结语部分，作者对文章进行了概括。总结道：王阳明思想与《大学》文本二者之间，是一种互相成就的关系。一方面，在反对朱熹对《大学》文本更改的同时，他提出恢复使用古本《大学》的倡议，为《大学》作序以及旁释，对《大学》做出符合心学理路的阐释，给《大学》赋予了新的精神内涵，此为阳明对古本《大学》的成就；另一方面，阳明立足于《大学》思想体系，建立起一套重实践及重“求诸己心”的心学思想，构建起完善的本体、工夫理论，并向学者展示其对“万物一体之仁”的境界

①葛跃辉：《王阳明气思想研究》，上海师范大学硕士学位论文，2020年。

追求，此为《大学》对阳明的成就。无疑，从他“知行合一”思想和“四句教”理论的提出，我们可以看到，他对学者躬身实践的期盼。这与他的求学之路和坎坷的仕途相关。王阳明的求学之路很是坎坷，他早年醉心朱子学，对朱子产生疑惑后，泛滥辞章，浸淫佛老，而立之年又回归儒学。三十七岁时，终是和《大学》结下了不解之缘，从此走上了心学的路途。在反对朱熹“改本”《大学》的过程中，王阳明的思想体系也逐渐完善，逻辑愈发严密。“龙场悟道”后，阳明走向了心学的为学进路，从“心外无理”出发，结合《大学》的思考，发展出“格心”去私欲的功夫理论，以及“一体之仁”的“万物一体”思想。王阳明极为重视实践，他的一生都在践行他的思考，如早年入圣学，身体力行，格七天竹子；青年研习兵法，晚年他平江西宸濠等叛乱，立下不世奇功；出入佛老时，便告病隐居，行导引之术；回归儒学后，时刻担心儒者只空谈，不践行，所以他的思想理论，包括心体的构建，格物致知的解读，以至对圣人境界的追寻，都在劝导学者审视内心，躬身实践，更无论他的“知行合一”思想和“四句教”教旨，都是工夫的学问。①

西北大学高雅然的硕士学位论文《王阳明的经学思想研究》，秉承思想史与社会史相结合的原则，运用文献法、图表法明晰王阳明经学思想的内容与实质。在其时代背景下对王阳明经学观、解经方法等的梳理与总结，以求准确地把握时代背景与个人经历对其经学思想的影响。对王阳明经学思想的研究有助于明晰其心学与经学的关系，为学界对王阳明学术思想的研究补充材料。文章通过整理和发掘王阳明的经学观、解经方法以及对儒家经典诸如“四书五经”的疏解，对王阳明的经学思想进行梳理与分析，体现了王阳明经学思想的心学特征：强调治经的实践性，重实行而轻文本；主张解经在于发明本心，良知为解经的唯一标准；视儒家经典为载道之具，认为经典所记载的不过是人心体之道。作者认为王阳明对儒家经

①陈光：《王阳明〈大学〉思想研究》，河北大学硕士学位论文，2020年。

典有着自己独特的认识，不论是其经学观还是解经方法，都是以“良知”为基础的，在“良知”的基础上研究、解读经典，使得经典之道与吾心良知得以相互印证，最终实现“经”与“我”的互证与互注。

于内容上而言，文章包括绪论与论述主体两个部分。绪论主要就王阳明经学思想的研究缘起、研究现状、研究意义和方法加以说明。主体部分则共有六个章节：第一章论述明以前儒学与经学的发展情况，阐明王阳明经学思想的发生背景；第二章集中论述王阳明的经学观，从其经学观的重要入手，分析王阳明对儒家经典的看法，以及经典与良知的关系问题；第三章对王阳明主要的解经方法加以总结与归纳，并分析其每个重要解经方法的特征；第四、五章讨论王阳明对“四书五经”的研究。以《大学古本序》《五经臆说》等重要文章及《王阳明全集》中其他有关的材料为基础，探讨王阳明经典研究的个例。论述王阳明注经解经的程序。从王阳明对符号本身的解读入手，研究其文字训诂、语句释义、文献版本等，进一步讨论王阳明对这些经典思想内容的解读，分析其重要的概念范畴；第六章对王阳明经学思想的影响与意义进行简要的分析。

在结语部分，作者认为，王阳明的经学思想与其心学思想都无法脱离其对儒家经典的研究与诠释，但其以心解经，以“良知”为本的方式方法却也给后学带来了一定的负面影响。王阳明自己自小苦读经书，对儒家经典的知识文本烂熟于心，其学问愈精才体会到工夫愈简，因此才向世人宣扬其“简易工夫”。但此种方式传于后学却逐渐流于虚妄，这也是王阳明经学思想与其心学思想中自有的缺点所造成的。[1]

湖南科技大学李浩的硕士学位论文《阳明心学的理欲观研究》，通过对王阳明及阳明后学文献的分析，厘清了“理”“天理”和“欲”“人欲”的内涵，对王阳明之前儒学理欲观的发展进行了总结，并在梳理中明确指出理欲之辨与儒学道心人心之辨、义利之辨、公私之辨具有相当密切

---

①高雅然：《王阳明的经学思想研究》，西北大学硕士学位论文，2020年。

的关系。作者认为，阳明心学理欲观建立在成圣成德的基础上，重良知轻外物，重工夫轻效验，对现代理欲观的构建具有深刻的理论和实践指导意义。王阳明的理欲观最重要的价值在于，他提供了通向幸福生活的一条可能路径，即成为一个“真正的人”，也即是圣人。

在内容上，作者认为，“存天理、去人欲”是阳明心学理欲观的核心论点，也是阳明心学的“作圣之功”。王阳明早岁即立志学做圣人，期间经历了“五溺”之习，但在“龙场悟道”以后，尤其是赴南都讲学开始，其高度重视“天理人欲”之辨，以“存天理、去人欲”教诸生。这和他早年志向是具有一贯性的，说明阳明心学的要旨在于成圣之道，而阳明心学理欲观是追求绝对纯粹天理之本心的“作圣之功”。可以发现：第一，其倡“心即理”之说，指出成圣的向上一路，又以“天理人欲不并立”，指出“此心纯乎天理，而无一毫人欲之私”是成圣之标准；第二，“致良知”只是“致此心良知之天理于事事物物”，绝去“将迎意必”，以达到此心莹澈，而良知发用流行；第三，阳明理欲观的工夫论非常具体，有“诚意”工夫、“克己”工夫、“静坐”工夫、“穷理”工夫、“日减”工夫，只是求得此心纯粹，成就每一个体的圣人气象。阳明身后，其后学主修派、主无派、主静派、自然派均在不同层面对阳明心学理欲观有所发展，其中以王龙溪、“泰州学派”的特色最为鲜明。王龙溪主张良知不离日用常行之生机，使理欲在身体层面得到统一，从而消解了宋儒以来理欲关系的紧张。而“泰州学派”从王心斋开始，重视“身”的作用，“人欲”地位逐渐上升。发展到何心隐和李贽，主张人欲即是天理，实则张扬“人欲”，摒弃“天理”，已经背离王阳明的基本精神。①

西南大学王宏伟的硕士学位论文《王阳明心学的道德自觉思想研究》，从王阳明心学体系对道德自觉进行分析和探讨，主要集中在三个问题上：第一，在道德根据上解决道德原则与道德主体相分离的问题，将个

①李浩：《阳明心学的理欲观研究》，湖南科技大学硕士学位论文，2020年。

体道德依据从外在的形上规范向内在的价值认同转变；第二，在道德修养上解决工夫支离烦琐的问题，通过个体对自我道德意识的把握实现修养工夫的向内转变；第三，在道德实践上解决道德判断的实行问题，通过论证个体自我道德实现的可能性完成道德意识向道德行为的转变。

在内容上，全文包括四个部分：第一部分阐述道德自觉在王阳明心学体系中的构成。道德自觉从学理及儒学传统来看，可根据“仁者以天地万物为一体”的道德原则和基于“人性论”的道德努力，理解为个体的自我证成和为善去恶的价值追求。同样，在儒学所涵盖的道德自觉实现路径中，王阳明指明了道德自觉实现中两个新的方向：一是在道德来源上将道德之理从宋学的循序格物转变为吾性自足；二是在道德内容上将物上得来的外在的实然之理转变为自身所设定的内在应然之理。

第二部分论证道德自觉在王阳明心学体系中的根据：心之本体。王阳明心学的理论基础就是承袭孟子以来的性善论，将“心体”作为个体道德活动的根据，并进一步以“心体”说明道德主体性。第一，从本体上讲，“至善者心之本体”。即以“至善”为规定性的本体存在，是道德根据且能分辨是非的“道德心”，而非经验意识领域的“知觉心”；第二，从道德来源上讲，“心即理”。“天理”是儒学中至高的道德本原，心体之所以能够成为道德根据即在于本心与天理的一致性；第三，从价值论上讲，“以心释礼”。通过“理即礼”与“心即理”的关联，道德自觉在获得普遍性规范的诠释下，也保证了礼仪在形式上的连续性与结构上的统一性；第四，从外部规定上讲，“心外无理”。否定心体之外存在道德原则，可以说是确定道德主体性的“强形式”，由此形成了以心体总摄天地万物的关系。

第三部分剖析道德自觉在王阳明心学体系中的发用：诚意。由心体向诚意的过渡，即是道德自觉由本体到工夫发用，并以此展现主体在道德努力及善恶判断上所作出的突破和遇到的问题。“意”在王阳明心学中的两个向度，一则指向了对象，说明一切意识都是对物的意识；一则指向了价值，说明意识赋予事物以道德性。诚意在“着实用意”和“戒惧慎独”两种工夫中完成了修养意识真诚恳切的要求，并构建了主体意识与客观世界间的道德关联。诚意在面向道德自觉如何区别“心体善意”与“私意”、如何解决道德修养支离之弊的问题，也就是道德自觉在主体中发用的呈现，即对心的根本实在的明见、对道德修养的内在转向以及对先验的是非之心的预设。

第四部分探索道德自觉在王阳明心学体系中的实现：致良知。道德自觉的实现以良知对意识中善恶的价值判断为起始点，以致良知对道德践行的完成为落脚点，全面梳理了道德主体的道德根据、道德能力以及在道德自我实现中所面临的问题和解决途径。首先，由良知在主体中的存在状态出发，明确良知作为先验的是非准则、内在的主体本能、普遍的道德认同为主体道德自觉的实现提供了必要基础。其次，由良知在主体中的具体发用出发，通过道德内省展现主体向善的秉性、对自我意向的判断反思以及始终完善的良知本体，探索道德自觉于主体意识中的实现过程。最后，以致良知对主体的工夫要求出发，通过至极其良知、依良知而行、尽良知于事，主体在道德意识向道德践履的转变中实现道德自觉。[①]

苏州大学吕佳丽的硕士学位论文《王阳明“致”思想的德育意蕴研究》，基于当前学校德育体系中出现的问题而展开，包括：在德育内容方面主要问题是重社会轻人本。在德育过程方面主要的问题是重他律轻自律。在德育方式方面主要的问题是重灌输理论轻主动实践。学校德育内容重社会轻人本的表现有：德育内容泛政治化、德育内容脱离生活、德育内容偏功利化。学校德育过程重他律轻自律的表现有：视学校规范为道德路径、视教师话语为道德依据、视外在奖惩为道德动机。学校德育方式重灌输理论轻主动实践的表现有：缺乏对话的德育师生关系、知必转行的德育

①王宏伟：《王阳明心学的道德自觉思想研究》，西南大学硕士学位论文，2020年。

理想状态、重知轻德的德育认知模式。作者认为可以从王阳明“致”的德育价值中挖掘以上问题的答案，把“致”作为理论工具，研究我国当前学校德育体系中的部分困境，对于提高学校德育实效性有一定价值。王阳明“致”的核心要素：诚意、省察、践行；“致”的隐性属性：边界是至善，准则是适度，特性是缄默知识。

作者认为，“诚意之致”对学校德育内容的启发是：引导“诚意之致”，发挥道德主体作用。具体解决对策为德育内容的人本化、德育课程的生活化、德育对象的诚意化。“省察之致”对学校德育过程的启发是：勿忘“省察之致”，培养道德自律能力。具体解决对策为规范的省察、教师的省察、学生的省察。“践行之致”对学校德育方式的启发是：重在“践行之致”，化为道德实践行动。具体解决对策为德育方式从灌输走向对话、从理论走向践行、从被动走向主动。“诚意”是“致”的前提，“省察”是“致”的保障，“践行”是“致”的关键，“诚意之致”“谷察之致”“践行之致”三位一体方“至”得明觉之良知。①

山东大学姜晓琨的硕士学位论文《论佛学对王阳明心学的影响——以南宗禅为主的讨论》，基于对佛教特别是南宗禅启发王阳明建立心学的内容及其程度的考察，为鸦片战争以来背负着“灵根再植”命运的中华文化提供一个异质文化成功交融的借鉴。

在结语部分，作者对文章进行了总结，认为佛教传入中国后，在中国的文化氛围中，在不违背佛教义理的条件下，表现出了鲜明的特点，这个特点即是吕澂所概括的“心性本觉”。虽然印度的如来藏系经论中已经能一定程度上看出这一点，但自觉认可并宣扬“心性本觉”源于《大乘起信论》，这一主张也为天台、华严、禅宗等中国化佛教宗派所继承。站在“心性本觉”的立场上，南宗禅代表之一的马祖道一提倡“平常心是道”“作用是性”，认为人按照如如不动的平常心去做，一举一动皆是佛

①吕佳丽：《王阳明“致”思想的德育意蕴研究》，苏州大学硕士学位论文，2020年。

性的表现。在南宋时，朱子在建构自己的理学体系时，认为“作用是性”的主张完全没有考虑道德对人的约束作用，会导致人认欲为理，因而其理论排斥“心性本觉”，而倾向“心性本寂”的路数，即主张人人皆有天赋的善性，虽有气禀的夹杂遮蔽，但通过修行之后，皆可成为圣人。王阳明在年轻时学习实践朱子学四平八稳的工夫却苦于无所受用，再加上体弱多病，因而花了相当大的精力学习南宗禅、道教内丹派的修行工夫，也接触到了它们不同于朱子学的心性论。同时，在理学内部，他也倾向于延平、白沙“默坐澄心，体认天理”的工夫进路。在贬谪龙场的艰难困顿中，阳明基于自身的工夫体验，真切体认到了“万物一体”境界，因而提出了与南宗禅相似的打通心体与理体（性体），主张人人皆本是圣人，做工夫只是返本还源的“心性本觉”心性论。阳明之所以能主张“心即理”与“心性本觉”路向的一个重要因素，是其工夫重在剥落私心物欲，树立廓然大公的善良意志。用以达体的工夫论，而成为心学内部心性论的一种新范式。其下学上达是继承了朱子学，而体用关系则是受南宗禅启发。至于良知在发用上知善知恶这一点，一方面是受到了孟子和朱子影响，一方面当是受到惠能，而不一定是神会的影响。

“心性本觉”的心性论建立在心体与理体为一的基础上，后来阳明用良知这一概念统合了心体与理体。在如来藏系经论中，如来藏自性清净心有两个面向，一是其体之空，二是其相其用之有，这一点也延续到《起信论》和《坛经》中。道家认为人心原本是混沌，无有价值之分判，但顺其而行却自然合于仁义，《庄子》中的“镜喻”也清晰地表明了此点。佛、道的这种理解，启发了阳明对良知的设定，使其亦具有“有”与“无”两个面向，为境界上的有无合一建立了本体上的根据。同时，良知的这两个面向也为敬畏与洒落的实现奠定了基础。再加上良知本是体用一如的，因而阳明心学能同时实现本体和发用上的敬畏与洒落，而朱子学只能于发用上实现敬畏。就这两点而言，阳明“心性本觉”心性论更成其为一种新范式。[①]

云南师范大学黎宁的硕士学位论文《关于日本阳明学“近代化”的研究——以〈日本阳明学派之哲学〉为中心》是用日语写成。文章基于阳明学的“知行合一”“致良知”等思想对日本的影响这一历史上事实。把日本的近代化为时代背景，以《日本阳明学派之哲学》内容为中心，考察了阳明学在明治儒学体系中的地位和日本近代化的方向。尤其是阳明学自江户时代初期传入日本后逐渐实现了独特的发展变化，形成了具有鲜明特征的“日本阳明学”，并被定位为“明治维新的原动力”。作者认为，在日本阳明学的“近代化”过程中，以天皇制倡导者井上哲次郎为首的“官学主流派”思想家发挥了决定性作用。在他们有意识的人为加工和彰显下，将曾在明治时代初期经历了一段低谷的儒学，尤其是阳明学融合进了近代日本国民道德体系当中，对明治之后的日本国民精神构造产生了极大影响。井上哲次郎的代表作“儒学三部曲”采用了西方的哲学研究框架，首次尝试了在天皇制近代国家体制下重构儒学体系。《日本阳明学派之哲学》是“三部曲”中最先问世的作品，奠定了阳明学在明治儒学体系的中心地位，同时也揭示了日本儒学“近代化”的方向。此著作中对日本阳明学派系谱及基本概念的表述对学界的影响持续至今，因而此书被称为日本儒学“近代化”的一个象征，在日本儒学思想乃至日本文化特性的研究中均具有极为重要的意义。

在内容上，作者以《日本阳明学派之哲学》为中心，通过对原作进行分析，深入探究明治日本阳明学的状况，并对日本阳明学的“近代化”进行综合考察。本研究包括绪论与结论部分共由六章构成：

第一章为绪论，首先介绍了作为明治时代代表性哲学家井上哲次郎的影响力及当时日本阳明学的存在状况，并提出问题。作为开展本研究的前提，归纳江户阳明学的特征，详细整理中日两国的先行研究，找出问题

①姜晓琨：《论佛学对王阳明心学的影响——以南宗禅为主的讨论》，山东大学硕士学位论文，2020年。

点，并依次介绍了本研究的特色、意义及构成。第二章考察了明治阳明学热潮的背景。着眼于明治初期的儒学，明确了儒学在全面欧化背景下的存在状况。介绍了自由民权运动对明治藩阀体制造成的威胁，并讨论了明治政府作为对策所颁布的《教育敕语》对儒学整体产生的影响，并阐述了在明治政府利用儒学思想树立东洋式国民道德、意图维护天皇制国体的时代大潮中，阳明学成为明治主流儒学的必然性。第三章就井上哲次郎本人的思想进行考察。在概观井上哲次郎生平，分析其思想的儒学根基及德国哲学背景的同时，讨论了其作为明治政府代言人的立场。通过总结上述内容，探明身处明治时代的井上思想的复杂性与代表性。第四章对《日本阳明学派之哲学》的构造及内容进行分析，明确井上哲次郎本人与明治日本为何选择了阳明学，以及阳明学为何会成为“儒学三部曲”中的首个研究对象。通过依次解析该书的出版背景、创作动机、内容构成、理论展开，阐明井上的阳明学论述特征及《日本阳明学派之哲学》一书在日本思想史上的意义。第五章就日本阳明学“近代化”的实质及影响，总结前述内容进行讨论。不仅是井上，而是以他为代表的一大批明治知识分子，在与政治界限暧昧不清的明治学术界占据极高地位，并推进了日本阳明学的“近代化”演变，这对日本思想界产生了深远影响。本章概观完成“近代化”演变后的日本阳明学，明确了日本阳明学“近代化”的本质及其影响。第六章为结论，本章总括全文内容，思考从中反映出的历史必然性，总结经验、教训。同时，归纳本研究的不足之处并展望了今后的研究方向。

最后总结部分，作者认为，日本阳明学的“近代化”是由以井上哲次郎为首的官僚学者们所主导实施的一场政治运动。被作为国民道德的“近代阳明学”原本的哲学内涵明显遭到了弱化，沦为了一味强调“忠孝一致”维护天皇制国体的工具。经过这一加工粉饰后的“阳明学”的影响一直延续到了二战之后，甚至与轰动一时的三岛由纪夫切腹事件也有密切联系。因此，有必要对日本阳明学与中国阳明学进行严加区别，同时，二者的存在方式、社会功能等方面均在今后有进一步对比研究的价值。[①]

内蒙古大学吴黎坤的硕士学位论文《对日本在江户时代接受阳明学的特征的考察》是用日文写成。文章认为阳明文化传入日本后，对江户时代的日本影响甚大，不管是政治、经济还是文化领域，都有日本的阳明学者活跃的身姿。基于此，作者通过文本分析法和比较分析法，去重新审视日本阳明学者在江户时代接受阳明学的特征以及他们对阳明学的改造。

在研究思路上，作者首先分析了阳明学在中国诞生的原因和三个主要思想，其次分析了日本江户时代的社会背景以及阳明学的传播系谱。以此两章为基础，在后三章内容中，着重选取了五个代表性的阳明学者，分别对日本阳明学的行动主义特色，天地万物一体论和文武合一进行了探讨。得出三点结论。第一，日本阳明学者有着更注重将学问应用于实践的思想特色，并且其中不乏投身于改革和革命等社会实践的仁人志士。第二，在继承阳明的天地万物一体论的同时，也有各自深化的一面。人类平等论、自然环境保护论和万民同胞爱就是其代表。在中国，阳明的“心即理”“知行合一”以及“致良知”这三个思想尤为被重视是不言而喻的，但是作者认为阳明的天地万物一体论在日本被重视的程度不亚于其他。第三，倾倒于阳明的文武全才，并且各自宣扬了文武合一的观点。不论在中国抑或日本，人们对于阳明的“文”都有着高度的重视，但是与此同时，日本人也同样没有忽视阳明的“武”，并且也更青睐于阳明的文武兼备的个人魅力以及其文武思想。[②]

山东大学杨俊安的硕士学位论文《沟口雄三的明清哲学研究——以王阳明、李贽、戴震为中心》，以日本学者沟口熊山为对象，探讨沟口雄三论著中的阳明学及后学思想。文章从沟口雄三的“心”这一概念出发，试图还原一个在中国前近代思想演变中具有重要起点意义的阳明学。首先文

①黎宁：《关于日本阳明学“近代化”的研究——以〈日本阳明学派之哲学〉为中心》，云南师范大学硕士学位论文，2020年。

②吴黎坤：《对日本在江户时代接受阳明学的特征的考察》，内蒙古大学硕士学位论文，2020年。

章分析了阳明学在中日研究中的不同呈现及阳明学开创的形而下之理的脉络；进而通过沟口对李卓吾的“欲”和“理”之间关系的探讨，以及黄宗羲和东林派对李卓吾实质上的继承来肯定李卓吾为近代思想转折提供的缺口；接着通过讨论戴震的“克己”解，引入社会性相关之理来补上这个缺口；最后，将详细探讨沟口雄三的研究方法和其多元主义研究视角。

作者将文章分为四部分进行论述：

第一部分围绕沟口雄三的阳明学研究展开论述。首先，引述日本阳明学研究的四种不同看法，分析沟口雄三对中日两种阳明学的区分，并论述这样的差异所存在的哲学基体。他从“心”的概念着手，试图建构一个在中国前近代思想演变中具有重要起点意义的阳明学。其次，分析沟口对“理气”关系转变的研究。从朱子到阳明的变化涉及关于“己”的态度的变化，朱子认为“己”属于“私”而应被克除，阳明认为理内在于人，必须发显于“心”的当下。正是因为“心”关涉作为事务法则的条理，中国的阳明学才对社会发展产生深远影响。

第二部分围绕沟口雄三的李卓吾研究展开。首先从沟口雄三之前的日本学界关于李卓吾研究的两种观点：一种认为李卓吾先于时代而不可避免地遭受挫折，另一种认为李卓吾看似新颖实则未跳出原有的框架。出于和岛田虔次思考“近代”的方式不同，沟口认为李贽是明末清初思想转变的关键节点。他认为从李贽开始，“理”开始更多地关涉如何在个体间调节“欲”，“欲”被当作人的原动力来处理，作为人的社会性欲望。其次，他在黄宗羲和东林党人士对李贽的批评中，找出二者对李贽的实质性继承，认为双方虽然表面剑拔弩张但实际在肯定“欲”上具有一致的目标。沟口从明代末期里甲制的瓦解出发，发掘出李贽在明清哲学中承前启后的重要地位。

第三部分探讨沟口雄三的戴震研究。沟口雄三认为，从明末清初开始，人性论的转换已经开始，到了戴震这一时期，二元式人性论开始瓦解，由二元的“本然—气质之性”向气质之性的一元化转变。首先，讨论戴震“克己”解与朱子的不同，沟口指出戴震坚持用一个训释贯通“己”造成了矛盾是因为他反对“天理—人欲”的二元对立。戴震确立道德主体“己”的客体性并被横贯了个别多样之气的一体之仁所摄。其次，沟口分析了理观的转换，丰富了社会性之理的创造与实现的逻辑。到了戴震这里，天理开始被理解为社会性欲望中相互应循的条理。最后，就沟口对戴震研究的创新和不足进行讨论。沟口未曾分析戴震的“人伦日用”与以往人伦日用的不同，只是从经济层面的变化来分析时代的不同，以人伦总摄一切日用事为，个人再也无法从与他人的事务关系中脱离、不再有上升到理念世界的渠道。

第四部分对沟口雄三的多元主义研究方法进行总结并探讨是否切实可行。沟口为了避免落入“没有中国的中国”这样的目的性概念中而提出“相互异别化”的方法，在平等主义、多元主义的世界观下，在相互客体化为中介的过程中，“中国”和“日本”都能够得到不同的理解。除此以外，在文本解读中，沟口注重寻找概念内在的关联方式，注重诠释者与文本之间的交互关系，从横向的中日对比和纵向的明清哲学发展中理出概念发展的自生线索。

最后，文章提出两个观点。其一，沟口多元主义的认识论打破了以往“普遍性”高于“特殊性”的思维定式，从同质性要素出发建构起对异质性的理解。其二，沟口虽然通过相互异别化掌握了中国，但是会使得所有的论述都被过度阐释为“解放”。[①]

南京师范大学舒迪的硕士学位论文《明清时期阳明心学的扩散机制与传播场所研究》，以学者视角研究明清时期阳明心学的传播场所及其在国内的空间扩散模式，并探讨其形成机制，可以反映推动阳明心学扩散的核心力量的发展。

---

①杨俊安：《沟口雄三的明清哲学研究——以王阳明、李贽、戴震为中心》，山东大学硕士学位论文，2020年。

在内容上，文章首先以《明儒学案》和《清儒学案》为中心，通过查阅相关文集确定阳明心学的接受者。然后根据接受者的数据，利用数理统计及历史事件分析综合划分阳明心学扩散的时期。此后，基于接受者的时空轨迹及讲学地、求学地来确定接受地，完成在学者视角下接受者到接受地的空间转换，从而建立本文的扩散分析模型。此后，对文化扩散的研究将从两个空间尺度进行，在宏观尺度上，以州府为研究单元，通过GIS空间分析研究接受地的时空演变，并分析阳明心学的扩散中心和核心区域；利用社会网络分析法和GIS空间分析等方法分析阳明心学的空间扩散模式及其扩散路径，并进行可视化表达；在中观尺度上，分析阳明心学的传播场所在接受地内的空间分布及演变，并探讨学者、传播场所与地方社会的关系，为后文的机制分析奠定基础。研究结果表明，明清时期，阳明心学的扩散可划分为五个阶段，即兴起期、鼎盛期、衰退期、复兴期、低谷期。接受地空间分布经历了多中心—多中心（局部带状）—单中心—多中心—零散分布的空间结构演变。总体而言，长三角、赣江中下游区域是阳明心学扩散的核心区域。不同时期，阳明心学扩散的空间结构不同，由点轴扩散结构发展为核心—外围结构，后又转变为点轴扩散结构。对于扩散类型而言，第一、二阶段以迁移扩散为主，后三阶段以扩展扩散为主。在向鼎盛期转变的过程中，阳明心学的扩散中心向文化、政治等级更高的接受地转移，而后以这些接受地为中心，向外进行等级扩散。受到高空间等级接受地的吸引力和辐射力的影响，或靶地文化创新的影响，“源地”和“靶地”的角色可能会转换，即文化可能从原有的“靶地”逆向扩散至“源地”。在儒学被士人广泛接受，不同时期阳明心学思想不断演替的背景下，阳明心学的扩散在整体上逐渐式微，但某些阶段则会有小规模复兴。阳明心学的声望由阳明心学思想内核决定，受学者成就与政治事件的影响，声望、地方的儒学知识水平，交通可达性与联系强度，文化惯性和地方依赖的作用综合决定了地方对阳明心学的知晓水平和接受水平，进而决定了阳明心学扩散的空间格局和过程演变。[①]

山东建筑大学商学院张树恒的硕士学位论文《阳明心学管理哲学视角下的企业文化管理研究》，从三个方面着手，尝试将阳明心学借鉴到企业文化管理领域加以研究和应用：一是运用企业文化管理、企业管理哲学基础理论，总结归纳阳明心学企业管理哲学思想，找出其应用价值。二是分析阳明心学企业管理哲学思想在我国的应用现状，构建阳明心学企业文化管理模型。三是对践行阳明心学的我国企业进行案例研究，实例验证阳明心学在企业管理领域的应用价值。通过三个方面的研究，进一步发掘阳明心学中蕴含的管理思想，丰富阳明心学在企业文化管理领域的研究。同时，模型的构建可以对我国企业文化建设提供新的、有价值的借鉴。这对于传承我国传统文化，形成中国特色的企业文化，增强我国企业核心竞争力，实现习近平总书记提出的“文化复兴”具有积极的意义。

作者认为，通过此项研究，取得了三个方面的收获：

一是对阳明心学中蕴含的管理学思想进行了发掘，总结出了阳明心学企业管理哲学的基本内容。二是找出当前各企业管理哲学思想应用中存在的问题，并构建了阳明心学企业管理哲学企业文化模型。三是对企业经营典型案例进行分析，实例验证阳明心学在企业管理领域的应用价值。[②]

广西师范大学邱洁的硕士学位论文《阳明心学对太极拳的影响及具身化研究》，运用文献资料法和访谈法，针对阳明心学对太极拳的影响以及阳明心学在太极拳中的具身化表现进行分析论证。一是，根据本文的研究目的和内容，检索中国知网全文数据库，对其中收录的公开发表的阳明心学、太极拳起源以及具身化等方向的科研论文以期为本研究提供有效的参考，为论文撰写提供重要资料。二是，查阅史料，阅读了大量文献古籍，从《王阳明全集》中整理出王阳明心学思想内容与致良知、知行合一有关

①舒迪：《明清时期阳明心学的扩散机制与传播场所研究》，南京师范大学硕士学位论文，2020年。

②张树恒：《阳明心学管理哲学视角下的企业文化管理研究》，山东建筑大学硕士学位论文，2020年。

的核心论述；在张居正《张太岳集》中有查找出其对阳明心学的论述和观点，查阅戚继光《纪效新书》以及《止止堂集》等文献，找出其中与阳明心学有关的思想内容，查阅《太极拳谱》《中华武术大辞典》等多部武术类著作，查找并分析太极拳与戚继光武学的共同点并对其进行推测及论证。三是，查阅明清时期至现代对于阳明心学、阳明后学及其思想流变以及他们与太极拳创拳人陈王廷之间的大量碎片式文献，并将其整理分析。以论证阳明心学对太极拳形成的直接影响，以及阳明心学在太极拳中的具身化体现。同时运用访谈法，请教了北京师范大学、北京体育大学、首都体育学院以及华东师范大学、广西师范大学等多位相关专家，并请关于太极拳起源、阳明心学以及具身化等相关问题，并请教了本文从构思到实践的可行性等问题。另外，作者认为，太极拳作为阳明心学在武学领域的具身化体现之意义：阳明心学是深刻的中国文化和中国智慧之体现，在世界哲学思想中具有极为重要的影响，许多中外名人都曾受益于阳明心学。如：孙中山、曾国藩都是阳明心学的忠实拥趸；《稻盛哲学与阳明心学》一书，亦是日本著名实业家稻盛和夫经营事迹及其中贯穿的阳明心学思想内容。①

华北水利水电大学张文博的硕士学位论文《王阳明“致良知”思想与大学生道德实践体系的建构——以华北水利水电大学为例》，以贴近新时代高校德育和思想政治工作的鲜活实践，立足“三全育人”的大德育格局，在对中国传统文化中的王阳明心学进行创造性转化和创新性发展基础上，探索构建大学生道德实践体系。探讨了王阳明有关道德实践的论述，而有关“省察”和“克治”的个人道德修养方面，没能进一步的探讨，道德实践体系的建构应该还包含有个人道德修养的方面，还可以进一步的探讨研究，“致良知”思想本身就包含有着内外兼修的道德修养理论，其对道德实践体系的建构的完善启示，值得进一步思考。

文章以高校道德实践体系的基本模式为出发点，论述“致良知”对

①邱浩：《阳明心学对太极拳的影响及具身化研究》，广西师范大学硕士学位论文，2020年。

大学生道德实践体系的方法借鉴，并以华北水利水电大学的德育案例为落脚点，提出道德信仰教育实践、道德楷模学习实践、公益志愿活动服务实践、校园社团实践锻炼四个方面来建构道德实践体系。结合各个道德实践模式的相应特征，将王阳明“致良知”的道德实践理论以及德育原理融入道德实践体系的德育机制内，提出对策和建议，完善大学生道德实践体系的建构。①

福建师范大学刘成城的硕士学位论文《王守仁“知行合一”思想对高校学生干部培育管理的启示研究——以A高校为调查对象》，采取文献资料法、比较研究法等研究方法对“知行合一”理论、高校学生干部培育管理存在问题及其成因、对策等进行深入研究。通过对A高校干部的走访调查和对不同院校情况的比较分析，一共发放问卷400份，回收问卷385份，回收率为96.25%，除去无效问卷3份，得到有效问卷382，问卷有效率为99.22%。A高校学生干部培育管理初步明确了高校学生干部培育管理目标并形成了基本的高校学生干部培育管理模式。进一步阐述了高校学生干部组织机构现状、选拔机制现状、监督考核现状和个人素养现状。通过调查研究发现A高校学生干部培育管理存在选拔方式形式化、内部管理混乱无序、不重视培育管理和整体素质有待提高等问题，究其原因是缺乏对学生干部身份的认知、学校管理水平有待优化、制度建设和教师配备不完善和社会不良风气的影响。基于王守仁“知行合一”思想分别提出优化培育过程，提高管理理论指导层次、以“知行合一”思想为载体，优化学生干部队伍培育管理环境、创建高校学生干部培育管理老师指导队伍和以“知行合一”思想为依据，制定学生干部评价体系等对策。②

①张文博：《王阳明“致良知”思想与大学生道德实践体系的建构——以华北水利水电大学为例》，华北水利水电大学硕士学位论文，2020年。

②刘成城：《王守仁“知行合一”思想对高校学生干部培育管理的启示研究——以A高校为调查对象》，福建师范大学硕士学位论文，2020年。

伍

中国台湾阳明学研究综述

中国台湾地区有着悠久的儒学研究传统，阳明学作为儒学重要流派，自然也是无法绕过的一个话题。在港台地区2020年阳明学研究的学术成果不断涌现，这些学术成果囊括了阳明学研究的各个不同领域。本文将从阳明思想研究、阳明学的源与流、其他学派与心学的争鸣、近现代学人的心学致思等几个方面对中国台湾地区2020年的阳明学研究成果进行综述。

一、阳明思想研究

王阳明作为阳明学派的创始者与奠基人，他的思想无疑是阳明学派思想的本源与根基。固然此前对于阳明思想方方面面都已经有了较为充分的整理和讨论，但这并不意味着阳明本人的思想已无再讨论的空间。以下三篇论文便是对阳明思想的再讨论。

首先为傅锡洪的《“严滩四句”本意考——兼谈王阳明“本体工夫”的广狭二意》[①]，天泉证道后，阳明和其弟子王畿、钱德洪曾有过一次著名的讨论，在这次讨论中，阳明提出了严滩四句：“有心俱是实，无心俱是幻；无心俱是实，有心俱是幻。”在过往的学界研究中，学者普遍从特定的工夫论角度去理解阳明的教诲，傅锡洪则认为不能只简单地将严滩四句理解为阳明对不同工夫路径的折中，须在包含不同工夫在内的为学进路层面才能真正地理解阳明。传统的解释认为，严滩四句指向有心工夫和无心工夫两条不同的为学进路。有心指的是儒者初入为学门闹时，通过积极行动自觉克服和去除私欲的过程；但等儒者学问纯熟，刻意而为的有心反而成了再进一步的阻碍。因此，到了这个阶段，儒者就需要无心工夫，良知无须刻意而为便能自然而发，随处体认。

从上可见，传统对严滩四句的解释暗含了对有心工夫和无心工夫优劣的划分，傅锡洪则认为阳明本意并未区分为学进路的优劣，而是要求平等地看待不同的为学方法，而这种平等看待只有在本体意义上才能成立。

①傅锡洪：《“严滩四句”本意考——兼谈王阳明“本体工夫”的广狭二意》，（台湾）《哲学与文化》2020年第7期。

其次为陈志强的《曲当人情——王阳明论正人之道》[①]，该文认为过去学界对于儒家“过恶”观念有很多的关注，但大多都集中于对“己过”的发现与革除，而如何面对和改变他人之恶则少有论及。所以，该文将重点放于阳明如何面对和处理他人之恶。

陈志强认为，产生他人之恶的重要原因在于恶劣的家庭环境，而克服他人之恶，严词批评不仅事倍功半，甚至还可能物极必反，只有温言劝说才是切中其要的正道。阳明之道，一以贯之，于阳明心学而言，正人之道和修己之道的法门别无二致。重新探究阳明心学在矫正他人之恶上的作用有利于为今人提供如何改正“恶人”的普世启示。

最后为对阳明思想中重要观念“良知”的探讨，有一篇文章。赖柯助的《王阳明良知内在论的建构与地位：以“知行合一”说为核心》[②]，该文试图使用西方哲学“理由论”的相关理论来理解阳明在良知学。在作者看来，阳明良知论可以被视为一种良知内在论，这里的内在有双重含义：一为良知具有立法性，是道德的裁判、立法者；一为内在论意义下良知判断（即行动理由/证成）蕴含行动动机。在良知内在论的意义上，当主体作出道德判断时，也就涌起了道德实践的勇气。这也就是日常所说的“知行合一”。在理由论视域下的阳明良知学可以有效地解决现今学界在解释“知行合一”时的歧义性问题。

二、阳明学的源与流

阳明心学作为儒学发展到明代中叶出现的一种新形态，并非无源之水、无本之木。阳明先生的学问上承南宋陆氏兄弟和杨慈湖等先贤，下启了阳明学派。2020年的台湾学界除了关注阳明本人的学问外，将更大的热情

①陈志强：《曲当人情——王阳明论正人之道》，（台湾）《中国文哲研究集刊》2020年总第56期。

②赖柯助：《王阳明良知内在论的建构与地位：以“知行合一说”为核心》，（台湾）《“国立”政治大学哲学学报》2020年总第44期。

投入对南宋心学与阳明后学的研究中。文献综述的该部分就分为阳明学的“源”与阳明学的“流”来分别展现。

杨简，字敬仲，号慈湖，南宋人，是陆九渊最重要的弟子之一。虽然因朱熹的一句：“却是杨敬仲文字可毁！”[①]而为寂寂无名于学界二百年，但《慈湖遗书》的再次发现深深影响了明中期的学术发展，成为心学开拓的重要契机。近些年，杨简在学界日渐升温，2020年台湾学界亦有一篇探究杨简思想的文章。

于儒家经典，特别是五经，阳明先做《五经臆说》，后又烧毁，还对弟子说：“则千经万典，颠倒纵横，皆为我之所用。一涉拘执比拟，则反为所缚。”[②]这些都展现了阳明心学反对死抠文本，强调“事上磨练”的学术倾向，然而，以杨简为代表的南宋心学，不仅不反对解读和注释经典，更将自身所领悟的心学原则贯彻于解经之中，形成了一种具有自身特点的解经新形式。黄忠慎的《南宋心学体系下解〈诗〉歧异——杨简〈慈湖诗传〉与袁燮〈絜斋毛诗经筵讲义〉之比较研究》[③]便是对南宋心学解经学的研究。

该文选取了杨简与袁燮二人对《诗经》的不同解读为入手点，重点阐明了杨氏与袁氏心学解经学的同与异。其同在于杨氏和袁氏都认为求道不能寄望于琐屑的背诵之道，而重要的是自身心灵对于圣贤经典的感悟。以己身之心上沟于天、下通于人才是通达圣贤之道的不二法门。其异在于首先由于写作所对读者的不同而造成有“内圣”与“外王”的区分，杨氏著作为私人作品，带有着鲜明的个人色彩，更重“内圣”感悟；袁氏著作为经筵作品，主于对君王心性的影响，更重“外王”功用。其次于二者所感

---

①〔宋〕黎靖德编：《朱子语类》卷一百二十四，王星贤点校，中华书局1986年版，第2985页。

②〔明〕王阳明：《答季明德》，《王阳明全集（新编本）》（第1册），吴光等编校，浙江古籍出版社2010年版，第228页。

③黄忠慎：《南宋心学体系下解〈诗〉歧异——杨简〈慈湖诗传〉与袁燮〈絜斋毛诗经筵讲义〉之比较研究》，（台湾）《东吴中文学报》2020年总第39期。

之心上，杨氏之心是虚体虚灵的本体，袁氏之心则是活泼自然的能动。最后虽然杨袁二人都反对照搬汉学，但杨氏则更加不注重对前人的继承，而是随己心所动，依体悟发挥；袁氏则相较于杨氏更重前人注解，力求在心学原则下的融会贯通。

心学由南宋传至明代，如同小溪汇入大川，到了阳明才奔腾如江。阳明光大心学之后，阳明后学蜂拥而起，有诸如黔中、江右、泰州、浙中等学派，阳明与阳明后学合在一起才成为了阳明学派。阳明后学研究是阳明学研究中的重要组成部分。2020年，台湾学界就有多篇对阳明后学的研究论文。以下就以学派为区分来分别梳理。

泰州学派，唐东辉的《王艮对〈周易〉“时”智慧的政治实践》[①]认为王艮是从政治哲学的角度来解读《周易》中“时”的观念。在王艮看来，《周易》之中的“时”除了包含“时中”的性命观，又有“随时而动”的政治智慧。王艮倡导儒者在时达之时要“出为帝王师”，在时穷之时，要“处则必为天下万世之师”。因此，王艮将宋儒所言“得君行道”和明儒所言“觉民行道”有机地结合在“时”之概念中。后又因王艮常处江湖之中，所以王艮多以“觉民行道”为自己讲学、教化的中心目的。王艮对“时”之观念的解决无论是在理论上还是在实践上都对当今儒学的发展提供了很好的借鉴。

浙中学派，张美娟的《“如愚”与“木鸡承蜩”：论王龙溪“庄子儒门”说之思想意蕴》[②]主于考察王畿的“庄子儒门说”。虽然学界对于王畿的“庄子儒门说”多有提及，但大多并未对龙溪“庄子儒门说”的具体内涵做详尽的解读，作者则试图对龙溪原文做详尽的考察，以考察其是如何使用庄子的思想资源来证成自身的儒学系统。在本文看来，庄子之言“木鸡承蜩”是对颜回“如愚”说的具体阐释。王畿将其应用到心学的修养工

①唐东辉：《王艮对〈周易〉“时”智慧的政治实践》，（台湾）《鹅湖月刊》2020年第9期。

②张美娟：《“如愚”与“木鸡承蜩”：论王龙溪“庄子儒门”说之思想意蕴》，（台湾）《东吴哲学学报》2020年总第41期。

夫中，即学人应“物”，若进行“一念自反”“藏密”的“致知”工夫，良知心体所发生的“灵气”一念一息收摄于良知心体；该“灵气”所管摄“耳目肢体”之“身”，将收摄而呈“如愚”“朽拙”状。

刘宗周作为王学殿军，影响巨大，自开一门蕺山学派，但学界亦将其视为晚明浙中学派的代表性人物，为梳理方便，在此将其放入浙中学派。王涵青的《刘宗周的〈论语〉诠释方法——从〈论语学案〉谈起》[①]则试图从《论语》诠释的角度去理解刘宗周思想变化的历程。学界一般认为刘宗周思想经历了从“主敬”到“慎独”再到“诚意”的三阶段。《论语学案》中的义理诠释则恰好体现了刘宗周重拾朱子“主敬”思想，并以之躬行实践的为学企图。当然，刘氏所言“主敬”并非原汁原味的朱子学“主敬”，而是加入了心学功夫论之“主敬”。这些都展现了刘宗周在明末调和朱王以面对时代危局的理念情怀。

泰州学派与浙中学派之比较，代玉民的《王畿与王艮心学之异的三个向度》[②]中认为此前学界多从相似之处去解读王畿和王艮心学，但相异之处才能展现二者的本质差别。作者认为王畿和王艮之异主要表现为三点：一为王畿主张本体虚无的“见在良知”，注重良知在当下情境中的缘构状态，王艮则主张实体化的“现成良知”，此中良知是超越时间与具体情境的、圆满具足的良知状态；二为王畿注重“人事练习”而来的彻悟，儒家经典在他的学问中处于边缘地位，王艮极为推崇儒家经典，重视儒家经典对心学体验的印证作用；三为王畿理论上多吸收佛道资源，而在“经世”层面排斥佛道，王艮则无论在理论还是实践上都排斥佛道。

江右学派，何威萱的《“归寂”之前——聂豹早年学思抉微》[③]认为此前学界对聂双江的研究多以聂氏拜师阳明后提出的“归寂”说为主要研究对象，但学界的这些研究并未考虑聂氏拜师已经年逾半百，聂氏早年已经

①王涵青：《刘宗周的〈论语〉诠释方法——从〈论语学案〉谈起》，（台湾）《哲学与文化》2020年第9期。

②代玉民：《王畿与王艮心学之异的三个向度》，（台湾）《哲学与文化》2020年第7期。

③何威萱：《“归寂”之前——聂豹早年学思抉微》，（台湾）《清华学报》2020年第2期。

形成了自身较为完整的学理路径，重新认识“归寂”前的聂氏，有利于对其构建一个更丰富和完满的学界形象。该文认为《明儒学案》中所塑造的聂豹形象与现存材料所呈现的聂豹形象略有不符。在《明儒学案》中，聂豹自始至终都拳拳心向阳明，而现存的材料则显示，在拜师阳明前，聂豹就出入多家学派，博采众长，即使拜师阳明后，也未斩断问学于他人的向学之心。在晚年，聂豹依旧高度赞赏程敏政和湛若水的学问。

陈佳铭的《胡直心学的渊源与发展》[①]考察的则是江右学派二代弟子胡直。胡直早年师从欧阳德，后又师从罗念庵。胡直作为欧阳德和罗念庵的弟子，对于师说既有继承又有发展，就继承而言，胡直继承了欧阳南野所主张的世间存在一种超越耳目视听等感官的良知明觉。在胡直的理解中，该良知明觉便是“仁”和“觉”。就发展而言，胡直不主于罗念庵所言的“归寂说”。胡直所言的“灵觉”和“心觉”等说并未继承罗念庵所主的“归寂说”，没有收摄和收敛的模式，反而强调的是一种“当下即觉”的逆觉形态。因此，胡直所讲之学较罗念庵而言，更贴近于欧阳南野。

修正派，学界部分学人主孙夏峰为晚明王学修正派的主要代表，王海岩的《孙夏峰〈论语〉学研究：以“学”为统摄》[②]则通过对孙氏《论语》学的研究认为并不能简单地将孙夏峰归于王学某一派，其兼采朱王，又有所阐发，形成了自己独特的风格。与前代学者将“仁”“礼”等视为儒学核心概念不同，孙夏峰则以“学”贯穿于其注释《论语》的始终。孙氏甚至将“学”视为立德之本和成圣之基，并将“学”分为心性之学和经世之学。孙氏更加重视和关心经世之学，他的这种学术倾向也体现了明末清初由心性之学向经世之学转变的学术潮流。

甘泉学派，固然晚明心学以阳明学派为主流，但与其同时依旧有其他学派的学人活跃于历史舞台，如湛甘泉及其门人。龚开喻的《“九谛九

---

①陈佳铭：《胡直心学的渊源与发展》，（台湾）《中正汉学研究》2020年总第35期。

②王海岩：《孙夏峰〈论语〉学研究：以“学”为统摄》，（台湾）《鹅湖月刊》2020年第5期。

解”新诠》[①]主要讨论的是甘泉门人许孚远与周海门于“无善无恶”观念争论后所形成的“九谛九诠”思想。

该文认为，理解许氏和周氏争论的核心在于周氏所言的“明善”问题，即善之所以为善的根据问题，这一大问题也可以被展开为三个小问题，其一为在道德判断原则上，良知心体与善恶概念孰为首出的问题；其二为在道德实践动力的来源上，自力和他力孰更重要的问题，以及延伸出的关于王霸之辨的问题；其三为工夫作用层面的“无执不滞”，二者的体会是否相同。

经过对这三个小问题许氏和周氏不同解答的梳理，作者认为周氏紧扣良知心体立论，良知心体道德“判断原则”和“践履原则”的结合，许氏则以善恶概念首出，更强调道德的他律原则；在道德实践动力的来源上，周氏以良知心体本身具足，行善去恶无需外求，许氏则讲求道德原则的实在性，要求通过赏善罚恶来为善去恶；在工夫论层面上，周氏活泼自然，潇洒自如，许氏则无法体会“无执不滞”。

除了上述按学派区分来梳理的论外，另有两篇论文则从经世致用的角度来研究阳明后学。

一为刘荣茂的《“游艺”与“养心”：阳明学派的知识面向——以顾应祥、唐顺之为中心》[②]，该文言阳明学派一般被视为主讲“尊德性”，而忽视“道问学”的学派。固然王学主流多讲求“尊德性”，但并不意味着王学之中无人讲“道问学”。顾应祥和唐顺之便是其中的代表。就作者的表述来看，顾氏和唐氏都精通于数学、历史等知识学科，他们不仅不将数学、历史等学科视为实用知识，反而将其和心学修身结合在一起。换言之，在顾氏和唐氏看来，普通知识的习得直接指向孔子所言“游于艺”，是“养心”和“自得”的生命涵养。顾氏和唐氏的学问路径打通了阳明心

①龚开喻：《“九谛九解”新诠》，（台湾）《哲学与文化》2020年第5期。

②刘荣茂：《“游艺”与“养心”：阳明学派的知识面向——以顾应祥、唐顺之为中心》，（台湾）《哲学与文化》2020年第6期。

学和科学的隔阂，为现今学界研究阳明心学提供了一个新的视角。

一为李敬峰的《寻求道德秩序的重建：晚明大儒冯从吾的“讲学”情结》[①]，该文认为讲学自孔子以来是儒家学派经世济民、传播教化的重要方式，到了中晚明，在阳明的倡导和阳明后学的身体力行下，讲学之风更是达到了一个中国历史的高峰。冯从吾作为阳明后学中的一员，继承阳明遗志，更是将“讲学”活动拔擢到事关修德、维系道统、关乎国运、定乎乾坤的层面，以期实现阳明学派“觉民行道”的社会理想。这也是晚明儒者面对世风日下，民风沦丧的社会现实，试图走出的一条道德自救的道路。

三、其他学派与心学的争鸣

心学自被阳明发扬光大后，逐步成为儒学发展的主流，因此，不可避免地成为其他儒学学派争论和反省的焦点。这些争论和反省既有助于阳明学派反观自身的流弊和短处，还丰富了儒学发展的层次，成为后世宝贵的思想资源。而最大的挑战来自宋代理学及其后继者，2020年台湾学界有两篇论文是此领域的研究。

一为林展的《明嘉靖年间理学领袖和经典的塑造——以罗钦顺〈困知记〉的撰写和传刻为例》[②]，该文主要以罗钦顺《困知记》的撰写与编刻过程为例，展现在阳明学日渐高涨的时期，批评者与对话者因应时势的转变所作出的持守与回应。《困知记》有着从嘉靖七年两卷本到嘉靖二十五年七卷本逐步丰富的过程，该过程见证了罗钦顺对阳明心学从粗浅认知到精深了解，批评也日益精当，亦是罗氏自身理学认知逐步加深、巩固、成形的过程。换言之，罗氏朱学后进、理学宗师的形象并非一蹴而就，而是随着《困知记》的增补与刊刻逐渐形成与加固的。

①李敬峰：《寻求道德秩序的重建：晚明大儒冯从吾的“讲学”情结》，（台湾）《哲学与文化》2020年第4期。

②林展：《明嘉靖年间理学领袖和经典的塑造——以罗钦顺〈困知记〉的撰写和传刻为例》，（台湾）《台大历史学报》2020年总第66期。

一为常新的《明代关学对心学异端的批判》①，该文认为宋代理学，特别是张载的关学发生的思想背景是儒学如何应对佛道二教所带来的思想挑战。明代心学思想和修身实践都带有鲜明的佛教色彩，到了晚明更是流入“狂禅”。关学的明代继承者认为心学在晚明的发展已经背离了儒家原旨，并对此进行了批评。这种批评分别从本体和工夫两个层面出发，直指心学禅学化的学术倾向，并认为心学禅学化是晚明实局呈现乱局的根本原因之一。关学“躬行”礼教的传统、强调力行的笃实学风促进了儒学由晚明心学到清初朴学的转变。

四、近现代学人的心学致思

晚清鸦片战争后，中华文明如何因应西方强势文化的入侵成为中国学人思考的核心。阳明心学则成为这种致思的思想资源之一。2020年台湾学界有关于此领域的研究论文两篇。

一为张宗斌的《论章太炎对王学的理解与评骘——基于章太炎生命历程的考察》②，该文认为章太炎对王学的认知经历了从早年、中年到晚年的三层转变，不同年龄对王学的评价各有不同。早年章太炎以“学与政兼之”来定位阳明，并从诸子学、佛教、西学等角度批评对心学义理进行批评；中年随着佛学认知的逐步加深，章太炎对部分认同了心学在启蒙民众、助力革命上的作用；晚年章太炎站在唯识论的立场上，虽认为心学非究竟学说，但肯定了王学应世潜力与简易、直截而根本等长处，足以对治“人格堕落、心术苟媮”之弊。简而言之，太炎对阳明及王学的评价都与世事时局变化有关，都体现了其经世致用、救亡图存的学问路径和现实关怀。

一为李瑞全的《牟宗三先生论阳明工夫要义：工夫进路与中国经典诠

①常新：《明代关学对心学异端的批判》，（台湾）《鹅湖月刊》2020年第12期。

②张宗斌：《论章太炎对王学的理解与评骘——基于章太炎生命历程的考察》，（台湾）《中国文学研究》2020年总第50期。

释》[①]，该文认为以牟宗三先生为代表的现代新儒家面对百年苦难，从宋明儒学处返本开新，开出一门因应世界文化潮流发展的儒学新形式。牟宗三借鉴阳明心学，结合康德哲学，对儒学的修身之法进行了现代化改造，并将儒学推上了一个新的历史高峰。

综上所述，2020年台湾地区阳明学研究呈现出百花齐放、百家争鸣的局面，具体而言，最显著的特点有二：其一是涉及问题多、讨论范围大，2020年台湾地区的阳明学研究包含了阳明学的方方面面，既有对阳明自身思想的讨论，也有对阳明后学的研究，更有将西学，特别是现代西学与阳明思想结合起来的努力，这一切都体现了阳明学研究中多领域、多学科综合发展的新趋向；其二是近些年，在台湾地区的阳明学研究中有大量大陆地区的学者发表论文，无论是在大陆学者还是台湾学者的研究论文中都能看到两地研究成果的交叉使用，这都说明了两岸学界融合统一的发展趋势正逐步加强加深。

①李瑞全：《牟宗三先生论阳明工夫要义：工夫进路与中国经典诠释》，（台湾）《鹅湖月刊》2020年第5期。

陆

阳明后学研究期刊文献综述

笔者基于黄宗羲《明儒学案》出发，基本按照黄宗羲对王门后学各学派人物的定位进行搜集和整理，共获2020年阳明后学期刊论文百余篇。黄宗羲《明儒学案》当中虽没有提及李贽，但李贽作为有争议的人物，关于他的研究甚多，本文把李贽作为特殊人物进行单列综述；除此之外，另外加入近年兴起的"黔中王门"研究。以下以各学派分类展开简单综述：

一、浙中王门

2020年浙中王门研究成果主要集中在钱德洪、王畿及万表三人。其中贵州大学邓国元教授的《钱绪山对阳明学"四句教"的诠释——以"无善无恶"为中心的考察》[①]一文，以"无善无恶"为中心，对钱绪山关于阳明学"四句教"的诠释作具体讨论。文章从三个方面展开：第一，钱绪山在"天泉证道"中的立场及王阳明之态度。从绪山负责编撰的《传习录下》和《年谱上》，以及在文献来源上属于龙溪的《绪山钱君行状》和《天泉证道纪》进行考察，作者认为，相较于龙溪，阳明更偏向于绪山的立场和对"四句教"的具体理解。第二，钱绪山对"无善无恶"的基本诠释是"廓然大公""物来而顺应"。第三，钱绪山对"无善无恶"诠释的创见，即"虚灵之体""不可先有乎一善"。而后得出结论，认为钱绪山对阳明学"四句教"的诠释是全面考察阳明学"四句教"的重要内容。在"天泉证道"中，相对于龙溪以"四句教"为"权法""恐未是究竟话头"的立场，绪山在坚持"四句教""一毫不可更易"的前提下，又有着对"四句教"的特定理解。相较于龙溪在"四句教"之外另立"新说"的观点，阳明在"天泉证道"中更偏向于绪山的立场和具体观点。无论就"四句教"本身，还是就后来产生的思想影响来看，"无善无恶"是绪山诠释"四句教"的中心。绪山对"四句教"之"无善无恶"的诠释，在于

---

①邓国元：《钱绪山对阳明学"四句教"的诠释——以"无善无恶"为中心的考察》，《湖北大学学报（哲学社会科学版）》2020年第2期。

揭示和强调心体良知“廓然大公”和“物来而顺应”的体用本质。《复杨斛山书》是绪山诠释“无善无恶”的重要文献。绪山在《复杨斛山书》中将阳明提出“无善无恶”的背景与目的归结为对以“先有乎一善”为基本内容的“后世格物穷理之学”（朱子学）的“定理”观“因时设法”“对症之药”的反省，指出阳明之“无善无恶”说根本上在于揭示至善心体的“虚灵”本质。“虚灵”是绪山诠释“无善无恶”的核心观点，体现了他在阳明学“四句教”诠释上的独特问题视角与思想意识。

邹建锋、叶春艳以“天泉证道”为中心，围绕善恶的有无问题，讨论了钱绪山与王龙溪之间的分歧。[①]钱绪山与王龙溪的分歧形成“四有教”与“四无教”。作者认为，钱绪山“四有教”依托“下根”之人没法直接顿悟本体，需在意念世界里面反复训练思维，念念致良知，通过持久的工夫上达本体；而王畿的“四无教”教法，立意高远，高妙顿悟直觉把握能力，为“上根人”立法，即本体即工夫。这就是阳明心学史上著名的“天泉证道”学术公案，影响深远。无论是直接顿悟，还是渐修而悟，在阳明“四句教”看来，都必须要大彻大悟，体会到万物之理内化于心的契合，至善在心，日用渐修，为善去恶，知行合一，致良知。

在关于王龙溪“四无教”的理解上，首都师范大学盛珂副教授在《道德与“超道德”之间——重新理解王龙溪“四无论”的理论意义》[②]一文中进行了比较详细的论述，认为阳明的致良知通过“良知”的知是知非，为日常世俗道德准则留出了空间，在建立超越根据和肯定日常道德准则两者之间，建构起自己的理论体系。王龙溪的“四无说”在哲学史意义上重新回到孟子学说立场，在理论上则进一步彰显了心学传统面临的问题。“四无说”肯定了良知对于道德判断和道德准则的决定性意义，凸显了道德价

①邹建锋、叶春艳：《从天泉证道看阳明弟子钱德洪和王畿的学术论辩》，《贵阳学院学报（社会科学版）》2020年第3期。

②盛珂：《道德与“超道德”之间——重新理解王龙溪“四无论”的理论意义》，《云南大学学报（社会科学版）》2020年第2期。

值的纯粹内在性，在理论上将王阳明的思想向前推进了一步。

龙溪提出的“四无教”对阳明学第三代弟子查铎同样具有较大的影响，查铎对阳明学中的“无”有深刻的体认。陈伟良博士从《水西会晤》出发，讨论了阳明学中“无”的思想。[①]以王龙溪的“四无论”为旨归，从“何思何虑”“不落情识”“即动即静”“本体真乐”四个方面进行讨论，对阳明学中“无”的思想进行了具体的阐发。他认为，查铎对仰止的“无”，有着非常自觉和明确的体会，他曾在其《水西会语》中为王龙溪的四无论进行辩护，并在此基础之上进一步指出，如果能了悟“四无”的意旨，以修身为本，那么，心、意、知、物四者之间的区分，也可以说是相对的了。只要意识和行为的发动和作用都能够顺良知本体而发，那么，意识发动和行为的作用就都会自然合于良知本体，在表现其至善内容的同时，能够做到自然而然，没有丝毫的“意必固我”；在对“何思何虑”的理解上，查铎认为不是从实有上否定思虑的必要，而是思虑不能流于计较，要自然而然，由良知心体而发，要始终立足于良知心体，才能做到在不禁绝思虑的同时做到“思而未尝思，虑而未尝虑”的“无”的状态。查铎从“不落情识”的角度，讨论了如何做到顺应良知、使之自然发用从而体现“无”的精神。情识，是指人的日常情感和欲望。良知容易和日常感性难以区分，即容易“流于俗”，一旦落入情识，人们的意识和行为就无法做到顺应良知的自然，其“感应”也就无法做到龙溪所谓“无意之意则应圆”的境地。所以，情识与良知是有明显区分的，情识有善有恶，而良知则是不随感性的善恶意念而转移的至善。查铎还从动静的角度论述了对于良知心体的“无”的作用形式，即动即静是良知本体的另一特点，若是不识良知本体即动即静的特性，徒于动或静一端加以体认是没有意义的。查铎还从“本体真乐”的角度讨论了对良知本体之“无”的向度问题，认为它必须是一种“物无待于外”的“自得之乐”，它是儒家的一种“自

①陈伟良：《阳明学中“无”的思想探析——以查铎〈水西会语〉为例》，《孔子研究》2020年第6期。

然”状态，正是阳明学所表彰的儒家式的“无”的精神境界。

在对另一位浙中王门代表万表的研究中，安徽师范大学武道房教授以万表的诗文为中心进行研究，讨论了诗学与哲学的关系。[①]作者认为，万表的心学与诗学之间的关系是“委心任运”，他将诗缘情与道或心本体联系起来，给诗缘情以本体论的解释；其诗歌中的本体证悟是儒释会通。他首先从佛学入手，接触钱德洪、王畿等王门弟子之后，进而成为心学队伍中的一员，将佛家的本体与心学家的本体（心或良知）视为同一个，出入释老，又落实于儒学，最终成为一个儒释混杂的心学家；至于有情世界与超越之境的关系，有情世界与超越之境是二而一、一而二的关系。他肯定七情是心体的自然发用，因此他的诗歌并不讳言激越的情感，从而展现给人们一个有血有肉的有情世界，这使他的诗歌更像文人诗而与一般的理学家的诗作不同。

在作者看来，万表将华严宗的本体论与孔子罕言之“命”与“仁”“道”联系起来，视为同津同源之物。本体是形上的超越性存在，世间万象均为本体的呈现和打开，由于缘起，万象起灭变化，具有虚幻性，虽为虚幻，但当下却又真实。本体在天为道，在人为心。故万表常以“吾心”“自心”“吾真”言本体。就心的作用而言，人的心思千变万化，莫知其向。万表认为这些心理上的喜怒哀乐皆为心本体的自然呈现。世间万象有生灭，而本体无生灭；心理和情感有起伏生灭，心本体恒寂恒静。心本体外显为千思万虑，故心本体又不外于或者说存在于人的心理和情感之中，此谓本体与作用不二。对于心体之流行，万表主张“奉承而不违”，这是一种委心任运的自然主义哲学。这种哲学反映在诗学上就是尊重诗人的自然情感，使诗缘情之说得到本体论的哲学支撑。从本体论出发，万表认同诗缘情，同时又主张通过缘情之诗返归本体，以求人生超越。通过本体与缘情的关系论，万表将诗人之诗与哲人之诗统合在一起，在明代诗学思想史

①武道房：《明代儒将万表的心学与诗学》，《浙江大学学报（人文社会科学版）》2020年第6期。

上有其独特的价值。万表是武将、哲人，又是诗人，这种三位一体的身份在历史上实为罕见，这决定了他的诗歌在内容上有独特之处，从而区别于一般的文人诗。万表的诗歌展示了一个深沉、博大而又精微的心灵世界。读其诗可以发现，他是一个艰苦的求道者。由于疾病，他常寄迹佛刹，探求人生本来面目，以求解脱生死、病痛、烦恼诸问题，从而发现本体，实现逍遥和超越。他是一个视道德为天职的高尚之士，是敢于杀敌报国的勇武军人。他从佛教的本体思维，腾挪至儒家的道德践履，既然无论僧与俗，本体皆不二，那么就无须置身方外。他自觉地践履和服从源自本体的忠诚、清廉、仁民、赴义等儒家德目，一任心体之自然流行所引发的喜、悲、叹、忿、舞、泣，将其视为顺天或承天的不容已之情（“天”为本体之别名）。他将这些情感再现于诗，这使他的诗作突破了一般道学家刻意追求的不露情感的中和之境，从而呈现出一种情感的张力与深沉的感喟。他是一个视艰难困苦（滞碍）为道场的智者、达者。万表从宦近四十年，风尘一世，历经苦难。他长年带兵护送漕运，沿运河往来南北，苶然疲役，饱受辛苦。士风不良，贪贿公行，世人迷醉于功利，他为之忧心忡忡，并清廉律己。倭寇侵我海疆，杀烧抢掠，惨无人道，万表身为军人，勇于赴义，誓不与倭贼俱生。他还时时受病痛的折磨。人生可谓苦矣、累矣，但他没有回避天（本体）赋予人的道义和责任，而是勇敢地担当苦难，勇猛奋进，济世利人，展现出作为人的巨大本质力量。他以滞碍为超脱，以苦难为道场，从流行中返归本体，化痛苦为云烟，这种境界使他的诗充溢着深沉的智慧，呈现出一种豁达、壮丽、敻远与玄思连绵之美。

二、江右王门

王阳明在江西的行迹及事功，对江西儒学的发展影响甚大；江右王门弟子也颇多，这些弟子当中，颇有建树者不在少数，学者多有研究。2020年对江右王门的研究，涉及王时槐、刘元卿、邹守益、罗洪先、聂豹、邓元锡、邹元标等。

欧阳祯人、李想在《王时槐思想中恶的问题》①一文中，对王时槐的善恶思想能否顺本性而动进行了讨论。王时槐提出：“浮生四十在人间，寡过无能祇厚颜。”追求寡过而不能，深感惶惑不安，道出了他想要解决人生过恶问题的冀望，这也昭示着他对何谓善恶、恶的根源与克制恶的途径等问题有着深刻的体认和阐明。文章从善恶的内涵与过恶之辨、恶的根源、改过迁善的途径等三个方面进行讨论，认为王时槐不仅对善恶及过恶之辨有深刻的理解，也对合法性与道德性问题有清晰的辨析，对善恶的讨论从行为层面反省到意念，继续向内心隐微之地省察，在念的至微处或“几”的阶段剖析善恶，推进了阳明和王畿对于恶的探讨。他对恶的根源的看法，相类于康德对根本恶的探讨，二者可以相资为用。在此基础上，王时槐有自我救赎式的修养工夫论：立志、修治、敦礼和静坐。这指明了人既要先立其大，实现心灵的转变或思维方式的改变，又须注重在感官方式层面的逐渐改良，而静坐则是通过收敛以体证本体，经过对自心真面目的体验来实现已发之和，实现念念归根即称性而动。王时槐对恶可谓有着深刻的体验和洞察，对恶的根源与克治途径等恶的问题形成了一套颇为成熟的看法。

刘元卿作为江右王门杰出代表，在心学与教育方面都有重要贡献。彭树欣、朱晓丽、彭雨晴等人②对刘元卿教育思想进行了较为深入的探讨。在教育实践上，实践活动非常丰富，包括创办书院、举办讲会、受邀到各地主盟讲会、礼请同道来讲学等。作者认为，刘元卿的教育思想总体上包括两个部分。第一，“孔子贤于尧舜”的教育价值观。表现在：其一，从实践的主体看，尧舜以君相为仁，而孔子以师友为仁。其二，从实践的条件看，尧舜行仁需要各种条件，而孔子行仁则几乎是无条件的。其三，从

①欧阳祯人、李想：《王时槐思想中恶的问题》，《道德与文明》2020年第2期。

②彭树欣、朱晓丽、彭雨晴：《江右王门刘元卿的教育实践与思想》，《赣南师范大学学报》2020年第4期。

实践的方法看，尧舜为仁之方是博施济众，而孔子则是己立立人、己达达人。其四，从实践的效果看，在成己、成物以及功业上，孔子均贤于尧舜。第二，教育即是仁教。表现在：其一，为学首在辨志（志仁）。其二，学与教之本体或内容为仁。其三，教学之方。其四，师友（弟）间教学之乐。其五，为学如探海攀天。总之，仁学渗透、贯穿于刘元卿教育思想的方方面面（主要包括教育的目的、内容、方法、成效、境界等五个方面），使其教育成为其仁学的具体体现，使教育本质上成为一种仁教体系，从而一方面丰富了其仁学思想，另一方面又深化了其教育思想。

在对于邹守益的研究上，主要有两篇文章，其中一篇是关于学者对邹守益良知学研究的综述性文章。[①]另一篇则论述了邹守益对阳明思想的继承与发展。[②]邹守益被称为王门正传，他在信守王阳明思想的同时，也丰富和发展了王阳明的思想。文章认为，邹守益对王学的继承和发展主要体现三个方面：首先，邹守益继承和发展了王阳明“致良知”的思想；其次，邹守益继承和发展了王阳明“良知本体”与“见闻酬酢”相统一的思想；最后，邹守益继承和发展了王阳明合《大学》《中庸》的思想。通过丰富和发展王学思想，邹守益有效地回应了朱学学者对王学“近禅”的批评。面对“近禅”的指责，邹守益又对王阳明的思想做出了相应的改变，从而丰富、发展了王阳明的学说。邹守益认为“静坐澄心”不是要归于“寂静”，而是要实现“良知”。这是与“禅宗”的根本区别。邹守益主张，“良知本体”要与实现的手段结合，也就是要与“戒慎恐惧”结合。“禅宗”为达到“寂静”目的，只是静坐，不借助任何的手段。邹守益认为，“致良知”需借助“自强不息”的“戒慎恐惧”方能实现。这是王学与“禅宗”的重要区别。

邹元标作为江右王门的另一代表，因其与贵州特殊的关系，也有人将

---

①严志伟、吉朝晖：《江右王门邹守益良知学研究综述》，《江西广播电视大学学报》2020年第2期。

②李永洪：《论邹守益对王学思想的继承与发展》，《赣南师范大学学报》2020年第4期。

其归为黔中王门进行研究。如莫蕤的《邹元标儒学中“仁”的思想探析——以〈愿学集〉为中心》[①]一文，认为邹元标是黔中王门的重要代表人物之一。文章以邹元标的《愿学集》为中心，从其自叙、散文、游记等文本中讨论了其“仁”这一思想的来源发展的目的。认为作为明代“东林党”的领袖，他的思想为后人留下了重要的文化财富，他的“仁”之思想重视个人心性的构建，强调了个人在国家中应当肩负的责任与道义。正是在这一思想的指引之下，他能够在窃国之贼横行朝野时不卑不亢，在文化上自觉扛起维系儒家道统的大旗。

在对吉安籍王门后学聂豹的研究上，本年度的研究着重在对聂豹“寂感”思想的讨论。王英[②]认为，聂豹“归寂以通天下之感，致虚以立天下之有，主静以该天下之动”的思想，主张不能抹杀内外、本末、体用、寂感之分殊，强调其中的内、本、体、寂更为根本，要从内、本、体、寂处用根本工夫。另外还就聂豹对后学如黄宗羲、刘宗周以及稽山学派的影响进行了论述。

对另一位同聂豹一起称为“归寂”派的思想家罗洪先，刘心奕[③]讨论了罗洪先对“现成良知”说的吸收，认为他与王畿一生都没有达成学术共识，但“现成良知”说对他思想上的影响是巨大的，在直接于心体上做工夫这一点，两人更是可以说是一致的。正如荒木见悟所指出的，吸收“现成良知”学说让罗洪先超越了“归寂”说，学问上更进一步，遗憾的是，在对“现成”派的牵制之中，罗洪先最终没能发展出自己独特的学派。

吕幸和文碧方以邓元锡《论儒释书》为对象[④]，讨论邓元锡在调和儒佛

---

①莫蕤：《邹元标儒学中“仁”的思想探析——以〈愿学集〉为中心》，《汉字文化》2020年第14期。

②王英：《聂豹思想中的寂感范畴》，《上饶师范学院学报》2020年第2期。

③刘心奕：《论罗洪先对“现成良知”说的吸收》，《贵阳学院学报（社会科学版）》2020年第5期。

④吕幸、文碧方：《阳明学派佛儒调和论的发展困境——以邓元锡〈论儒释书〉为例》，《赣南师范大学学报》2020年第4期。

思想之间所产生的困境。主要表现在：一方面，批判宋儒的儒佛之辨，驳斥宋儒完全排佛的行径，辨析佛儒之间相通之处，论辩思路有佛儒调和论的趋向。另一方面，从儒家立场出发，严格区分佛儒的界限，强调儒家正统地位，论辩思路又回归宋儒。文章通过对邓元锡《论儒释书》的分析，阐明邓元锡独特的佛儒之辨思想，结合中晚明的时代背景以及邓元锡的个人经历，揭示阳明学派佛儒调和论的发展困境。作者认为，在《论儒释书》中，邓元锡展现的中晚明阳明学者的论证困境：基于性体论上的佛儒调和与佛儒区分的现实议题相矛盾。随着性宗思想的进一步发展，解决困境的出路恰恰在于从社会现实中寻找、从佛儒之辨中达到佛儒具显。

三、南中王门

2020年对南中王门的研究当中，关于唐荆川的成果颇多，原因是正值唐荆川逝世460周年，《江苏理工大学学报》刊登了关于荆川研究的5篇专题文章[①]，司马周对这5篇文章进行了概括：认为五篇论文内容不一、角度各异，从不同方面反映了荆川先生的思想、文学、哲学和文化在当时及后代产生的深远影响。其中，李德峰的论文是有关荆川的《周襄敏公传》的考证研究。通过文献资料的对勘，他认为《明史·周金传》源于荆川此文，文章将史传作品与文学创作对照研究，体现了文史一家的传统学术路径。李金坤的论文主要是研究荆川的“本色论”，强调其“天机论”是“本色论”的根源，两者融合才能文以明道。文章探讨荆川的哲学思想，虽研究成果较多，但作者独辟蹊径，既观照其内在思想，又追溯源头，结论颇为可信。而蓝士英的论文则主要研究清代赵怀玉对荆川的接受。从内容上看，是丰富而全面的，涵盖文学创作、经世精神以及书法艺术等方面；就态度

①这5篇文章分别是：李金坤：《唐顺之“本色论”及其崇陶情结发微》，《江苏理工学院学报》2020年第3期。纪玲妹、陈书录：《论唐顺之〈任光禄竹溪记〉中的江南文化特质》，《江苏理工学院学报》2020年第3期。李德锋：《唐顺之〈周襄敏公传〉与〈明史·周金传〉关系考》，《江苏理工学院学报》2020年第3期。陈书录、纪玲妹：《唐顺之及明清常州文人与江南商贾精神》，《江苏理工学院学报》2020年第3期。蓝士英：《赵怀玉对唐顺之接受摭谈》，《江苏理工学院学报》2020年第3期。

上而言，是复杂而微妙的，既见其对唐氏的推重，又不乏惋惜之情。李文主要探讨荆川对前代文学思想的传承，蓝文则侧重剖析荆川对后代文学的深远影响，两文均呈现了荆川在思想与文学方面的源或流。纪玲妹的论文提出：荆川的散文名篇《任光禄竹溪记》一文江南文化特质非常明显，体现了江南士子不谐流俗、孤高傲世，追求自得自适的君子人格。论文以具体篇目为切入点，从中管窥其所映射出来的文化特质，研究反映了文学特点与文化特征的相互融通。陈书录先生作为明代文学研究的大家，一直关注明代儒、商的互动，所提交论文亦是如此。文章指出，荆川是明中后期受商贾精神影响最大的常州文人之一，与荆川一脉相承的明清常州文人亦在士商融合中呈现新貌，尤其创作中市民意识与启蒙思想的彰显，真（历史价值）、善（伦理价值）、美（美学价值）、利（经济价值）四者的融合，将江南地域商贾与文学的交叉演进推向新的阶段。论文是文学与文化的交叉研究，结合当时社会大背景，既深入挖掘了荆川文学的新变，又梳理出江南文学在荆川文学影响下呈现出的新的特征，材料丰富，论证精辟，微观与宏观结合。[1]

另有7篇刊载于其他期刊的文章研究唐荆川。刘涛的《唐顺之认识“嘉靖大倭寇”思想来源考》[2]一文，围绕唐顺之何以会有“嘉靖大倭寇”策源地在福建的观点，考辨唐顺之这一认识是否符合史实、重新审视唐顺之抗倭对策与这一认识的关系、揭示唐顺之“嘉靖大倭寇”源于福建的认识的形成，进而认为福建作为“嘉靖大倭寇”策源地是符合史实的。文章还讨论了唐荆川在与福建籍友人、宦游福建的同乡长期交往中，结合其做客闽中见闻形成这一认识，提出一系列的抗倭策略。

张婧[3]讨论了唐荆川被贬之后流寓至新环境产生的交友圈以及相关经历

---

①司马周：《“唐荆川纪念专题”按语》，《江苏理工学院学报》2020年第3期。

②刘涛：《唐顺之认识“嘉靖大倭寇”思想来源考》，《中国边疆学》2020年第2期。

③张婧：《论流寓视野下文学风格的转变——以唐顺之为研究中心》，《戏剧之家》2020年第8期。

均对文人的文学思想与风格产生了相应的影响。孙彦[①]则基于《董中峰侍郎文集序》讨论了唐荆川的“文法”，作者认为，明代唐宋派领袖唐顺之的古文理论影响深远，“本色”论和“文法”论是唐顺之最为世人瞩目的两大古文主张。其中，“文法”论强调“文必有法”，主张文道合一，追求文章创作意与法的平衡。“文必有法”的观点最早出自唐顺之的《董中峰侍郎文集序》，然研究者对于此序创作的时间、背景几无考证。唐顺之以“有法”“无法”论唐宋文与秦汉文，倡导古文创作要以法度严密的唐宋古文为门径、进而上窥“法寓于无法之中”的秦汉文高境。

武道房的《“天机说”与唐顺之诗学思想的演进》[②]一文，讨论唐荆川哲学中所提出的“天机说”影响之下诗文的形态。认为受“天机说”影响，唐顺之的诗学思想在四十岁左右发生了深刻转型，从模唐拟宋的复古诗学转向摆脱依傍、一任天机的性灵诗学。“天机说”的本体观念以及“无欲见天机”的工夫论与唐顺之后期诗学建构有着深刻的沟通和思维连接。“天机说”是创新型的心学理论，在此背景下产生的唐顺之“天机诗学”，作为一种新的诗学形态，在嘉靖诗坛一度引发论争，亦产生过重大影响，并成为晚明公安派性灵诗学的先声。

杨绪敏[③]从唐荆川的史学代表作《左编》和《右编》的编纂动机、体例、内容的分析，总结其历史编纂学的特点及缺失，从而客观地评价其在历史编纂学上的地位。作者认为，唐荆川编纂《左编》《右编》完全是本着所谓“左史记事，右史记言”之义，以史经世的目的而为。《左编》主要编录历代君臣事迹，在编纂体例的设计上独具匠心，对相关史料有目的地进行取舍剪裁。在记事的同时，往往还加以评论，或引他人之评论，或直抒胸臆。在人物的分类上，使圣贤与昏庸、忠与奸、贤与不肖，泾渭分明，起到了寓褒贬于分类之中的作用。《右编》虽属诏令奏议类的抄纂，

①孙彦：《〈董中峰侍郎文集序〉与唐顺之的“文法”论》，《南京师范大学文学院学报》2020年第2期。

②武道房：《“天机说”与唐顺之诗学思想的演进》，《文学遗产》2020年第1期。

③杨绪敏：《从〈左编〉〈右编〉看唐顺之的历史编纂学》，《史学史研究》2020年第3期。

但紧紧围绕经世资治这一主题精心设计体例，认真筛选材料。两书编纂带有鲜明的以史经世的色彩，但也存在体例不纯，分类混乱，剪裁失当，人物各传记比例失调等问题。

张慧琼[①]则对唐荆川的制义文集版本进行了考辨，她认为荆川的八股制义文集尚未见今人整理本。基础文本文献整理的滞后，是限制学界开展研究的一大瓶颈。本文从最基础的图书馆文献入手，查阅第一手资料，考察唐顺之八股制义文集的版本系统，梳理版本源流，筛选底本，确定校本，为整理其八股制义文集做好版本文献调查准备。作者认为，荆川“以古文为时文”改造八股文，开创八股制义文创作的新局面。其制义文集自明末问世，代有传稿，历经清代、民国多次翻刻刊印，形成三个版本系统六种互异版本，依次是：陈名夏本、吕葆中本、俞康本、俞乾本、无锡唐氏本、唐玉虬本。其中，吕葆中本相对最为精良，可筛选确定为底本，其他五个版本可作校本。

赵洋、王晓晨、彭春兰[②]对唐顺之《峨眉道人拳歌》的创作时间和道人身份进行探讨，认为《峨眉道人拳歌》创作于荆川四十岁时，道人并非来自峨眉山或者武当山，而是荆川本人。

徐阶作为南中王门另一代表人物，备受学界关注，本年度有陶潇宇《明代首辅徐阶少年事迹考》[③]一文，以浙江地方县志《宣平县志》为切入点，描述了徐阶少年时期在宣平的读书和成长经历，探讨徐阶少年时期的生活遭遇对其性格的影响，以及徐阶的宣平情结。

四、楚中王门

在黄宗羲的《明儒学案》当中，楚中王门有两位代表，一位是耿定向，另一位是蒋信，本年度关于二者的代表性文章，共有4篇，其中，陈寒

①张慧琼：《唐顺之制义文集版本述考》，《周口师范学院学报》2020年第1期。

②赵洋、王晓晨、彭春兰：《唐顺之〈峨眉道人拳歌〉考》，《中华武术》2020年第3期。

③陶潇宇：《明代首辅徐阶少年事迹考》，《文物鉴定与鉴赏》2020年第8期。

鸣在《王阳明与“楚中王门”》[1]一文中，认为黄宗羲对楚中王门人物的记录资料很少，学术界对“楚中王门”的研究亦十分欠缺。但事实上，王阳明曾在湖南有两次为时颇长、参与人数较多的大型讲学，他门下亦有些湖北籍的亲传弟子；可以说，他不仅在楚地播下了心学思想火种，而且亲自为“楚中王门”培养了中坚力量。至晚明，耿定向及“天台一派”崛起，李贽（卓吾）又长期在湖北生活讲学，更因深受卓吾影响而有公安三袁，“楚中王门”达到了发展高峰。而发生在荆楚之地的耿定向与李贽之间的长期论争，则不仅是晚明王学，而且是当时思想文化界十分引人注目的一件大事。耿、李“和解”及不久耿定向的去世，以及因耿、李之争余波而形成的对李贽新一轮更加猛烈的迫害并导致李贽不得不永离麻城龙湖，宣告了楚中王门的终结。

在另一篇文章[2]当中，陈寒鸣基于黄宗羲在《明儒学案》中，将荆楚和湘楚合称为“楚中王门”，但其《楚中王门学案序》着重评述的是湘楚王门，而对荆楚王门仅一句带过的情况进行论述，认为导致楚中王门发展不均的主要原因，应该与阳明正德年间往返贵州时，曾两次路过湖南讲学，而从未去过湖北讲学有一定关系。荆楚籍阳明亲传弟子虽少且并不甚著名，却在荆楚大地播撒了王学火种，至晚明，天台耿定向出、卓吾李贽长期寓居荆楚，遂使荆楚王学勃然而兴，发展至高潮，产生很大影响；耿、李论争更具轰动性效应，且具有重大的思想史意义。这使得荆楚王学在晚明王学史乃至整个中国儒学史、中国思想文化史上占有一席重要地位。作者从三个方面进行论述：第一，阳明的湖北籍亲传弟子。如郭庆、吴良吉等于正德九年（1514）五月，阳明到南京任鸿胪寺卿后从湖北黄州来求学，嘉靖年间阳明居越时，八邑彦士纷纷来学，其中荆楚士子前来从学的有：黄冈人蒋月泾，后入南雍与湛甘泉游，终身不仕，教授生徒，岁至数百

①陈寒鸣：《王阳明与“楚中王门”》，《中共宁波市委党校学报》2020年第2期。

②陈寒鸣：《荆楚王学述论》，《国学学刊》2020年第1期。

人，著有《易经肤说》三卷。麻城人毛凤起，德性和易，志行高洁，弃举子业而从阳明学，归后授徒于乡，作《心学图》《致知说》阐扬师说，知县陈子文为建道峰书院居之，传播阳明心学，就教者甚众。黄冈人朱守乾请学而归时，阳明特书“致良知”三字赠别等。第二，荆楚王门的形成及其主要代表。《阳明先生遗言录》由阳明弟子曾才汉采辑，初刻行于湖北荆州。嘉靖三十五年（1556），钱德洪讲学蕲州崇正书院时，曾增补此录，后由黄梅县令张君增刻于蕲州。另据《阳明年谱》记载，同年（1556）夏四月，湖广兵备佥事沈宠在蕲州建仰止祠于崇正书院，钱德洪游学于此，沈宠“属洪撰《仰止祠记》”。仰止祠即在蕲州麒麟山之崇正书院内。而湖北王学正是在阳明的湖北籍亲传弟子基础上，经过阳明高足如钱德洪等人的不断努力，才逐渐兴盛起来的。万历年间又经过耿定向、耿定理、耿定力三兄弟以及李贽等人的大力提倡，阳明学在湖北的影响力进一步扩大，地缘学术氛围以及以耿氏兄弟为代表的荆楚王门亦由此形成。而后李贽、公安三袁等的出现，使得荆楚王学蔚为大观。第三，耿、李之争及其思想史意义。耿定向与李贽之间的论争，使得荆楚王门在晚明思想界格外引人注目。作者认为，表面看来，是由于对待禅学的态度导致耿、李反目乃至论争，而实质乃是维护文化专制与提倡思想解放、言论自由的歧义。耿李二人“和解”不久后就去世了，很快，卓吾又受到新一轮更加猛烈的攻击和迫害，以至最终不得不离开他本想终老并安息的麻城龙湖。这实际宣告了楚中王门的终结。至于后来卓吾进而被下诏狱并自刎于狱中，则宣告了晚明阳明学派讲学运动的落幕。

在关于蒋信的研究上，姚才刚与曾诚《传统儒家“万物一体”说及其现代价值——以明儒蒋信为中心》[①]一文，对蒋信的“万物一体”论进行论述，认为蒋信在吸收、借鉴先秦及宋明诸儒相关论说的基础上，对“万物一体”说做了深入、系统的阐发。他把“万物一体”说视为儒学的“立根

①姚才刚、曾诚：《传统儒家“万物一体”说及其现代价值——以明儒蒋信为中心》，《文化发展论丛》2020年。

处”，并将此说确立为自身的学术宗旨。“万物一体”不仅意味着人与自然万物应相融为一体，也指人与人之间应相亲相爱、和谐共处。为了达到“万物一体”的境界，蒋信倡导“默识涵养”“主静无欲”“戒慎恐惧”等修养功夫论。文章对蒋信的“万物一体”的来源进行陈述，而后对达到“万物一体”境界的“默识涵养”“主静无欲”“戒慎恐惧”进行逐一分析，最后对“万物一体”论的意义进行了归纳和总结。

而牛磊[①]同样从蒋信的“万物一体”论出发，讨论了“一体”与“一气”之间的关系。作者认为，受横渠与甘泉影响，蒋信把“气”思想看做是“万物一体”的核心因素。人与万物之“一体”，是由气论框架内的“一气”提供实存义的依据。气构成了万物的存在，人与天地万物同此一气，故人与万物具有一体性。以此为基，“万物一体”便不仅是一种单纯的心灵境界，而是一个存在论上的实然。但蒋信的“万物一体”又不等同于王阳明良知学意义上由良知呈现之仁为理据的“一体”，它所体现的更多是甘泉学派有无相生的气化运动模式。文章首先讨论了蒋信在学术上的师承问题，认为蒋信先师王阳明，后师湛若水，对两家学旨皆有所闻。但他本人则将学术师承上系于甘泉而非阳明，这点从蒋氏称阳明则曰“阳明先生”、称甘泉则曰“泉翁”“甘泉师”便可见。其次，蒋信的气论，即“宇宙浑是一块气”。它受湛若水的影响，很重视“气”的阐发，认为气之流行变易便是理，理之妙合而凝即是气。任何将阴阳视为形而下、太极为形而上、谓气之外别有一理的观点，皆被蒋信视作支离之见。儒家经典中“命”“道”“诚”“太极”“仁”等核心概念，其实都是此“气”的代名词。“命”“道”“诚”“太极”分别是从於穆流行、纯一无伪、乾乾刚健、生生不已等方面对此“气”进行的形容。通过上述论述，作者得出结论，认为就“万物一体”思想的来源而言，蒋氏视之为自己阅读宋儒

---

①牛磊：《“一体”与“一气”——试论明儒蒋道林“万物一体”论的气之维度》，《汕头大学学报（人文社会科学版）》2020年第1期。

著作再加以长期静坐之功独契独悟的学术创见，不过他仍然认可乃师湛若水发明此说的时间还要在他之前。至于王阳明对蒋氏“万物一体”思想的影响，蒋信是予以否认的。并且，蒋氏以“万物一体”与“致良知”分别标著自己与王阳明的核心学术宗旨，隐然也含有分庭抗礼之义。不过，在蒋信看来，这两种学说并无实质不同。作为天地之心的良知心体，自然地包含着与万物为一的维度。在宇宙生生之仁的层面上，“万物一体”与“良知”是可以互释的。在论证“万物一体”时，蒋信借助了“气”这一概念，并将儒家“诚”“性”“命”“太极”等概念都视为“气”的别名。蒋信以气作为宇宙论上的实体范畴来证明世界之“有”，就目的而言是为了对治释老之“无”，并赋予心以包荒天地、与物同体的能动性与自主性。

五、北方王门

在黄宗羲《明儒学案》当中，北方王门代表人物有穆孔晖、张后觉、孟秋、尤时熙、孟化鲤、杨东明、南大吉等，2020年的文献搜集中，共找到6篇关于北方王门的文章。

阮春晖[①]以北方王门代表尤时熙、张后觉、杨东明为对象，从良知观上的不同究证，探讨各人“自得”所形成的特色学理主张，论述其思想要义，以此说明北方王门学者对良知之教愈有发明。文章从三个方面进行论述：第一，以“格”训“通”。尤时熙非常重视格物，格物之训成为他思想中需要着力解决的问题，同时也受到阳明和晴川的影响较大，尤时熙认为阳明的格物，主要有二：格为正，物者意之用故物是意指向的对象，而意为“一念”，格物就是格念头，使之归于正的状态；格物也指事事物物皆得其理，“物”是致的活动对象，且是“并举事物”，格物便是在众多的具体事物中致吾心之良知。所以尤时熙提出“格训通解”，意在生发阳

①阮春晖：《良知之教愈有发明：北方王门对阳明学的义理辨进》，《伦理学研究》2020年第6期。

明之意。以“格”训“则”“物”为好恶，就是尤时熙在《格物臆说》中阐明的观点，其意乃在使之与阳明格念头之说相应。在近斋以“格”训“通”的影响下，他修改此前看法，遵从师说，认为“好恶必有所因，无所因斯无好恶矣。是所因，物也，好恶非物也，情也”。第二，良即是知，知即是良。张后觉视“良”为圣学之要，是其多年体悟后真见良知本体之贞明的结果。张后觉受到泰州学派徐樾把人之日常所见的视听言动等同于天然良知影响，并在其古稀之年体得良知之“良”。以自己多年所悟作为心得和教言授之于众，显示其学有强烈“自得”成分，弘山对此信心满满，由此亦可看出张后觉已由此前主张的“天聪明”之学转进为“良与知合一”之学，强调“良”与“知”不可分。第三，无善无恶言心不言性。杨东明认为“无善无恶”出自阳明，并指无善无恶非言性体，它是指心体在寂然不动、与物未接时所呈现出来的特殊状态。杨东明所言心体与性体有层次的区别。至善指向性体，无具体善可指但又是具体善之所从出；无善无恶指向心体，是心在湛然虚寂之时的状态呈现。最后作者总结，认为西川“格训通解”、弘山“良与知合一”之说，也都是以其心所独得者创言之，与两人的自家体察密切相关，因此亦可称之为“自得之学”。北方王门学者的“自得之学”是在一个特殊的学术背景下形成的。但北方诸子因地理阻隔，得阳明学不易，在既得之后即“珍重自师门”。自阳明推阐良知之教，门下学者各有发挥开辟，北方王门虽处淮以北之地，于阳明学也实有发明辨进，表明良知之学本无定论，各家所论之理，如有其头绪来历，并能验诸自身而实有自得，则亦无往而非道。

任永安以明代北方王门为主题，讨论其心学的过去与未来。[①]作者认为北方王门现有研究存在着文献整理工作不完善，成员构成认识不全面，研究成果数量少、不够系统，视角过于单一等问题。建议积极推进文献搜集整理工作，加强群体构成研究，注重整体性多视角研究，进一步加强对这

①任永安：《明代北方王门心学研究的回顾与前瞻》，《西部学刊》2020年第8期。

一独特的心学思想学派的研究。在内容上，作者首先对北方王门所获得的成就进行了介绍，进而回顾了相关文献整理、个案和整体研究状况，认为北方王门在文献整理、个案研究、整体研究及影响研究方面均取得一定成绩、个案研究逐渐深入、整体研究及影响研究亦受到关注。但目前还存在困境，即文献整理的基础性工作仍不完善、对群体成员构成的认识仍不全面、研究成果数量少且不够系统、研究视角过于单一。作者还针对上述情况提出了解决的建议。

综合性研究之外，还有对杨东明、穆孔晖、南大吉等的个案研究。钟治国以穆孔晖为对象[①]讨论了穆孔晖在黄宗羲《明儒学案》中被归为北方王门，但却独具特点，不该将其归为北方王门。作者认为，虽然他是王阳明所取之士，但未经师门锻炼，是“学阳明而流于禅”者。实际上，在理气关系方面，穆孔晖同于朱子，主张理一气殊，但不同之处在于他又继承了张载的太虚说而主气本论，认为气主而理从。因此，在心性论方面，穆氏认为“乾元”一气是性之本原，此善性（理）得自于天而具于心，从而在本原处肯认了孟子的性善说，因而在工夫上主张以任运此性之自为、自行而不杂以人为之私智拟议的“率性”工夫为主要工夫形态。此外，他晚年主张会通儒释，三教兼资，在人生信仰和终极托付上更重视吸收佛、道两家的思想精华。统而观之，穆孔晖之学在基本立场和具体主张上更接近宋儒之说，并最终流于释氏，故不可将之归于王门后学之列。

秦佳慧的《北方工门杨东明心性思想浅析》[②]一文，从杨东明的心性论思想出发，认为杨东明的心性一方面在承继阳明心性思想的基础上，强调心性之别，另一方面在辩证朱子心性思想时又注重心性的统合。在批判继承王阳明、朱熹有关心性理论的基础上，发展出自己独具特色的心性论思想。他在面对阳明心性合一思想时，突出心性之别，在针对朱熹心性为

---

①钟治国：《穆孔晖的理学思想与其学派归属考论》，《中州学刊》2020年第11期。

②秦佳慧：《北方王门杨东明心性思想浅析》，《汉字文化》2020年第2期。

二的思想时，则又注重心性的统合性。因此，杨东明的心性思想，体现出心性不可判然为二，又不能混然合一辩证的特点。作者认为，杨东明的心性思想在阳明后学内部呈现分化局面，发展了阳明心性思想，提出了对朱子心性二分的反省，形成了晚明心性论独具特色的特征：一是杨东明的心性关系明确为一而二，二而一的关系。二是杨东明的心性关系是通过气来平衡，气界定理，突显出气是体现理的途径。杨东明对心、性的分疏和界定，对王阳明心性的发展、对朱子心性二分的批判，作出了有效的纠正，杨东明的思想也成为发展阳明后学的重要组成部分，为阳明后学在整个宋明理学的发展中做出了贡献。

秦蓁以关中南大吉为中心，讨论了“北方王门”与“关学”之间的关系。[①]认为南大吉一生学思经历的转变都与阳明学有着密切的关系，他以阳明弟子身份在关中地区讲学“致良知”，将阳明学与关中传统的横渠学相融合，成为阳明学关中地域化的发端。南氏理学知识的突破、门户之见的突破、认知自觉的突破，是哲学意义上的自我超越性的突破。作者认为，从师承关系来看，南大吉的阳明学身份无可厚非；但如果从地域性学术史来看，南大吉在关中的理学贡献也不容小觑。比对之，“北方王门”与“关学”投射于南大吉的共同交点为：阳明学和关中地域。南大吉虽非具有原创性的思想家，但身处阳明学与关学的交点，在“王门”和“关学”的学术发展中担当着不同的角色，其传播“致良知”之于学术史的贡献及其学术特色和精神，共同赋予了阳明学发展在关中的地域化，在思想史和哲学史视角下的意义显得尤为重要。总而言之，南大吉以王阳明弟子身份的“致良知”讲学为关中学术直接输入了最前沿的儒学思想，开创了关学发展的新局面，是阳明学在关中的发端，为阳明学在关中的地域化发展奠定了坚实的基础。正是在阳明学的影响下，南大吉的学思之路才发生了两

---

①秦蓁：《从“北方王门”到“关学”：阳明学的地域化研究——以关中南大吉为中心》，《福建论坛（人文社会科学版）》2020年第4期。

次重大转变，其学术实践也着眼于将阳明学与关中地域性相结合：一面以实现阳明的师训和寄望为宗旨；一面以接续传统关学的张载思想为目标，进而张扬出其学术性认同与地域性认同之间的交互关系。

伍红军在《阳明弟子南大吉抗疫记》①一文中，对南大吉《神医梦记——赠谢医友刘子顺夫》一文中所提及的抗疫策略进行了论述，反映了南大吉防疫抗疫的心路历程。作者提出南大吉防疫的三部曲：一是恐，二是躲，三是疏。而神医刘顺夫出场之后，采取了治疫五联剧。一是信，二是疑，三是诀，四是咎，五是勿惧。南大吉因此而获得康复。

六、粤闽王门

粤闽王门在黄宗羲《明儒学案》当中仅记载二人：薛侃、周坦，但后人把方献夫、周谦斋、薛尚贤等也一并纳入，自有其理论逻辑，此处以黄宗羲的判定为标准，通过文献检索，2020年相关文献有2篇。其中，陈东的《峄山大通岩与明代心学遗存》②一文，用新发现的“肇修大通岩记”碑帖证明，《邹县志》《峄山志》《山东通志》等所载“大通岩孔子石像记”作者有误，碑记实为王阳明弟子薛侃所作，峄山大通岩的命名、孔子及四配石像的雕刻，都是由薛侃主导完成。作者检索到日本京都大学人文科学研究所藏有“肇修峄山大通岩祀孔子颜曾思孟石像记”拓本，拓本长160厘米，宽65厘米，碑额篆书“肇修大通岩记”，其下碑文22行，满行35字。碑刻正文内容与《峄山碑刻集》所录大致相同，但头尾署款等明显不同。对比可知，历代《邹县志》及《峄山志》所录正文部分与碑刻原文出入不大，只是误“吾”为“五”、误“充”为“克”之类的笔误。出入最大的是碑文前后署名部分。碑名应该是“肇修大通岩记”或者是“肇修峄山大通岩祀孔子颜曾思孟石像记”，而不是“大通岩孔子石像记”。碑刻的时

①伍红军：《阳明弟子南大吉抗疫记》，《新阅读》2020年第8期。

②陈东：《峄山大通岩与明代心学遗存》，《齐鲁学刊》2020年第6期。

间应该是“嘉靖八年十月”，而不是“嘉靖九年十月”。更重要的是，碑文的作者不是“刘梦诗”，而是“薛侃”。碑文的篆额与书写不是“中离薛侃”，而是“茂名李邦直”。该文额充分展现了薛侃的“主一”思想。另外，湛若水与峄山大通岩也可能有紧密联系，湛若水曾游历峄山。湛若水与薛侃交往甚密，在前往上都的途中绕道峄山，特访大通岩也是有可能的，且有甘泉诗为证。

陈椰的《潮州理学与宗族祠堂建设——以薛侃、周光镐为中心》[①]一文，则以潮州理学与宗族祠堂建设为主题，围绕薛侃和周光镐为中心进行论述，认为16世纪潮州科甲文教兴盛，出现了一批具有全国影响力的理学士人，也掀起了一股宗族建设热潮，他们自觉地投身乡族建设，建祠堂、合宗族、明祭礼、修族谱、行乡约、编礼书，使得国家礼制与理学的道德信仰贯彻至边陲海疆，重构了地方治理秩序，创辟出一方世家望族，深刻影响着明清以来的潮汕社会。嘉靖、万历年间潮州两位理学世家名儒薛侃、周光镐堪称代表，文章便以这两位先贤为个案来展示当时士大夫在乡里宗族建设上的实践、成效及影响，梳理其背后之思想观念及其对今日重建宗族祠堂文化之启示。

七、泰州王门

2020年泰州学派的期刊研究主要集中在王艮、耿定向、罗汝芳等。黄芳对20世纪90年代以来的焦竑研究进行了综述[②]，包括对焦竑生平著述、学术特质、文学以及史学等方面，但作者也指出，焦竑的经学成就罕有学者涉及，尚有较大可以开拓的空间。“华实”作为一种“思维降格”的表述，实则有丰富的阐释空间与“思想层次”。焦竑的思想中，借“华实”理解当时的时势与士风，并形成了自身的学问次序和诗文思想。程听从“华

①陈椰：《潮州理学与宗族祠堂建设——以薛侃、周光镐为中心》，《潮学研究》2020年第1期。

②黄芳：《焦竑研究综述》，《安顺学院学报》2020年第4期。

实”观[①]进行探讨，认为焦竑的“华实”观不仅有丰富的“思想层次”，更有“性命之学”作为“一贯”的思想线索。“性命之学”的核心是《中庸》的“至诚之道”。焦竑以追求“至诚”的“性命之学”为“实”，面对晚明“纵乐的困惑”，便有“华繁实寡”之叹；观学问次序则有“三教会通而儒家先，一切皆学而诗文次”的序列；观诗文创作则有心性与治道为要，诗声与意象为辅的思想。“华实相符”不只是简单的文论思想，更是作为“华实”关系的理想，成为焦竑生命体验与思想世界的写照。米文科从儒释道三教关系的背景出发，认为“三教一道”虽是阳明学三教关系上的一个重要问题，但不同于王阳明认为三教在实际中存在着见道偏全的差异，焦竑则主张“道一教三”、殊途而同归，认为儒佛道三教尽管在具体的教法上有差异，不能相混，但都可以根据各自的教法而达到“道”的境界，焦竑对“三教一道”的认识不仅反映了阳明学“三教一道”思想的发展与演变，同时也体现了晚明三教融合的进一步深入，因此具有重要的思想史意义。[②]焦竑因强调“史之职”与“史之权”，以史官意志与职责要求作为著书指导，希冀实现“阐明公道，昭示来兹”的目的。温庆新由此出发，围绕焦竑的小说观念进行讨论。作者认为，《国史·经籍志》从史官学养与职责要求出发，对部类的源流、内涵及文教意义重新诠解，强调书目编纂对于引导“风尚”“世道”以利于统治的重要性，这对焦竑的小说观及《国史·经籍志》的小说著录亦有十分深远的影响，致其以“史之职”为小说创作者应该具备的学养，以“史之权”为小说作品内容应该体现的内涵。因此，焦竑认为子部小说家类作品，应承担起考订征信与政教启示等功用，且以此作为子部小说家类作品全部且唯一的内涵，较少关注

①程听：《“思维降格”与“思想层次”——焦竑“华实”观三论》，《中国文学批评》2020年第4期。

②米文科：《论焦竑对王阳明“三教一道”思想的发展与转变——儒释道三教关系视域下的阳明心学思想建立之检讨》，《贵阳学院学报（社会科学版）》2020年第3期。

其间的文体形态、审美内涵、娱乐消遣等其他方面。①

在关于王心斋的研究方面。张星以王心斋的“安身论”展开探讨，认为王心斋特别重视“身”的内涵，更以“安身为宗”，在阳明后学中独树一帜，虽然黄宗羲在《泰州学案》当中斥“安身论”为“开以临难苟免之隙”，但当代新儒家如唐君毅不仅替心斋澄清他言安身并非功利主义之旨，并且相当推崇其格物说，其中原因在于梨洲对心斋所谓的内涵有所误解。②殷勇从明代地方志《泰州志》出发，试图在“中国传统社会的多元结构”框架下，考察、分析明代方志编纂者对王艮及其学说的认知与理解，进而探讨王艮学说的“正统化”。他认为王艮的学说“正统化”的表现有三个方面：一是“百姓日用即道”成为明代《泰州志》编纂主旨；二是王艮卒后归入方志“理学”传；三是王艮祭祀列入地方祀典。③

此外，单杨对心斋哲学的“良知说”“格物论”及思想特色进行了研究。④张爱萍对心斋的“大成”之学进行了讨论，认为其表现出了日用性、中正性、成圣性的特质，展现了心斋毕生致力于“万物一体”的儒学信念和“经世致用”的济世情怀。⑤赵振滔讨论了心斋“乐”的思想，心斋在继承王阳明心学思想的基础上形成了独特的三“乐”思想：“心之本体之乐”“万物一体之乐”和“圣人为学之乐”。这三者是本体、境界和工夫的关系。心斋的“乐”思想之所以独特，在于他没有单纯地停留在三层“乐”境界上，而是对其作了进一步的下贯和落实，并赋予这三层境界以更为实际的内容和含义，从而表现出平民儒学的特征。⑥

关于耿天台的研究。王格讨论了天台的“不容已”说及卫道意识。

---

①温庆新：《史官意志与焦竑的小说观念及意义——以〈国史·经籍志〉的小说著录为中心》，《中国文学研究》2020年第1期。

②张星：《安身与安心——王心斋“安身论”的理论与工夫意义》，《朱子学研究》2020年第1期。

③殷勇：《从明代方志看王艮学说的“正统化”》，《中国地方志》2020年第5期。

④单杨：《泰州学派王艮的哲学思想研究》，《现代交际》2020年第15期。

⑤张爱萍：《圣学视域下王艮大成之学的特质》，《内蒙古电大学刊》2020年第5期。

⑥赵振滔：《王艮“乐”思想探微》，《新乡学院学报》2020年第8期。

文章认为，通过对“不容已”宗旨的提揭与阐发，耿天台在一种日用常行的层面上认同王阳明心学思想；但对于儒家正统，耿天台有着强烈的“卫道”意识，通过泰州学派的“格物”论来看，他强调絜矩之道，实际上就是要坚守儒门矩矱，抵制所谓王学流弊；在异端批判方面，他虽然顺应王学潮流而不辟佛，但其对“心”学的强调并不妥协于佛教，而是接纳佛教，对于不可接纳的一切异端则坚决与之划清界限。因此，对于当时异彩纷呈的思想学说，耿天台考虑得更多的是社会和政治效果，这既与其官员身份密不可分，同时也符合儒家的理想追求。[①]张菁洲认为，孙跃、张世敏《王阳明〈年谱〉订补》注意到了《新建侯文成王先生世家》对《王阳明年谱》编撰的增补作用，显示出《新建侯文成王先生世家》作为王阳明传记资料补充的重要价值。《新建侯文成王先生世家》通过对史书体制的映照与仿制，弥补了《明史·王守仁传》之不足，在文献形态上为阳明学说及其人生经历的研究提供了充实的材料；同时，又以独特的版本形态，丰富了阳明《年谱》的版本体系，兼具文献版本价值与文学价值。[②]李雅婷认为天台的学问可以分为三个阶段：从笃信“明伦尽伦”到“常知为宗”，最后到“不容已”之学的建立，思想才趋向成熟。天台始终以儒家思想为正统，其学旨是宗师孔孟、修正阳明后学；他是一个捍卫孔孟的正统的儒者。[③]唐东辉对天台的学派归属进行了讨论，认为《明儒学案》将天台归为泰州学派，但从师承来看，耿天台与泰州学派之王艮、王襞并无师承关系；从同门意识来看，耿天台对颜钧与何心隐二人并未表现出特别的同门意识；从思想来看，耿天台的学术宗旨即“真机不容已”并非承自泰州一派。由此可以判定，耿天台并非泰州学派中人，而应该被界定为汲汲卫道的广义的王门弟子。[④]

---

①王格：《耿定向的“不容已”说及其卫道意识》，《肇庆学院学报》2020年第6期。

②张菁洲：《耿定向〈新建侯文成王先生世家〉的版本与价值》，《六盘水师范学院学报》2020年第2期。

③李雅婷：《耿定向生平与思想发展历程》，《鸭绿江》2020年第15期。

④唐东辉：《耿天台非泰州学派考辨》，《济宁学院学报》2020年第4期。

关于罗近溪的研究。李玉端讨论了罗近溪之墓被后人称为“文墓”，“文墓”虽疑窦重重，为考古研究带来了许多疑云，却增加了对罗汝芳晚年生活际遇、思想由激进转为隐逸突变的深思。且从罗汝芳的“韦氏之识”“伤子之痛”和“隐居之谜”事件分析，其隐逸并葬于安顺九溪之说极为可能。①朱义禄讨论了罗近溪的民本思想及其施政实践，在民本思想方面，罗汝芳以“此心在百姓身上”为志向，表现在“向民所欲”“亲民之心”“爱民不私”“政为民立”等四方面进行讨论，阐明了罗汝芳在为政期间，始终把百姓疾苦放在心中，这种勇于担当的精神和亲民、爱民的情怀赢得了很高的声誉。②耿加进则从近溪的教育思想及当代价值进行讨论，认为近溪承继了泰州学派的乐学思想并加以深化，把“生”“仁”等思想注入其中，从而使乐学合乎孔子求仁宗旨，在学习方法上重立志、重觉悟、重当下，在丰富的教育实践中形成了既具有理论性又具有实践性的教育思想，他以求仁为学问宗旨，以孝弟慈为教育内容，注重正面引导，强调唤醒人心。③

八、止修王门

本年度关于止修王门李材的论文有1篇，即李璐楠的《“修身为本即是性学”——李材的“止修”工夫诠释》④，文章以李材的“止”和“修”概念的逻辑建构与形态特点入手进行讨论，探讨李材对于心性问题的解决思路。文章从三个层面展开：第一，“知止”与“修身”的含义。李材“止修”说的“止”依托《大学》“止于至善”的话头，主张不以“良知”为宗，而以“性体”为本。李材主张“摄知归止”，“止”是就纯粹至善的性体而言，其目的在于以天命之性的客观绝对性来警觉道德主体

---

①李玉端：《顾成、罗汝芳“文”“武”二墓探源》，《云南大学学报（社会科学版）》2020年第6期。

②朱义禄：《论罗汝芳的民本思想及其施政实践》，《赣南师范大学学报》2020年第1期。

③耿加进：《明代大儒罗汝芳的教育思想及其当代价值》，《淮阴工学院学报》2020年第2期。

④李璐楠：《“修身为本即是性学”——李材的“止修”工夫诠释》，《哲学动态》2020年第11期。

（心）的责任感，从而恢复理学客观、严正的一面，重新确立修身体道的尊严，虽然未发的“性体”是道德本体，但是“性体”并不是悬空、虚寂的存在，它表现在人的视听言动中，所以识得本体之后不可一了百当，还必须用修身的工夫，且工夫越笃实则本体越精明；“修身”有内外两层含义。“身”是内含心、意、知、物而外摄家、国、天下。天下、国、家非他也，即身之所体备者也。佛、道两家都缺乏“经世之学”且将修养的工夫限于个体自我，而“明学淑人”是儒者义不容辞的责任，亦是修身的题中应有之义。第二，“止修”工夫的内在关系。李材认为，阳明学之所以会产生“玄虚”“情识”之弊，是由于学者不能真切认识到人心的道德本质，并将其推广到事事物物上去，从而造成了知行分离。他一方面试图重建理性原则以及重视严格的道德修养工夫，这与朱子学类似；另一方面，他对朱子将工夫区分为“静而涵养，动而省察”持批评态度。朱子的“主敬涵养”指在思虑和情感未发时保持内心的收敛、谨畏和警觉，从而使心达到清明而不昏乱的平静状态，其目的并不是体验未发本体，而是为了认识义理而预先进行一种主体修养；朱子的两种工夫，有时间先后之别，容易造成学问的支离。李材所理解的“涵养”与“省察”应是体用关系，而非动静、前后关系。所以真正的“涵养”即是“知止”，它指无论有无明显念虑发生，都要当下体认并存养深层的“性体”。心有了主宰，就不会为外界所动，而能做到动静一如，他预设了直达本体的先天究竟工夫（“知止”）。李材一方面警惕“交互推原”的说法，另一方面着力于阐释“止修”之间“一体两面”的关系，根本上是要解决知行分离的问题，他“止修”工夫的根本精神是“知行合一”。第三，修身为本即是性学。“修身为本”包含了经世和性命两方面的含义，修身是涵摄了“格、致、诚、正、齐、治、均平”为一体的概念，“本”是贯通心性与经世的枢纽。“修身为本”既是“经世之宗”又是“性宗”。李材既通过以性定心、以心显性来恢复理学客观、严正的一面，重新确立修身体道的尊严，又通过阐释“止修”工夫的“一体两面”性，将儒学的心性与经世两方面内涵全副呈现，所以，李材之所以强调“修身为本即是性学”，一方面是为了解决儒学内部的问题，另一方面也蕴含着儒、释之辨的因素。总之，虽然李材在工夫建构上有意保持“止修”之间的内在张力，呈现出“一而二，二而一”的形态特征，但是他的“知止”与“修身”工夫分别着力于未发之“体”和已发之“用”，这与其对心性关系的理解是一致的。

九、黔中王门

黄宗羲在《明儒学案》当中，并没有关于黔中王门的记载，黔中王门一直因文献缺乏或地域、交通等因素，不被学者所熟知，但鉴于阳明与贵州的关系及实际情况，以及随着新的文献的发现和学者的关注，黔中王门正逐渐成为王门后学一个不可忽略的流派。近年来关于黔中王门的成果也如雨后春笋般出现。主要代表人物有孙应鳌、李渭等。

牛磊在《“易”以贯之——试论明儒孙应鳌工夫论的易学资源》①一文中讨论了孙应鳌的易学思想。孙应鳌的思想深受江右王学与泰州王学的影响，并且他与楚中王门的蒋信有过两次会晤，蒋信重默识、重知几的修养思路对孙应鳌构筑自己的“慎独”工夫论也有一定的影响。孙应鳌的易学思想以阳明心学为其核心，他对于易学的借鉴与改造主要体现在两个方面，其一是以《易》构建其心学本体论，其二是以《易》构建其“慎独”工夫论。文章以孙应鳌的“慎独”工夫论为切入点，对孙应鳌在构建其工夫论体系的过程中如何实现对《周易》思想资源的重组、发挥与转化试做分析。作者通过三个方面进行论述，第一，“心易互证”。孙应鳌以《易》证心，特别强调心所蕴含的“生”的含义。天地万物之理生于心而著于《易》，明《易》即是明心，《易》之理、天地之理与心之理是同质的存在，此心常存，则《易》之理得而天地之理以贞。第二，慎独与知

①牛磊：《“易”以贯之——试论明儒孙应鳌工夫论的易学资源》，《宁波大学学报（人文科学版）》2020年第4期。

几。孙应鳌对“慎独”工夫的构建，大量借助《周易》经传的思想资源。这点突出表现在两个方面：其一是“知几”，其二是改过。“知几”不具有固定的形态与区间，“知几”与“守几”实质上也无从截分成两段。“几”也在某种程度上获得宇宙本源的意义。通过此“几”，人不再是孤立于天地之外的存在，人与天地万物在本体论意义上一体共在。人之心通过“几”活动流通于天地间，并实现对“天地造化之体用”的统摄与贯通。第三，慎独与改过。整个《周易》的卦爻辞系统，都是围绕着改过而出发的。改过的关键不在于枝叶上修剪、事为上补缀，而在于从“一念之微”处下手，祛除人心的遮蔽，恢复本心的灵明昭觉。就工夫的实际践履而言，此“一念之微”的细微工夫实际上就是“慎独”。在结论处，作者认为，作为阳明后学中以心解《易》的代表，“心易”是孙应鳌易学思想的一个主轴。对于“心”与“易”的关系，孙应鳌认为“心之生生便是易。”“心”的价值与易的流行在实然层面是一体无间的关系，易之生生就是“心”之生生。“心”不是一个局限在个人的封闭体系，自我与他人、自我与自然乃至自我与天地万物都是通过“道之管也”的“心”而被缔结于价值的网络中。“心”之创生就是宇宙的创生，“心”之流衍就是宇宙的流衍。因此，尽心即是知性、即是知天。通过这一创新性诠释，孙应鳌将阳明学的心本论纳入易学的体系，从而发展了阳明心学的本体论范畴。

汪洋的《论孙应鳌的七绝创作》①一文，以孙应鳌一生所创作的近千首诗中的七绝为对象，并总结其特点，即含蕴藉、起伏变化、构思巧妙等。作者从三个方面展开论述，第一，文外之旨。孙应鳌的七绝具有两层以上的含义，有“象外之象”“景外之景”，表现在其《满塌》《月夜二首》《登高明楼即事》等。第二，起伏变化，如孙应鳌的《鉴川梦鹤二公枉过讲院看桃花》全诗经历了现在、过去、现在三次时空转换，颇具起伏变化

①汪洋：《论孙应鳌的七绝创作》，《名作欣赏》2020年总第33期。

之致。第三，构思巧妙。《闻归雁》巧妙之处在于前两句渲染乡情之后，后两句以人不如鸟来作结，更显作者乡思之深。总之，孙应鳌的七绝创作来说，他不像复古派那样拘泥于初唐、盛唐的体式，而是一任情感自然抒发，形成了淡远流丽的主体风格，具有很高的艺术造诣，是其诗歌创作成就的体现。

扈继增认为孙应鳌的知行说具有心体、工夫、境界三重向度。[①]作者认为，孙应鳌对“知行并进”与“知行合一”作了区分，“知行并进”是在见闻之知向良知的转化过程上立说，“知行合一”则是在良知之体用上立说。“知行并进”中虽有良知之用，但中间夹杂“有我之私”，知与行仍分为二，二者是道德理论与道德实践的关系；“知行合一”则是个体在克除私意后，实现的良知之体与良知之用的统一，是体与用的关系，其知行说的实质是体用论。个体通过慎独、诚意的明心工夫，可以重新回归到知行合一的本然状态，实现本然与实然的统一，进而达至与天地万物为一体的一贯境界。

赵广升、赵蕙以西安碑林博物馆所藏的孙应鳌碑刻为对象，讨论其教育意义[②]，作者认为这些碑刻完整地记录了孙应鳌在陕西传播心学、改造陕西学风的教育实践。通过考述这五种碑刻的内容，进而评价其教育思想价值，并指出了其对当代教育的借鉴意义。

关于李渭的研究。李渭（1513—1588），字湜之，号同野，思南府水德司（今思南）人，嘉靖十三年（1534）举于乡，曾官云南省左参政，乃黔中王门第二代传人。李渭乃儒中大儒，与孙应鳌、马廷锡合称“理学三先生”，是贵州阳明后学重要代表。2020年共有2篇文章关注李渭。王路平、石祥建考述了李渭的家世，认为从先祖李僧，到高祖李斌，到曾祖李盘，

①扈继增：《心体 工夫 境界——黔中王门孙应鳌知行说的三重向度》，《贵州文史丛刊》2020年第3期。

②赵广升、赵蕙：《西安碑林博物馆藏孙应鳌教育碑刻五种述评》，《贵州文史丛刊》2020年第4期。

到父亲李富，历世六代，李渭生长在这样一个忠孝仁义的家族背景和家庭环境中，对李渭个人人格的形成、心志的锻造和好学深思的品行无疑起到了非常重要的作用[①]，作者经过论证，根据湛若水作《思南李氏〈家乘〉序》、许谷作《戴宜人墓志铭》、郭子章著《万历贵州通志·土司土官世传》《道光思南府续志》等文献，制作《李渭家世简谱》，全面呈现了李渭家族谱系，从一世祖李僧到李渭乃第七代，一直到第十五代李慧。

李渭天资聪颖，以“必为圣人”要求自己，二十岁就中举，从政三十六年，在五省八个地方为官，以民为本，廉洁施政，公正办案，更是用薪金约二万多银两捐助教学和民生工程，众称“爱民清官”。辞官回黔免费讲学十八载，想读必教，来者不拒，诲人不倦，所教弟子二十二人不肯离去，愿助先生教学。生源增多，传授范围扩大，遍及贵州各县及南方十一个省市，学生越三千（其中大部分是困难家庭子女）。崔道贵对李渭辞官回黔兴教一事进行了讨论。[②]李渭于明隆庆四年（1570）初，李渭向朝廷呈送上千字的《辞去云南左参政回黔讲学振兴贵州教育的申报》，辞官后回家开始兴教，创办为仁书院、中和书院，并于隆庆六年下万寿宫创办夜校，为马帮讲学，帮助马帮学以致用，解决运输困难。通过两年左右的学习，马帮基本能识字结账，通过马帮的教书先生与原来为数较少的私塾先生共同努力，贵筑县的私塾、私馆、书院及义学，像雨后春笋般地凸起。他们坚持李渭先生的“六字”教育指导思想，和“八种教学良法”，教学相长，为贵州教育做出了巨大贡献。

十、综合研究及其他

在阳明后学的研究成果当中，还有相当一部分内容不是以某一个学派

①王路平、石祥建：《王阳明黔籍再传弟子李渭家世考述》，《贵州民族大学学报（哲学社会科学版）》2020年第2期。

②崔道贵：《明朝理学家李渭辞官回黔兴教》，《贵阳文史》2020年第2期。

或某一个人物为研究对象，而是对阳明后学进行整体研究，或对阳明后学不同的学派之间的对比研究，或者是对待阳明后学不同学派之间的人物对比研究。凡无法将其归入某一个学派综述的文章，均归为此列进行介绍。2020年此类文章有数十篇，此处择其要者而述之。

牛磊在《试论阳明后学对“天根月窟”的争论与辨析》[①]一文中，对阳明后学引用道家、道教概念如“天根月窟”这一典型情况作了论述，认为出于对道教含形升举的批判，阳明后学在讨论“天根月窟”之说时，往往在良知学的框架内对它们进行转道为儒、舍无归有的改造。由于诸人所持的学术观点各有不同，所以这种改造也呈现出异彩纷呈的面貌。通过对“天根月窟”的争论与辨析，这一概念最终以养德统摄养生、修性统摄修命的方式被阳明后学融入良知学体系内，构成致良知工夫的一个关键步骤。文章讨论了王畿、周汝登、罗汝芳、耿定向、聂豹、王时槐涉及浙中、泰州、江右等数个阳明学派别对“天根月窟”的理解。作者认为，同样是讨论“天根”“月窟”这对概念，王畿与周汝登主见在良知，罗汝芳主赤子良知，耿定向主不容己之真机，聂豹主归寂，王时槐主研几。对“天根”“月窟”的不同诠释，展现了诸家对本体工夫的不同理解。同中求异：在成就圣贤人格的这一共同追求下，阳明后学的工夫进路呈现出千溪万壑的差异形态。异中求同：阳明后学的自我认同以及以良知学融汇丹道与易学的基本取向。对阳明后学而言，在坚持对世界的关怀与责任的前提下，充分吸纳释老（尤其是道教）清净无滞的心灵境界与调息坐忘的养生方法是可行并且必要的。含有道教养生之旨的“天根月窟”，无疑可以被容纳进良知学的体系内，构成致良知工夫的一个环节。阳明后学对“天根月窟”的不同解读，可以成为学者了解阳明学士人如何与道家、道教在精神修养与丹道修炼领域内实现交流融合的一个典型案例。

颜炳罡、邝宁认为，阳明后学的分野一直受到关注，王阳明融《易

①牛磊：《试论阳明后学对“天根月窟”的争论与辨析》，《宗教学研究》2020年第4期。

传》《中庸》《大学》合内外思想为一炉，通过创造性诠释“格物致知”以纠宋儒务外而遗内之偏，重新确立“合内外”致思路向，王阳明“合内外”的境界可以说“无内外”，“无内外”之“合内外”是即内即外，即外即内，即“合内外”或“无内外”是阳明学的宗趣所在，阳明后学延续了王阳明的这一思路向继续拓展，但在如何“合内外”或“无内外”的工夫路径上产生分歧，形成三种路向：第一，王畿“先天正心”以内合外。王畿代表以内合外，消外以归内的合内外路向，工夫落在正心上。第二，钱德洪实行格物以外合内。钱德洪代表着以外合内，由外显内的路向，工夫落在格物上。第三，罗洪先以“知止”融贯内外。罗洪先代表着融贯内外，即内即外的路向，工夫落在知止上。其中罗洪先融贯内外与阳明合内外的方式最为接近，承续了王阳明的合内外之道，可谓阳明学之嫡传。①

张卫红则认为，阳明学者主要由三类人组成：一是如邹守益祖孙、刘邦采、王时槐、刘元卿这样有科举功名、有影响力的知名学者，他们是讲学活动的领袖和倡导者；二是地方宗族中有学识、但功名不高或没有功名的中下层士人，他们是参与讲学的主体；三是地方宗族的主事者、长老，他们的文教程度不高，但以敏于事务或德高望重成为家族中有号召力的人物，对讲学提供了直接的支持。据不完全统计，明代中晚期安福阳明学者有212人，其中进士40人，举人40人，诸生73人，总计153人，占总数的72.1%，可知阳明学主要在掌控当地思想文教资源、社会地位高的官员及士人中传播。但本文则聚焦于明代嘉靖至万历年间江西安福县的那些科举功名低或没有科举功名的普通阳明学者（草根学者），探讨良知学在他们身上如何体现，良知作为“万物一体之学”如何通过他们影响地方社会，以期探究王学对地方社会的影响②，作者选取安福阳明学者为例的原因在于，安福县为中晚明王学讲会极盛之地吉安府中的极盛之地。诚如江右王学的

①颜炳罡、邝宁：《“合内外”视野下阳明后学的发展及其分化》，《西南民族大学学报（人文社科版）》2020年第1期。

②张卫红：《草根学者的良知学实践——以明嘉靖至万历年间的安福学者为例》，《文史哲》2020年第3期。

领军人物、安福籍学者邹守益所说："吉郡视四方为胜，而安福视吉郡为胜。"这里不仅人数众多、讲会活跃、持续百余年，与王学从兴盛到式微相始终，而且阳明学者以良知学的精神进行讲学和教化乡里的实践活动具有典型性，尤其能体现良知学的实践指向。文章从四个方面展示他们的学术活动以及对地方社会的影响。第一，究心学理与工夫实践。草根学者与知名学者一样，其学术热诚体现在究心阳明学义理并研磨心性的工夫实践上，这是阳明学的根基所在。第二，讲学传道。草根学者对讲学传道活动充满了热忱。第三，举办家族讲会，为善乡里。通过举行家会、族会，在家族中传播阳明学，进行劝善规过的道德教化，以期达到睦族和乡、稳定社会秩序的目的。第四，管理地方公共事务。由宗族而社会，热心参与地方民生事业，协助官府管理地方公共事务。以"化乡"实践为特点，以阳明学"万物一体之学"为精神指导，具有更为自觉和强烈的济世责任感。总之，作为乡绅的阳明学者建构理想政治秩序的努力，并不体现为对政治制度的具体设计，也无法以现代政治的模式和效应来考量之。他们对地方社会事务的参与，很多是在国家政权机构之外的非权力运作，目的在于通过道德教化来维系良善的地方风俗与秩序，对地方社会秩序的平稳运行起到长久的、潜移默运式的"风教"影响。在这个意义上，儒者的"外王"事业从来不曾缺位。

从20世纪80年代起，随着戏曲文学的独立，学术界开始由戏曲文学本体研究，转向心学与文学的关系研究。世纪之交，学者们开始转向心学思潮对晚明士人文学观念、美学理想、思想情趣乃至政治倾向的诠释。刘凤霞从涉及阳明心学与戏曲关系研究的重要成果看，学术界对心学与戏曲的关系研究还处于本体研究阶段，缺乏对阳明学人戏曲观的专门阐释这一前提出发，从王阳明及其后学对戏曲论述的基础上，探究阳明学人对明清戏曲的认知态度，归纳阐释阳明学人戏曲观，重点解析阳明学人对晚明戏曲功用和性质的评价，以及受阳明学人思想浸染的剧作家在创作过程中所表现出来的两种不同观点走向——“风教”与“风情”，以进一步阐明阳明学人的戏曲观对明清戏曲发展的直接意义。[①]文章从三个方面进行讨论：第一，王阳明及其后学的戏曲“风教”论。王阳明及其后学注重戏曲对人心性的映射及在道德教化中的功用。大多数阳明学人都将戏曲视为风教世人、淳化世风、感化人心的有益工具。随着阳明良知教化思想传播范围的扩大，这种思想在文人传统诗教观的基础上得以延续。表现在三个方面：复归古乐，风化有益；戏如人生，感易风化；直击人心，返璞归真。第二，阳明心学影响下的戏曲“风情”说。戏曲不仅能够歌咏情志、教化世人，而且对冲破程朱理学的束缚有直接作用。“心”和“情”都是人所共有的，都强调个体性和能动性。阳明学人推崇“心即理”，“心”乃万物主宰；受心学影响的剧作家如汤显祖则在剧中强调“情”可以生天地，由生而死，由死而生，表现出戏曲功用的另一种走向——风情。表现在：以情抗理，摹情体性；言贵本色，尚真尚俗；追求真趣，抒怀写愤。第三，对戏曲发展的影响及意义。万历以后，表现平民意识与倡导个体风情的戏曲作品亦蔚为大观，对社会风尚、文化变革、美学范式等要素产生了一系列影响。表现在：雅俗融合，文化权力下移；以情正教，劝善运动兴起；法不相沿，戏曲审美的变革。

王晓娣的《儒学民间化：阳明后学“觉民行道”的社会伦理建构》[②]一文认为，明道救世的道德意识和伦理实践贯穿于阳明后学一生的为学主张当中，体现在社会伦理实践中则是他们基于良知所教的觉民行道的社会伦理建构。中晚明时期，面对政治腐败和道德沦丧等社会危机，阳明后学积极开展了一场面向普通民众的社会化讲学运动。通过化良知为德行的“致良知”实践，将儒学的“外王之道”深入到“觉民行道”的社会伦理建构中，开启了“士学”向“民学”的儒学民间化发展转向。阳明后学以“良

①刘凤霞：《“风教”与“风情”——阳明学人的曲学态度及其戏曲发展史意义》，《山东社会科学》2020年第1期。

②王晓娣：《儒学民间化：阳明后学“觉民行道”的社会伦理建构》，《东南大学学报（哲学社会科学版）》2020年第5期。

知”为统摄，试图通过讲学明道，树立化民成俗的道德信念以整顿道德人心。阳明后学通过乡约制度的建立，将内涵心学伦理教化的儒家伦理制度和规范呈现出来，使得民众自觉形成对人伦之理、教化之道的伦理认同。而对发展经世致用之实学的提倡，促进了经世济民实用儒学的民间化发展，繁荣了国计民生。阳明后学自觉进行“传学脉”“觉民众”的儒学民间化社会伦理实践，对重建晚明社会伦理秩序，重拾道德人心具有积极的时代意义。

另外还有数篇文章就《明儒学案》当中阳明学派的分派情况、阳明后学的分化等进行了分析和讨论。[1]限于篇幅，此处不赘述。

---

①这些文章包括但不限于：汪学群：《〈明儒学案〉与阳明学的分派》，《贵阳学院学报（社会科学版）》2020年第3期。郗韬：《明中后期阳明心学盛行的传播学解读》，《石家庄学院学报》2020年第2期。关泽田、崔海东：《阳明后学南直隶书院考论》，《贵阳学院学报（社会科学版）》2020年第6期。陈寒鸣：《张居正与阳明后学》，《贵阳学院学报（社会科学版）》2020年第6期。张海晏：《道德主体性的拆散——阳明后学的分化》，《贵阳学院学报（社会科学版）》2020年第2期。陈福滨、黄伟铭：《儒佛会通：晚明“居士佛教”与“阳明后学”》，《吉林师范大学学报（人文社会科学版）》2020年第3期。于闽梅：《王学左派的欲望观及其现代性》，《吉林师范大学学报（人文社会科学版）》2020年第3期。华建新：《越文化视域下明嘉靖初年越中阳明心学的勃兴与流播》，《教育文化论坛》2020年第3期。

柒

阳明后学研究著作文献综述

一、专著类

杨宗红的《狂狷与启蒙：李贽的教育思想》一书，以李贽的教育思想为主要内容和写作线索。从李贽众多著作中，对其中所蕴含的教育思想进行挖掘、梳理。全书主要从个性教育、女性教育、伦理教育、历史教育、文学教育等五个方面展开分析和论述，结合其生平特点和时代思潮，阐释了教育思想的基本内涵和时代精神，突出其狂狷人格、教育思想的启蒙性及在现代社会的实践意义。

李子林主编的《李贽与近四百年湖北文化》一书，是2018年11月23至25日湖北省炎黄文化研究会与武汉大学哲学学院、湖北省哲学史学会、山东社会科学院文化研究所等单位联合在湖北麻城主办“李贽与近四百年湖北文化”学术研讨会论文选编。书中精选其中7篇优秀论文作为“专稿”，同时设立“纵横史话”“史料史迹”“风云赤子”“文旅揽胜”和“综艺信息”等专题，收录关于炎黄文化、中华优秀传统文化、武汉城市文化等方面的文章，以及传记、小说、散文共20多篇。该书系湖北省炎黄文化研究会最新的工作和研究成果，对于丰富李贽研究，正确认识李贽心学思想对湖北近四百年文化的深刻影响，推进湖北文化研究和了解武汉城市文化等，都具有一定的积极意义。

另外，上述研讨会的展开，共有来自湖北、山东、江苏、上海、安徽、湖南、福建、陕西、甘肃等地近70位学者参加，收到学术论文26篇，他们提交的论文分别是：同济大学朱义禄教授《论李贽的是非观》、武汉大学黄钊教授《论李贽对道家学说的继承与发挥》、山东社会科学院涂可国研究员《论李贽的责任伦理》、安徽大学哲学系王国良教授《李贽童心说与人性解放》、苏州科技大学高钟教授《鄂东北社会文化与李贽寄寓》、武汉大学吴根友教授《利玛窦与李贽的交友观之比较》、湖北大学姚才刚教授《试析“左派王学”的特色及其影响》、武汉大学储昭华教授《文化自觉的另一维度》、武汉科技大学孙君恒教授《李贽的君子观审视》、武汉大学李维武教授《湖北地区的心学传统及其意义》、安庆师范大学方盛汉博士《论李贽的戏曲批评》、苏州科技大学教授汪祖民教授《李贽思想影响和现实意义》、武汉大学桂胜教授《李贽"率性"的一些认识》、湖北师范大学刘元青教授《读〈耿定向集〉杂记》、西安电子科技大学张斯珉博士《李耿之争的三个面相》、江苏苏州张家港港区小学王俊高级教师《李贽生平研究及启示》、钟祥孔子学会姚天文会长《李贽的异端思想》、山东社会科学院杨冬助理研究员《李贽思想的自然人性论》、麻城电视台冯其清和朱长许先生《李贽的〈童心说〉和中国传媒》、钟祥社会科学研究所许光灿所长《以革故鼎新精神推动全面改革》、黄冈师范学院刘清教授《李贽异端思想表现以及其形成的因素》、天水师范学院研究生邵琪傑《李贽童心说与儿童教育》、武汉理工大学杨杰副教授《〈论语〉引诗说诗与孔子的经学史意义》、武汉工程大学彭颜红副教授《吸收传统文化提升价值观传播实效》、华中师范大学博士生李任《李贽"异端思想"浅议》、中南民族大学研究生黄腾《"识"与"智"：李贽平等思想浅析》。

武汉大学的李维武教授的《湖北地区的心学传统及其意义》一文提出：其一，千余年来湖北地区的心学开展，往往于时代主流思想之外，独发新义，自创新说，对于中国哲学在不同时期的创新起过重要的推动作用；其二，湖北地区的心学传统，还可以作一种进一步的转换和更广义的理解，这就是其间蕴含了一种独立创造的精神，一种敢说敢当的风骨，一种敢为天下先的气度，这些内容在漫长历史岁月中经过积淀、转化，成为湖北地区知识分子的一种宝贵的精神传统。最后他总结：湖北地区的心学传统，是在湖北文化中孕育和发展的，同时又反过来积淀成湖北文化的内核与特色。这一传统的积极意义与合理因素，作为一种哲学智慧和文化资源，值得我们在今天重视和吸取。吴根友教授的《利玛窦、李贽的交友观及其异同比较》一文，通过对利玛窦、李贽二人交友论思想的扼要梳理，他尝试对其异同之处做平行的比较，由此考察晚明社会里的新思想及其与传教士带来的新思想之关系，进而从细部来考察晚明社会人文知识视野与思想视野的变化。他指出，对于晚明社会与思想的研究可以有多种视角，从比较哲学与比较文化的角度切入晚明的思想研究，将是一个有意义的新视角。储昭华教授的《文化自觉的另一维度：当下语境下李贽思想之意义断想》一文，从思想史的层面说，李贽是那个时代少有的相当彻底地跳出儒家文化的视域之外，明确反对"以孔子之是非为是非"，并针锋相对地提出了自己的一整套旨向相悖的思想理论。他指出，文化自觉或自信既要善于发掘自身文化传统中的积极趋向和资源外，也离不开对自身传统中内在阻力和负面因素的清醒认识和改造。二者缺一不可。真正的文化自觉，应该是两个维度或工程的有机统一。

《李贽论》一书是作者从事李贽研究多年来成果的集结。书稿内容主要是对李贽的经典著作，如《焚书》《续焚书》《藏书》《续藏书》《九正易因》等的释读，是作者多年李贽研究成果的集锦，文末附对李贽生平的详细考察。

二、文献整理、集释类

2020年出版的关于阳明后学的古籍点校作品较多，尤其是上海古籍出版社出版的一系列阳明后学文献丛书，为阳明后学的研究提供了翔实的文献资料。本套丛书从2000年开始，由浙江省社会科学院投入人力财力，由时任哲学所所长董平教授进行课题设计，钱明教授具体负责实施，约请有关高校和科研机构的专家，对阳明后学的主要代表人物著作进行搜集整理，并与凤凰出版集团合作，于2007年出版了《阳明后学文献丛书》初编七种十册，包括《徐爱 钱德洪 董沄集》《王畿集》《邹守益集》《聂豹集》《欧阳德集》《罗洪先集》《罗汝芳集》。在这个基础上，2009年开始，浙江省社科院再次启动了“阳明后学文献丛书续编”项目，由钱明教授任主编，内容涵盖了更多阳明后学的文献。如陈耶博士编校的《薛侃集》，以1915年《薛中离先生全书》二十卷为主，补充了《云门录》《廷鞫实录》，并辑录佚文，附录年谱、传记资料，另外还辑出整理了薛侨、薛宗铠的文集，作为附录，基本上汇集了薛侃的全部思想资料，并可由此对于岭南阳明学有一个概观的了解。钱明教授编校的《张元忭集》，系明代浙中王门著名儒者张元忭的文集，以浙江省图书馆藏明万历二十一年张汝霖、张汝懋刻《张阳和先生不二斋稿》为底本，以《丛书集成初编》所收正谊堂全书本《张阳和先生不二斋文选》为校本，并附以张元忭集外诗文、传记、祭文、书信及家传资料，该书是目前收录最为完整的张元忭诗文集。钱明与程海霞编校的《王时槐集》，是明代阳明后学王时槐的文集，共分三部分，一为《友庆堂存稿》，二为《友庆堂合稿》，三为《王塘南先生自考录》，并附录《广仁类编》及逸文和传铭，搜集散见于各处的逸文及志铭、传记资料等，成为迄今较完整的王时槐著述集等。另外还有张昭炜编校的《胡直集》、张宏敏编校的《黄绾集》、彭树欣编校的《刘元卿集》等。

本年度，贵阳孔学堂书局出版了陈寒鸣的《李贽学谱附焦竑学谱》，本书由湖南大学教授姜广辉、南开大学教授周德丰作序推荐。该书“上编”以时序为经、以思想活动和思想观点为纬叙述李贽的学思学行，“下编”则从学思历程、著作撮要、思想要旨三方面，汇编有关焦竑学思学行的相关资料。另一部《孙山甫督学集》是黔中王门代表孙应鳌的著作集，该书依据日本静嘉堂文库藏明隆庆元年刻本《孙山甫督学集》为底本，由贵州大学张新民教授得日本友人鼎力相助，访回这两部珍贵藏本（台湾仅藏一部，大陆无藏）：《文集》四卷、《诗集》四卷，并将二者合为一帙，题作《孙山甫督学集》交孔学堂书局付梓成书。卷首冠有王门后学重要人物胡直所作序，当刊刻于隆庆元年（1567）。张新民教授特撰五万字序言，详述孙氏一生学思历程及其撰述成就。该书的出版，为黔中王门后学孙应鳌研究提供了翔实的文献基础。《孙山甫督学诗集》书前有著名学者任翰、吴懋、乔因羽等三序，当刊刻于嘉靖四十四年（1565）。据张新民考证，孙氏诗集刊刻在先，文集刊刻在后，因合刊时诗集又曾挖改重印，故又可称其为隆庆元年挖改补刻本。究其原因，乃是邵元善在孙氏关中门人所刻诗集的基础上，复又并增刻了文集，并按卷一至四为文，卷五至八为诗，重新作了编排，总题名为《孙山甫督学集》。

张建业总主编的《李贽全集续编》系列丛书，包括《读升庵集》，该书为李贽读《杨升庵集》、从杨升庵八十卷著述中辑录部分语段，加以批注而成，共二十卷，涉及经籍、诸子、史类、文类。《读升庵集》萃取杨升庵先生论诗、论文、字学、琐语、天文、法象、仙佛、鸟兽、草木等方面的著述，以及杨升庵先生抄录、点评的诗词曲赋记序跋等各类文学作品，可以说是一部反映古代士人精神生活的小百科书；《坡仙集》，该书是李贽收集整理并择选《苏东坡全集》中有代表性的文章若干，汇编成册，予以圈点评论，评论的文字体现了李贽的哲学观点。该书是研究李贽思想的重要论著之一，通过李贽的点评，可以看出一代哲人如何看待评论苏轼思想，故而具有哲学史研究的价值。李贽对于大文豪、大思想家苏轼非常钦佩，从李贽对于苏轼文集的辑录点评可以看出李贽与苏轼两位之间的思想交锋；《枕中十书》，该书包含卷一《精骑录》，卷二《筼窗笔记》，卷三《贤奕选》，卷四《文字禅》，卷五《异史》，卷六《博识》，卷七《尊重口》，卷八《养生醍醐》，卷九《理谈》，卷十《骚坛千金诀》。其中《文字禅》和《骚坛千金诀》均曾单独刊行，今存明刊、清康熙重修《李卓吾先生秘书八种》本，国图藏。该书主要内容辑自诸书，所用书目共列有三十五种。然亦不尽然，如卷三《贤奕选》，目录中明确地说是“取刘元卿《贤奕编》而损益之，为《贤奕选》”，而“汇用书目”却并未列出；《疑耀》，全书分七卷，每卷有若干条目，每条自立标题，共有四百〇六条。本书内容庞杂，涉及群经诸史、传闻逸事、宗教、书画、音律、医药、科技等，《四库全书》将其列入子部杂家类杂考之属。此书尊孔崇儒，宗经征圣，辟佛斥道。作者以笔记的形式，将读书所得、目见耳闻的材料逐条整比，相次札记，勒成一帙，既考订历史，评说得失，也述当代典章制度，录历代奇闻逸事。论证时旁征博引，剖析精详；《易因》，该书记录了李贽长期与有人弟子一起讨论《周易》的内容，并经李贽修改而成，后定名为《九正易因》。

另有商务印书馆出版李贽编著的《藏书》，共计六十八卷，卷首有焦竑序、刘东星序、梅国桢序、祝世禄序、耿定力序、李贽前、后论。正文分为世纪和传记两大类，其中卷一至卷八为世记，卷九至卷六十八为传记。世纪共八卷，包括了历史上著名帝王、列国诸侯、起义首创者等，收录了秦始皇（附秦二世）、陈胜、项羽、齐王田横、汉高祖（附惠帝）等。传记共六十卷，分为大臣、名臣、儒臣、武臣、贼臣、亲臣、近臣、外臣等八类，每一类又有更细致的子目。《藏书》对明以前的帝王、圣贤、文人、士大夫、武臣、草莽英雄、乱世枭雄等历史人物的评判，大多不同于明以前各王朝的官方定论或儒家（尤其是理学家）的主流看法，甚至有些提法完全对立，尤其是对秦始皇、项羽、隋炀帝、武则天、冯道等等的评判，在不同程度上影响了后世对古代历史和历史人物的评价。《藏书》及其姊妹篇《续藏书》汇聚了李贽最重要的史观，也进一步激活了晚明新思潮，具有重要的史料价值和学术价值。

上海古籍出版社出版的《王心斋家训译注》一书，共十四章，条理分明，内容详尽，说理透彻，践行亲切，广泛涉及良知、日用、学乐、格物、安身、造命、进退、出处等诸多层面，可以说囊括了一个人在世生活的全体。心斋家学具有简易直截、庸言庸行、归根立本、门风严谨的特色，把高妙的形上理论与具体的日常生活结合起来，让人能在实际上予以体认，令学说能真正转化自己的生活。心斋不但长于说理，根植于儒学传统，对习见命题层层剖析，新意迭出，又因为早年历经世事，对世道人心有深切的体会，所以谈话能深入人心，直透根本。本书译注者于心斋学上积学有年，在实践要点中又注意扣紧人们的普遍问题和日常关切，做到了学问和生活的合一。每篇均分为“原文”“今译”“简注”“实践要点”四部分。注释会标明心斋所引古籍的原文，可以看出心斋与儒学大传统的关联。

浙江大学出版社出版的《宁波王门集》一书，汇集了宁波地区王阳明后学著作的整理汇编本，全书为学术界首次整理并校注黄宗明、汪玉、王应鹏、徐珊、黄元釜、黄嘉爱、黄文焕、黄骥、黄夔、余姚孙应奎、颜鲸、贺时泰等11人稀见存世珍本文献。本书作者多方搜集阳明亲传弟子存世珍本文献，比如从上海图书馆家谱馆藏民国版《竹桥黄氏族谱》抄录黄元釜、黄嘉爱所著诗文，从《北平国立图书馆甲库善本丛书》影印王应鹏的《定斋先生诗集》，从数万册《四库全书》中辑录慈溪大儒颜鲸的史料与散佚诗文，从复旦大学图书馆抄录贺时泰文集等，最后汇总编校整理成此书，具有很重要的学术价值。

此外还有沈敖大的章回体小说《徐阶传》，是一部记录徐阶生平的人物传记。全书分为四部分：少年徐阶、崛起下僚、调和鼎鼐、晚年风波。以明王朝的政治大背景为宽阔的舞台，以徐阶的足迹为经，以他所经历的历史事件为纬，演绎了徐阶的一生。描述了正德末、嘉靖、隆庆时期政坛的风云变幻，分析了当时政局成败利钝的缘由。

捌

阳明后学研究学位论文综述

近几年来，研究阳明后学的学位论文渐多，学位论文的综述显得很有必要。但相较于其他文献而言，学位论文的收集是比较困难的，大多数高校及科研院所学位论文都有数年的保密期，近三年的学位论文较少公之于众，而只是将其纸质版存放于校图书馆或国家图书馆等少数地方，所以有关阳明后学位论文也只能做到摘其一二。笔者勉为其难，通过多渠道搜索，检索到2020年度阳明后学的硕博士论文30余篇。

限于学识，硕、博士生对阳明后学的理解有待加深，且差异甚大，尤其是硕士论文，错漏之处不在少数，且论文在文字语言表达上有待提高。为了不改变原作的意思，本部分内容尽量在“转载”原文或“引用”原文观点的基础上，稍加改变表达方式，以便更好呈现作者真实的意思，此处特作说明。

一、博士学位论文综述

东南大学王晓娣的博士学位论文《阳明后学伦理思想研究》，基于对阳明后学思想的挖掘，立足于伦理学的研究视角，着重从三个方面进行新的尝试：第一，系统地梳理了阳明后学伦理思想发展的三种不同思想倾向，探讨其对理学伦理形态的变革性突破和对阳明心学的创新性发展及其对明清之际儒学转型、与西学会通的历史性意义。第二，以阳明后学伦理思想中三种不同思想倾向作为核心研究内容，对其政治伦理实践和社会伦理实践建构所彰显出的革新意义进行探讨。主张“尊悟”的阳明后学对自然人性论的提倡、对道德主体意识觉醒的高扬，使得儒学发展呈现出民间化、世俗化的发展倾向。提倡“主修”的阳明后学以良知心性贯通事功的道德主体实践的深化，将儒学外王之道的发展深入到觉民行道的社会实践中，在进行道德心体涵养的同时也实现了化良知为德行的伦理责任担当。对王学末流进行“修正”的学者开启了针对时弊、解救溺世的道德经世实践和经世致用实学发展的面向，将儒学与经世、儒学与实学、儒学与科学的发展实现了贯通，促进明清之际古学复兴、考据学兴起之儒学的转型。第三，肯定了阳明后学伦理思想的发展对儒学内部的革新、对反对封建纲常伦理的早期伦理启蒙的开启具有积极意义。同时，阳明后学伦理思想中对个体性向度的强化，对自然人性论的提倡，对圣凡平等、民本、民主的呼唤，以及重视“致良知”和“知行合一”的心学伦理精神，在清末民初宣传民主解放、救亡图存的时代背景下重回历史舞台，也成为近现代“接着王阳明讲”的新儒家进行心性之学理论建构的思想资源。而系统综观地把握阳明后学伦理思想的发展脉络和历史价值能够为当代儒学发展与转型提供有益之思。

作者在绪论部分对研究思路进行了比较详细的介绍，总共分为六个部分：

第一，阳明后学伦理思想产生的背景。明中后期以来政治变局和社会结构、社会风气的变化，迅速地反映到了思想意识层面，造成了传统学术思想的蜕变，同时也造就了挣脱理学伦理束缚的个体意识的觉醒和儒学平民化世俗化的发展转向。首先，对本着补救理学理论的弊端、打破理学伦理模式固有精神束缚的王阳明心学的兴起和心学伦理模式的构建。王阳明以“心即理”“吾心即是天理”作为心学伦理建构的出发点，把个体之人的良知心体提升到“天理”的高度，肯定了“吾心”作为衡量是非善恶的道德标准。以此，王阳明把外在于人的“天理”转换成了人人都具有的本性，那么“良知良能，愚夫愚妇与圣人同”，宣告了人人天赋平等，从根本上促使了个体意识的觉醒与高扬，在一定程度上对封建宗法等级制度造成了严重的冲击。这也正是王阳明极力反对程朱理学束缚人性、压制个体之人多样性发展的出发点。再者，阳明学派内部急剧分化，发展出了围绕“本体”与“工夫”进行伦理论争的“尊悟”与“主修”的不同思想趋向，及至东林学者和蕺山学者对王学末流的“修正”，不仅开清初经世致用之学的先河，而且也促进了明清之际儒学的转型。随着资本主义萌芽的产生，商品经济的发展和平民阶层的逐渐壮大，阳明后学以他们在伦理思想中所彰显出的对理学伦理桎梏的反叛、对个体性的张扬、对儒学民间化发展的提倡逐渐登上明朝中后期的历史舞台。

第二，“悟本体即工夫”的良知本体的自然明觉与扩充：“尊悟”的阳明后学对个体性伦理精神和道德主体意识觉醒的阐发。正如黄宗羲在《明儒学案·泰州学案一》中所说：“阳明先生之学，有泰州、龙溪而风行天下，亦因泰州、龙溪而渐失其传。……泰州之后，其人多能赤手搏龙蛇，传至颜钧、何心隐一派，遂复非名教所能羁络矣。”以王畿“四无说”所阐发的“现成良知”、以王艮、颜钧、罗汝芳等发展而来的泰州学派的自然人性论以及李贽的“童心说”，由于其学说思想以“良知现成”、崇“发用流行”“纯任自然”为出发点，强调“一悟本体即是工夫”，不但肯定了个体价值和人格独立，带来了一种伦理思想解放、身心解放的新风气，而且有力地质疑和抨击了封建伦理纲常，使得带有早期伦理启蒙意蕴的个体性精神得到了阐发与宣扬。

第三，“即工夫以达本体”的道德实践过程中的心体涵养与伦理责任担当：“主修”的阳明后学在个体道德修养和社会实践中的道德主体实践的深化。由悟“心”向修“身”与“性”的转变，体现了道德主体伦理实践的深化。个体的工夫修养不仅着力于自身，更重要的是作用于现实世界的人伦事物之中。对于如何实现“修”的工夫，以钱德洪、欧阳德为代表的“主事”派提倡不离人伦事物的道德实践；以聂豹、罗洪先为代表的“归寂主静”派提倡以“收敛定静”的道德修养工夫力挽世风；以邹守益、刘邦采为代表的“主敬”派主张修己以敬，以复良知本体之精明。他们通过“实修”的为善去恶道德修养实践和以良知心学贯通事功的“实功”工夫，一方面实现了对王学末流空谈心性之学的救偏补弊，另一方面开启了晚明乃至明末清初顾宪成、高攀龙等东林学者和刘宗周、黄宗羲等蕺山学者的经世致用之学的发展。

第四，以顾宪成、高攀龙为代表的东林学者和以刘宗周、黄宗羲为代表的蕺山学者在对心学末流进行“修正”的基础上，对躬行的道德修养与经世的伦理实践的提倡，彰显出了他们亟亟于明道救世的政治情怀和关心民生的社会主张。在社会政治实践中，他们一方面对主张“尊悟”的阳明后学“渐失其传”展开了积极的纠偏和修正，另一方面通过对道德主体须面向现实事务进行道德修养的强调，借以实现对“主修”的阳明后学之“静”与“寂”之修养工夫的超越。他们在为学上表现出的由思到学、反虚务实的实学精神，以及对工夫运用的看重取代对本体的探究，不仅开启了性理之学向经史之学的转向，而且重工夫发用的思想倾向使得他们的学术、学问在“力行”实践精神的引导下直接指向明道救世、格君正德的圣学经世之道。对王道的崇尚、对民本的提倡以及以身殉道的忠义气节，使得他们在明末清初的易代之际大放异彩。

第五，伦理实践：政治伦理和社会伦理的建构。阳明后学心学伦理体系的构建和心性伦理思想的阐发，目的在于能够解决现实政治问题、挽救晚明社会颓势。阳明后学对政治伦理、社会伦理的建构表达了他们对理想政教秩序的追求。他们在经世之学上展现出了自觉的担当精神和明道救世的伦理觉悟，以良知作为统摄化治心以治世，不仅将“祖述尧舜，宪章文武”的儒家政治伦理精神通过良知学赋予了创造性诠释，同时对尧舜、孔孟的成圣事业也给予了高度评价，并试图通过现实政治伦理建构的实践重新恢复三代之治的社会秩序。他们对民本的强调以及对君权的批判具有反对封建专制的积极意义，对开启近现代早期伦理启蒙具有重要的推动作用。在社会伦理建构实践中，通过致力于讲学与实学、制定乡约和社约，将高高在上的“天理”“圣学”化谕乡里，推动了儒学的民间化和世俗化转向，真正实现了个体自适和济世关怀的统一。

第六，阳明后学伦理思想的历史评价与现代意义。阳明后学所处的时代决定了这一学派所具有和承担的承上启下的双重身份和历史使命。一方面受王阳明心学伦理的影响，或批判或继承或超越，另一方面扮演了不同程度上的早期伦理启蒙的“开新”角色，引领着思想解放、个体自由的潮流，也影响了明清之际儒家伦理思想的发展走向。在这一时期里，不但有原始儒学复兴和考据学兴起等新质文化的更新与生长，推动着明清之际儒学的转型，而且也产生了异质文化即西方文化与宗教的输入，为早期的伦理启蒙注入了一股新生的力量。然而，囿于政治上的改朝换代和宗法关系的历史沉淀，封建专制统治势力愈发腐朽而强大，加之封建母体内资本主义发展不足和心学末流空疏的学风流弊，致使心学的发展在明末清初不断受到挫折而最终被迫陷于沉寂，一度中断。在此基础上，对阳明后学的伦理思想进行合理反思，把握其在思想史发展脉络中的历史价值，为当下研究阳明后学、探讨其思想当代价值具有重要的启发意义。

作者认为，阳明心学对程朱理学的批判促使儒学内部进行了一场道学革新运动，而阳明后学对心学的继承与发扬更是将心学伦理思想对理学束缚人性发展的反叛、对自然人性论的提倡发展到极致。伴随着晚明资本主义的萌芽和市民阶级的壮大，这种基于心学伦理思想的理性觉醒和主体精神的高扬，以及对民本、平等、民主的呼唤，具有反对封建伦理专制的积极意义。然而不可避免的是，心学末流奢谈心性本体，杂糅佛老学说，导致晚明士人逐渐沦入空谈心性的学风之中。面对道德沦丧的社会局势和易代的政治情形，明末清初的学者围绕道德人心的危机所展开的对阳明心学的批判，促使了心学逐渐式微，由此发展而来的是古学复兴和经史考据学兴起的儒学转型，以及注重实证考据、提倡科学精神的西方科学的落地生根。

浙江大学俞汉群的博士学位论文《讨真心——唐一庵哲学思想研究》，从糅合了王、湛两家学说并作为甘泉及门弟子的唐一庵思想出发进行研究。对于选择唐枢作为研究对象的原因，作者在摘要中说：在中晚明儒学史上，甘泉学派可以说是阳明心学之外另一支不容忽视的力量，目前学界在这一方面的研究已有相当成果。总体而言，这些成果大多集中在对于甘泉本人思想的研究，或者是对甘泉学派的整体性考察，而对于甘泉学派的个案研究则较少。迄今为止，关于唐一庵的专题研究仅有几篇期刊论文和一篇硕士学位论文，尚未有专门的博士学位论文和专著。这正是该文选择唐一庵的哲学思想作为研究对象的意义所在。在主旨方面，作者对唐一庵“讨真心”的哲学思想进行系统而深入地研究，了解他是如何处理王、湛两家学说之间的同异，揭明其哲学思想与王、湛两家学说之间的内在联系，并力求对其哲学思想予以精准定位。

在内容上，作者认为唐一庵“讨真心”的思想既融合了王、湛学说，也兼综了佛、道思想。虽然与佛、道两家均有往来，但唐一庵始终以儒者自居。总体而言，唐一庵虽出身湛门，但其思想更倾向于王学。因此，文章以唐一庵“讨真心”的思想定位为“具有甘泉学背景的阳明后学”。并以唐一庵“讨真心”的哲学思想为研究对象，具体从本体论的“何为真心”以及功夫论的“如何讨”这两个方面加以考察，力图呈现其哲学思想的系统性、丰富性和独特性。在本体论方面，唐一庵赋予“真心”以存有论和境界论的双重内涵，既吸纳了甘泉的“天理”观念，又糅合了阳明的“良知”思想。“真心”虽然在本质内容上与“天理”和“良知”无别，但甘泉的“天理”在唐一庵处更多地被转换成了“生理”，阳明的“良知”也拥有了新的表达形式。在功夫论方面，唐一庵的“讨”在本质内容上虽然与阳明的“致”以及甘泉的“体认”也无别，都是一种“本体功夫”“道体功夫”“自然功夫”，但唐一庵也有自己独特的发挥。

在文章结构上，全文分为四个部分：

第一部分是前言，由研究意义、研究综述、研究方法几个部分构成，在研究综述当中，重点关注了前期学者对唐一庵与湛若水、王阳明两家关系的研究、“讨真心”具体内涵的研究、“真心”内涵的研究以及“讨”之内涵的研究。在研究方法上，运用了基于问题的研究法、文献分析法、概念分析法、思想史的方法等。

第二部分讨论了唐一庵思想的本体论，即“真心”为何的问题。它既吸纳了甘泉的“天理”观念，又糅合了阳明的“良知”思想，更准确地说，“真心”“天理”与“良知”三者在本体论层面上是无二无别的。甘泉的“天理”观念在唐一庵的哲学思想体系当中更多地被转换成了“生理”；而阳明的“良知”思想在唐一庵那里也拥有了一种崭新的表达形式。讨论了三个内容，第一，“真心”在唐一庵思想中的双重意蕴：其一，是存有论意义上的真实性和永恒性，“真”就是真实而无诈伪虚妄，并且永恒不变、贞一不二；其二，是境界论意义上的无滞性，“真”作为宇宙创生的本源，虽成就万物之“有”而又不滞于万物之“有”。总而言之，“真”是一个兼具了存有论和境界论两方面意蕴的重要概念，而这一意义结构同样贯穿于唐一庵之所谓“真心”的概念当中。第二，真心即心体。真心即“心体”“本体”，是永恒的，好比“日光常在”，长存不变的，所变者只在人心之知觉。知觉是“心体”之自然发用处，本自虚灵。知觉为物欲掩蔽，则有善恶之不一，然而纵使物欲掩蔽，而“心体”之光明莹彻却始终未尝止息。第三，真心与习心。“真心”，就是指此心在其本来状态，而所谓“习心”，则是指此心为外物所动不在其本来状态。“习心”是一个与“真心”相提并论并且被广泛讨论的概念，它们之间的差别也是相当分明的。就存有论层面而言，“真心”与“习心”的差别就在于一为实有，一为假有。第四，真心即良知。亦即阳明所谓的“良知”，“真心”“心体”与“良知”三者之间无疑是异名而同实的关系。

第三部分讨论了唐一庵的工夫论，即如何“讨真心”。唐一庵的工夫论是为了解决本来性和现实性之间的差距而提出的，这种本来性和现实性之间的差距主要来自两个方面：其一，真心被人自埋没；其二，人有昧于致之之义。这部分从讨之必要性，讨之解义、讨之下手处、直须自信、为学先须立志、实察而实守几方面进行论述。在讨之必要性方面，就存有论层面而言，唐一庵所谓的“真心”是先验的实在，它亘古长存、不可灭绝。因此，对于“真心”不能为人所直接运用的情形，唐一庵用了“埋没”一词加以形容。“埋没”的主要因素就是沿袭见闻，也就是“真心”

被外面见闻所牵滞。世人日常生活中的一言一行虽然也是从各自的所知处做出来，但世人的所知只是“见闻之知”，而非“德性之知”。“见闻之知”是“真心”迷失其自身之主宰性而随后天意识转动所成的经验的见闻知识，“德性之知”是“真心”未曾迷失其自身之主宰性而呈现的先验的道德意识。在讨之解义方面，共有三个问题：第一，性本至虚，执心而以讨为务，不几于杂乎？第二，道在万物之中，如果拘泥于讨而将道放在心上玩弄，不几于废乎？第三，德以自然为宗，庸心以为讨，不几于扰乎？值得注意的是，这三个问题都将“心”和“讨”连在一起，无疑表明“讨”是基于“心”的一种作用。在讨之下手处，从本体上下功夫，初学下手须于“念虑”上收拾、安排，即“打叠念虑”，一一扫除物欲和意见。直须自信，主要是指人的一种道德自信，它是高扬道德主体性、提升道德责任感的一种具体表现。这种道德自信，体现在对于道德主体自身重要性的认识。须知得人身甚大，因为人备五行之全、人身与天地万物同体、满宇宙都担在自家身上。在为学先须立志方面，在唐一庵看来，人之为学的过程并非一蹴而就，而是有一定的先后次第，为学之过程有“起步、行程、到头”三个阶段，而其中又以“详审起步”为关键，“详审起步”，主要表现为“立志”功夫，首先即须要“审”，若“不审起步”，便只是遂情遂愿，只得自家兴趣。而不知此是“世俗常心”，非是“学心”。若“只审而未能详”，则又会“懒散不直前”。在实察而实守方面，唐一庵主张在日用当中着实体验，而非只求知解理会，功夫实践原不离日用常行，即当下着衣、吃饭、行住坐卧、出处、取与、利害、毁誉、死生等等，皆可致力。

第四部分论述唐一庵哲学思想的源流与定位。在思想源流方面，其一是对朱子思想有所修正，唐一庵没有全盘否定朱子对于“太极”的解释，引述朱子和张栻的话，首先表明他在以太极为宇宙万物之本源的认识上是与朱子和张栻一致的，但他毕竟对朱子的观点有所怀疑，这表现在他似乎并不认同“理为太极”“道为太极”的说法。唐一庵还认为理与气的关系也并非如朱子所说。其二是对甘泉思想的吸取。唐一庵继承了甘泉立志成圣的思想，也继承了他“煎销习心”的思想，尤其是汲取了甘泉“生理”这一观念。圣贤之学的本质就是要觉悟人心之生理，生理亦即生生不息之理，乃是学问的真种子。其三是对阳明思想的继承。唐一庵认为，阳明的学问功夫说到良知已到极致，他充分吸收了阳明的“致良知”思想，一方面以“出处互违”“不得登其门”而感到十分惋惜；另一方面又声称自己“盖尝追附致良知之说，以为千古血脉流行生化之机”，还毫无保留地将其“讨真心”三字宗旨作为私淑阳明的刺贽。可以说，唐一庵对于阳明“致良知”学说的推崇已然臻至极致。在总体定位方面，作者讨论了真心本体的定位，“真心”与王阳明所谓的“良知”在内涵上并无二致，它们都具有存有论意义上的至真至实和境界论意义上的无执不滞两层含义。“真心”既是至真至实的道德本体，又是创生万物的宇宙本体。作者认为，儒家之学之所以异于佛、道两家，同时亦是矫正佛、道支离的根本就在于其内外合一的格物穷理之学。就此而言，我们可以说唐一庵的“三教融合”思想实质上就是以儒家为本位的三教一源论。结合唐一庵尝以“讨真心”为私淑阳明的刺贽，加之其本人对阳明所表露出的极致钦慕之情，以及他与众多阳明嫡传弟子的友好往来，可以把唐一庵的思想归纳为“具有甘泉学背景的阳明后学”。

陕西师范大学秦蓁的博士学位论文《关学与心学的交会研究：以南大吉、冯从吾、李二曲为中心的哲学考察》，从作为理学体系和学派的代表所表现出与以阳明心学为核心的心学学派不同的特点和面貌出发进行探讨，围绕南大吉、冯从吾、李二曲三者为中心进行研究。文章从宏观的哲学视野出发，基于明清之际前后300年的历史大时段，所涵盖的时间从明代中期（15世纪初）一直延续至明末清初（18世纪初），以关学在心学思潮之中的学术思想转型与历史发展，显示出关学学派与心学不同学派之间的学术思想和实践之交流往来，对关学与心学之间不同层面的交会进行考察。

在内容上，作者从三个部分论述：

第一部分，明代关学转型背景下理学与心学之间张力的投影。从宋明理学内部两大潮流的思想及其理论体系，即程朱理学与陆王心学之间对峙与对话的紧张复杂关系，作为理学历史发展的大背景来看待明代理学思潮的转型。在明代以阳明心学为核心的心学思潮冲击之下，关学成为明显不同于东南地域以心学思想为主流的学术思想与学术派别。关学的学术传统和历史与新的学术转变之间的紧张，透显出宋明理学历史发展的整体脉络与紧张复杂，成为这一时期理学整体内部关系的一个显微镜。文章以黄宗羲的《明儒学案》所呈现的关学在心学思潮洪流之中的变化，作为关学与心学交会中问题的焦点和矛盾所在，详细分析《明儒学案》视域之下关学的学术思想转型及其转型前后的巨大差异，同时紧抓《明儒学案》中所体现出的关学与心学之间交会的学者与学派。通过冯从吾的《关学编》，对比关学学者在心学学术体系中的师承与学承，进一步提出以关学与心学相交叉的学者显现的二者之交会。最后，基于明清之际关学与心学交会不同时段与学者所呈现出的不同特点，将其划分为四个阶段：驳斥抗击阶段、传播接纳阶段、融会发展阶段和集成发展阶段。

第二部分，以南大吉、冯从吾和李二曲三位学者各自的视角来看关学与心学的交会。对三者学思历程及其转变、学术思想内容和学术理论在程朱理学与阳明心学或甘泉心学之间的变化上都进行详尽的阐述分析。首先，对三位学者各自的学思历程及其转变做以详细的阐述，以学思历程的重要转变和其对生命的体验悟证紧密结合，呈现出学者的学术思想及其理想追求绝非僵化的理论的外在表现，而是生命与学术紧密关联下的哲学超越与追寻，是对理学理想之道的寻求和道脉的传衍。其中，既有对程朱理学传统的坚持，又有对阳明心学（含甘泉心学）的学习吸纳和回应传播，也有着对关学道脉的继承与张载学术及其精神的继承和担当。其次，以学者各自在关中地域的讲学实践和在东南地域与心学学派之间的交流往来及讲学，作为关学与心学交会之中的社会文化史的呈现，详细地对其在关中地域内部和跨域关中地域之外的众多书院、寺庙等进行的官方、非官方的讲学游学作出考察，以显示交会中学者之间学术行为、学术思想、学术交友等不同方面的密切交流。最后，三位学者都与关学和心学之间有着密切的关联，从三者对心学思潮的回应与态度上看待，他们均对心学思想、程朱理学思想以及对张载关学的传统学术上有不同传承、吸纳或转变。将三者置于学术思想史和哲学发展史的视域下进行讨论，分为三个阶段：南大吉时的关学在心学，冯从吾时的关学会心学，李二曲时的心学关学化。心学学术思想在关中学术及其传统精神为基底的不断转化，最终形成关学学术的一个面向，这也是关学学术转型与发展的哲学价值所在。

第三部分，对交会中关学的定位与反思进行讨论，其关系是“师承—学承—道脉”。主要解决几个重点难点：一是南大吉、冯从吾、李二曲作为交会中的典型代表学者，他们之间的扭结所在，文中以三位共同的关学关系为基准，将其不同的师承、相似的学承和共同的道脉的寻求与传衍作为主要扭结，体现出关学在与心学交会过程中，三位学者尽管有阳明学或甘泉学的师承与学承，但并没有因此完全抛弃程关学历史中的程朱理学学术传统和关学精神与担当，有着共同的对关学道脉的追求。二是对“关学心学化”与“心学关学化”进行不同立场和视角的分析区别，“关学心学化”因受到《明儒学案》的主线与历史时期性理学影响，以心学作为这一时期关学呈现的主要学术面向，而“心学关学化”则是立足于关学自身学术传承传统和内部学术紧张，呈现出关学的学术全貌，其经历了从南大吉传播阳明学在关中，到冯从吾融会程朱理学、阳明心学和甘泉心学于一体的新创造的学术内容，再到李二曲在学术体系上整合程朱理学与陆王心学的体系性创新，最终将心学学术思想内容和思潮转化为有着关学学术特色的学术体系予以呈现之。交会视域下的关学，有着不同于明代阳明心学支流的各心学学派的历史沉积和发展特色，是以张载学术及其精神做基底，以程朱理学和心学学术的共同思想传承融会一体，并以冯从吾的重新建构赋予学派新的价值意义。

二、硕士学位论文综述

杭州师范大学刘淑龙的硕士学位论文《气学视域下的王畿心学》，在学界对于王畿“四无说”“良知论”“佛老思想”“本体论”“工夫论”等主要哲学观点已进行了充分的研究的基础上提出。对王畿“气”的思想研究得比较少，甚至“气”的概念一直处于一个被学界忽视的位置，但“气”的思想在王畿整个哲学思想体系的构建中具有不可或缺的地位，通过对王畿文献的检索，王畿有关“气”的论述的材料是非常丰富的，仅“气”字在《王畿集》中就出现了六百多次，不仅有直截了当的阐述之外，也有不少相关命题的论述，分布于其理论体系的构建之中，与其主要哲学命题都有所关联。所以从气的角度审视王畿的心学思想，从“气”的角度重新审视王畿的心学思想，不仅可以开启新的研究视域，发掘王畿心学思想的不同方面，而且能够对王畿心学思想有个全方位的了解。同时也能更好地理解阳明学在明代中后期的发展情况，以及阳明后学与程朱理学、明代气学、道家道教之间的关联，中国哲学的发展是一脉相承连续不断的，更是丰富多彩的。

在研究内容上，文章由绪论及四个章节以及结论部分组成。包括：

绪论主要有三个部分：其一，研究背景，主要是突出“气”的思想在王畿本人心学乃至整个阳明学思想体系之中的重要位置；其二，研究现状，对国内外王畿思想的研究进行了学术史回顾，以期能够发现对于王畿思想中“气”概念相关研究的优势与不足，更好地展开新的研究；其三，对于本文的结构内容、创新点以及不足之处加以说明。

第一章主要对王畿的为学经历与宋明气学的演变做了简单叙述。第一，把王畿的人生学术经历分为受学阳明、两京为官、林下讲学三个阶段。王畿的一生亦是其心学思想不断完善的过程，通过他的人生经历可以把握王畿其思想变化的多重因素。第二，以宋明时期为典型对气概念的发展脉络进行回顾，以期对于气概念的哲学化演变过程作以了解。气概念在有文献记载的殷商时期，仅作为人类对生产活动实践中所观察到的自然现象的一种描绘。先秦时期，气概念被广泛利用，赋予不同的含义，孔子的“血气”，孟子的“浩然之气”“夜气”等，都具有伦理性的意味。进入宋明时期，气的意涵可以说达到了前所未有的高度，张载“太虚即气”以气为宇宙本源的逻辑结构，对于程朱理学乃至后来气学的发展都有深远影响。朱熹的进一步发展了张载、二程的气论思想，尽管气并不是王阳明核心思想所要关注的内容，但是在良知思想的构建与证成中依然离不开气。

第二章主要对于王畿文献中有关气的材料进行了分类辑录。主要分为三个部分进行叙述：从自然、身体、精神三个方面对王畿文献中有关气的材料进行辑录分类，以便于更好地了解王畿心学中气概念的多重内涵。但有些概念是包含多重含义，如“元气”“灵气”等概念，既可以认为它是具有先天的自然本原的意义，也可以把它归为人的生命得以运行的基础。第一，从自然方面看，王畿认为天地万物都是由气构成，用“纯气”“清气”“元气”“真气”等来形容最初宇宙的质料。王畿称之为“灵气”，可以凝聚而为人心，灵气也即良知，不仅是构成天地万物，亦是人心之要素，所以通天地万物一体，气便是其中的共有之物，构成万物的材料。第二，从身体面向看，除了构成人心的灵气外，还有“血气”，是维持生命体正常运行的基础，同时，“血气”除了表示人的身体状况之外，也具有伦理道德上的意义，与人性相联系。王畿重视调节身体中的气息来修养身心，通过调节身体中的气，可以达到身心一体、性命合一的工夫境界。第三，从精神面向看，主要是人的伦理道德、精神状态方面，超脱了自然物质，是一种精神意志范畴，能够通过影响人的行为而决定人的性。而如果动了心中的气的，便是恶，即是习气，能遮蔽良知，良知被遮蔽便是恶，所以去除习气便是工夫修养的关键。

第三章从王畿是如何处理气与理、性的关系这两个部分进行展开论述。接续二程、朱熹以及阳明的思想，王畿则进一步认为“理是气之主宰，气是理之运用”，把“条理”替换成“主宰”，把条理之物的理提高为具有主体性的主宰作用之物，这是由于理在心学中与良知具有共同的属性，心即理，心之本体即良知。同时也强调理和气是不可分割的，“不可得而离也”，理是气的本体，气是理的工夫，是体和用的关系，体用一原。除了理之外，王畿也经常把“神”和“理”相替换，神为性，气为命，神气相交则性命全。王畿对理气的讨论，偏重在伦理道德修养方面，他主要是想要解决修养工夫的问题。王畿秉承阳明，同样认为性无不善，感物而动，动即为欲，这个动即是动气。然而这个气已经不是先天的气了，被称为“习气”，习气使良知蒙蔽，则是恶。很好地解释了恶的后天产生，避免了与性本善、良知至善立场的冲突。

第四章论述气与良知本体的关系。分为两个部分：其一，对王畿“良知气之灵”的论述。王畿用虚、寂、空、无来形容良知本体的自然状态，只有虚寂空无，才能够感通，作为判断是非的标准，即良知之用才得以有效。气有“灵”的属性，即“良知气之灵”。天地万物一气，其中的良知便是灵气，良知是人心、身、天地之灵气。良知的普遍性通过灵气的分有而成为可能，也是万物一体论的基础。其二，良知与气的关系问题也是志与气的关系。王畿认为致良知的过程也是立志的过程，志是心之所向，能够指导人的意识活动。

总之，王畿进一步发展了王阳明的思想，提出“良知气之灵”的观点，直接把良知等同于灵气。良知是人身之灵气，心之灵气，天地之灵气。同时，王畿把还把气与理、性、神、心、志等概念联系在一起，呈现出多重意涵。王畿对于良知本体地位的证成离不开气的客观支持，用气的状态来表示良知本体的虚寂灵明的本然状态。本性的善是儒者的共同立场，因此，良知本体是至善的，恶的来源只能是由于后天的因素，王畿认为习气使良知蒙蔽，本体的善便不能呈现，便是恶。由于志对气的主导作用，立志便成为去除习气的重要方法，也即是致良知的工夫。可以看出，气的概念始终贯穿于王畿整个哲学思想体系之中，是其哲学思想构成的关键部分。

江西中医药大学黄文的硕士学位论文《王畿调息静坐养生思想研究》，从文献调查入手，应用文献学研究方法，通过对王畿著作、书信、传记等现存文献进行深入探究，挖掘王畿调息静坐养生的内在价值。总结其调息静坐的特点、贡献、经验、体悟、思想等思想，认为王畿的调息静坐理论成因综合宋明理学风尚的推动、佛老思想的影响、个人身体原因最终形成其独特的思想。其特点在于重视数息、强调真息、主张燕息。在调息静坐操作方面，王畿甄别真息与假息，区别数息与真息，鉴别真息与燕息，指明调息重在“心息相依”。对调息静坐的机理阐释从真息、神气、动静、虚无四个角度展开。修习调息静坐可以帮助存心养性、追求良知，使得读书静坐相得益彰，令静坐与事上磨炼动静结合，最终达到摄养卫生、增强体质的作用。其贡献表现在两方面，一是将操作进行细节化的规定，二是对调息静坐的机理合理的阐述。

在研究内容上，作者从五个方面展开论述：

第一章，王畿调息静坐际会因缘。王畿修习调息静坐与其幼年时体弱多病有十分密切的关系。其调息静坐思想继承于先师王阳明，受到宋明理学风尚和佛老思想的影响，融合儒家心学、道家内丹和坐忘学说、佛家禅定学说，有着独特而鲜明的个人特点。

第二章，王畿调息静坐主要特点与贡献。王畿调息静坐的主要特点在于重视数息、强调真息、主张燕息。他对调息静坐理论的发展有两大贡献：第一，将调息静坐操作进行细节化的规定；第二，对调息静坐的机理进行合理的阐述。王畿将调息静坐的操作细化：甄别真息与假息，区别数息与真息，鉴别真息与燕息，强调调息意在“心息相依”。对调息静坐的机理阐释从真息、神气、动静、虚无四个方面展开。

第三章，王畿调息静坐经验体悟。王畿调息静坐经验包括时间、方法、环境三个方面。王畿在修习时间方面，有辰刻说、向晦说、时时说三种观点；静坐修炼方法以调息入门，收摄内心和视听言动为要点；修习环境有静室、山林两种地点。对调息静坐的神秘体验分为四个层次：未入静时，初得静时，渐得光明，澄莹光耀。

第四章，王畿调息静坐的养生思想。可以概括为摄养卫生增强体质，调息静坐与良知相辅相成，与读书相伴相得益彰，与事上磨炼结合动静相宜。调息静坐的养生原理从精神养生、情志养生、内丹养生三方面展开。

第五章，王畿调息静坐意义与影响。虽然在静坐观和静坐体悟两方面有所争议，但是总体上不失为一种养生保健的良好方法。王畿调息静坐具有的养生效果，为诸多现代学者所证实。他的养生思想完善中医静功理论体系，对传统养生文化发展有着促进作用。王畿调息静坐理论对阳明后学有深远的影响，不仅在中国流传，而且远渡重洋在日本广泛流传。

西安电子科技大学曹书嘉的硕士学位论文《王畿心学思想中的儒佛融汇问题研究》，旨在对晚明特殊的历史境遇下，“心学”思想遍地开花，各方学者大德在思想上多有“交锋”与“互通”的特殊历史背景中，以王畿的“虚寂感通”思想与佛道二家的关系进行研究，作者认为在王畿建构其自身良知体系的过程中，多有对佛道二教的融摄与贯通，作者认为良知“范围三教之宗”，王畿思想中，既有对佛教主流思想的融摄，亦有在儒家思想基础上融通佛教相关于本体论、工夫论的思考。基于此，文章就其与佛道是如何融会贯通这一问题进行讨论。

在内容上，通过对《王畿集》的研读，辅以《明史》《明儒学案》等史书典籍，总结王畿儒佛融通的思想体系。另外，通过对历史上同一时期阳明学者在思想与行止上的阐发与比较，探究晚明时期“心学”流派的发展与佛教在晚明时期与“心学”各脉之间的互相影响。在王畿的三教观中，他认为“虚无空寂”的心灵境界并不是佛家思想的专利，它也是儒家思想的内在向度。这一点在中晚明阳明学中实具有相当的代表性，可以说是阳明学者在晚明时期提倡三教融合思想的一个重要表现。由此可见，在晚明时期的儒家思想学派中，王畿被称为“三教宗师”的原因，正是由于王畿在其师“致良知”以及“四句教”的基础上坚定地信仰良知，并把阳明先生的三教合一理论推向了一个新的高度。

王畿的理论学说基于王阳明“致良知”学说之上，但王畿在阐发其学术思想核心的过程中，多方融摄包含佛、道二教的思想于其中，使其学理内涵更趋近于佛、道，以致招来当时甚至后世的多方讥评。尽管如此，王畿一生仍致力于讲学事业，且仍将其精深的儒佛融汇思想传承于后人，真正做到“援佛入儒”，使得“心学”思想有了新的养分补给。究其学思历程，融摄佛、道二教于本身“正学”的行为，或一时难让人产生误解，但王畿其学其思于晚明时代甚至于后世的影响，终究是经得起历史检验的。本文旨在对晚明特殊的历史境遇下，“心学”思想遍地开花，各方学者大德在思想上多有“交锋”与“互通”的特殊历史背景中，对作为典型存在的王畿其人学术思想进行总结。

武汉大学陈鑫的硕士学位论文《王艮明哲保身论和泰州学派的政治参与》，以王艮的“明哲保身”论这一具有争议性的概念入手进行探讨。基于时代背景，王艮的明哲保身论最初是对为官的士人所发出的呼吁，应当置于当时的政治背景下加以考察。王艮之后，泰州学者继承其师保身弘道之志，在谨慎抉择出处的同时，或为官以行道，或讲学以觉民，或制定乡约以化俗，通过其政治参与在社会政治生活中广泛实践并传播儒家伦理道德。因而在注重泰州学派世俗性与民间性的同时，也不应该忽略泰州学者政治活动的多样性与丰富性。政治领域之外，泰州学派的保身说还蕴含着注重个人感性生命、肯定个人内在潜能的理论内核，并以此深刻影响着普通民众的社会伦理生活，发掘百姓的道德能力，尊重百姓的内在价值，闪烁着人格尊严的光辉。

在研究内容上，作者主要从王艮本人的明哲保身论、泰州学者的明哲保身论及其政治参与、泰州学派明哲保身和政治参与活动的当代意义三个部分展开论述。具体包括：第一章，论述王艮明哲保身论所面临的时代背景，明确王艮“保身”说产生的原因。其后，以王艮所撰《明哲保身论》为中心，结合其他王艮关于“保身”思想的相关概念和表述，全面阐释王艮“明哲保身”论的思想内容。第二章，论述王艮影响下的泰州学者们的“明哲保身”说及其对这些学者的政治参与活动所产生的影响。王艮的保身说不仅是其本人思想的重要组成部分，还被其后学所继承和发扬，在泰州学者的著述中均可寻到明哲保身说的思想痕迹。第三章，论述王艮“明哲保身”论思想的当代意义，从王艮对于保身与从政的问题所做的解读中发掘其与现代政治哲学相契合的主体意识、家国情怀和平民倾向，并把泰州学派的保身论从政治领域进一步扩大至社会道德领域，将“明哲保身”与现代政治哲学中关于“人的尊严与价值”的讨论联系起来，发掘“明哲保身”论所蕴含的当代价值。

在结论部分，作者认为，王艮在其“良知”说的基础上，从爱身、敬身，得以保身，最后实现其理想之“道”，达到安身的境界，构建起相对完整的“以身为本”的学说体系。“明哲保身”之“身”不是单纯的感性欲望的身体，而是儒家之道的具体化的体现。“明哲保身”也并非黄宗羲所批评的为士人留下一“临难苟免之隙”，而是保全作为道德体现的身体，也就是保全了“道”和人的尊严。在王艮明哲保身论的影响下，整个泰州学派的政治参与有着明显的民间化倾向，以普及儒家伦理道德规范、教化社会风俗为己任。

在政治领域，泰州学派的“明哲保身”并非单纯意义上的保全己身，而是将“己身”作为修齐治平的起点，由此实现了“身”与“道”的合一。王艮的明哲保身说既坚守了传统儒家一直以来的社会理想，仍以道的实现为其思想的最终目的，复兴了先秦儒家对于国家无道时士人如何处世之问题的讨论，真正实践了儒家的觉民行道之路。而在价值领域，王艮的“身本论”在将个体感性生命置于和“道”同样崇高的地位，在强调个体生命保全的同时，实现个人的人生价值，鲜明地体现出晚明伦理道德思想向个体和个性的回归。这里需要注意的是，王艮抬高身体的理论基础在于其“身道合一”，他所谓的“身”已经不仅仅是感性生命，而是作为“道”的具象体现的身体。如果将王艮之“身”单纯视为肉体之身，那么自然会导致背离名教、随任情欲的批评。他关于“保身”与“爱人”两者关系的论述聚焦于个人与他人之间的关系，既包含着对个人生命之尊重，也体现出个人尊重、爱敬他人之义务，为明代中晚期的社会思想发展开辟了新路。

内蒙古大学郐雯琳的《王艮儒学思想平民化特色初探》一文，围绕王艮儒学思想的平民化特色这一议题，以王艮为学的三个阶段为线索，对王艮其人、其学说进行梳理，对他思想中的平民化特点进行分析。梳理出他在为学的各个阶段所体现出的思想上的平民性，展现出他作为一个布衣出身、师从王阳明的儒者与阳明心学的一脉相承，并在阳明心学的基础上加以自己的理解和改造，由此开创了泰州学派。王艮思想“一以贯之”的平民性以及他对儒学平民化的实践，使当时的平民百姓都能接触到以往“高高在上”儒学，其目的始终都是解救并唤醒底层百姓，在明代中期掀起了不小的波澜，可以说是启蒙思想的发源，给后人留下了巨大的精神财富。

在研究思路上，首先梳理了王艮为学的“一变”，他从目不识丁的手工业者逐渐成为一名心系平民的儒家学者，这与当时的社会环境以及他的家庭背景是分不开的。其次，本文从他为学“二变”的角度，对他从学王门的经历进行分析，阐述王艮对王阳明一脉相承的学术气质，以及他对于阳明心学的平民化改造。再次，本文阐述了王艮在阳明心学的基础上，发展出了自己独特的“百姓日用”的天理良知说，以及“尊身立本”“明哲保身”的淮南格物论；除此之外，王艮还发挥了王阳明“乐是心之本体”的学说，并做《乐学歌》来驳斥朱熹的“存理灭欲”，同时将儒家的伦理活动平民化。最后，本文叙述了王艮“为学三变”中的最后一变，在这一阶段，王艮进入了自立门户、传道授业的时期，他总结自己的学术成果为继承了孔、孟之道的“大成之学”，并以此为内容进行讲学活动；王艮不遗余力地投身于将讲学平民化的事业中，使底层百姓都可以受到教育，使之产生保护自身生存权的思想萌芽。

武汉大学吕幸的《邓元锡心学思想研究》一文，以江右王门代表邓元锡为研究对象，侧重对《潜学稿》的挖掘，从邓元锡与友人的往来书信、诗词作品入手，归纳邓元锡独特的心学思想。

在研究内容上，作者侧重邓元锡的心学思想旨趣的三个方面：心性论上主张：“立大本，行达道”；功夫论主张：以“诚”贯穿“良知”；体现在经世思想上是：尽性至命为宗。通过与同门思想的相互比较，体现出邓元锡心学思想的独特之处。最后，邓元锡的儒释之辨思想是其心学思想的展开，在《论儒释书》中展露无遗。通过对《论儒释书》的分析，阐明邓元锡独特的佛儒之辨思想，结合中晚明的时代背景以及邓元锡的个人经历，揭示阳明学派佛儒调和论的发展困境。

在创新方面，作者认为，文章更加详细完整地考据邓元锡地生平和心学思想，凸显邓元锡与同期学者相比的不同之处。邓元锡的心学思想极具代表性，由此展开的儒释之辨也颇具特色。中晚明的阳明学者探讨儒释之辨呈现出相互矛盾的困境：一方面，阳明学派批判宋儒的儒佛之辨，驳斥宋儒完全排佛的行径，辨析佛儒之间相通之处，论辩思路有佛儒调和论的趋向。另一方面，阳明学派依旧从儒家立场出发，严格区分佛儒的界限，强调儒家正统地位。论辩思路又回归宋儒。这一论证怪圈在邓元锡所著《论儒释书》中展露无遗。该文作者意在通过对邓元锡《论儒释书》的分析，阐明邓元锡独特的佛儒之辨思想，结合中晚明的时代背景以及邓元锡的个人经历，揭示阳明学派佛儒调和论的发展困境。

在研究方法上，作者选择文献法，基于《潜学编》，加以认真点校，梳理邓元锡思想脉络。将邓元锡的思想与同时代的其他阳明学者、佛门学者进行比较，分析出其心学思想的独特之处，基于心学思想之上的儒释之辨的思想的独特之处。历史与逻辑相统一的方法。将邓元锡的心学思想与当时的社会现实紧密结合，探讨其作为阳明后学所面对的现实议题，分析其思想形成的主要原因与历史背景。同时，逻辑地连贯地将邓元锡的思想加以整理，归纳出其心学，儒释之辨思想的独特之处；“纯化”与“泛化”相结合的方法。邓元锡的心学思想没有专著，需要对《潜学编》的相关文本进行整理归纳，纯化出邓元锡的思想脉络。在研究过程中，再将其思想放置于晚明历史的背景之下，进行泛化研究。

武汉大学任为的硕士学位论文《王塘南“以性为宗”思想研究》，以江右王门王塘南的“知道者以性为宗”为主题，对王塘南思想的形成、展开及影响展开研究。作者认为，这一研究具有三个方面的意义：其一，充分挖掘王塘南思想中的江右学术特色。将塘南思想置于江右王门主静思潮之下进行考察，重点厘清从聂双江、罗念庵再经刘两峰、刘师泉到王塘南的学理发展线索，展现塘南宗性思想形成的独特理论渊源和问题意识；其二，塘南思想体系性强，逻辑较严谨，概念使用多，辨析精微。对其重新加以梳理和阐释，可以更好地揭示塘南思想的体系架构、内在逻辑、诸概念与命题的精义，填补以往研究之疏漏处；其三，江右王学地域性较强，在中晚明社会的实际影响是有限的，加之清变夏后又随整个阳明学一道彻底沉寂，导致后世对其一直缺乏足够关注。文章在论述塘南思想和江右主静思潮发展脉络的同时也期待能够折射出江右王学的独有气象与价值。

在内容上，作者通过四个部分呈现王塘南“以性为宗”思想产生的背景、理论架构和时代意义。第一章，讨论塘南思想产生的背景：首先论述江右王门主静思潮及其源头：濂溪学和白沙学；其次阐述主静思潮由开拓者聂双江直至刘师泉的理论衍进过程，以期呈现其问题意识、内在矛盾和发展线索；再次，结合塘南生平梳理了其学行经历，重点呈现其个人思想发展变化的几个阶段。第二章，论述塘南思想在本体层面的建构：首先，以“性”为诠释重点，从“性”作为宇宙本体、道德本体和“性”的存有特征三个维度阐释塘南思想中这一核心范畴的内涵和意义。其次，分析了塘南以“几”改造“良知”的过程和“几”范畴统摄下“独”“意”“神”诸范畴的定位和作用。第三章，论述了塘南“透性研几”的工夫路径和层次。首先，通过分析塘南悟修关系的三个层面，申明了其工夫论开展的原则轨范。其次，以静坐、研几、求仁这三个递进层次呈现了塘南具体的工夫路径。第四章，对塘南思想在江右王门主静思潮中的意义和在晚明思想史中的影响作出了评价。

武汉大学卢添成的硕士学位论文《章潢工夫论思想研究》，以江右王门第三代代表人物章潢的工夫论思想为中心进行讨论。文章论述了章潢的心性思想，以及从心性论到工夫论的进路，从而把握其对心、性及气的定位，以及如何对治后天私欲习气等。

在内容上，文章选取了章潢理学思想中最为核心的两个部分，即心性论与工夫论，由此得以窥见章潢思想的全貌，从而探析章潢思想中的独特内容与价值，以及分析他是如何在阳明学的困境中积极寻找出路的。基于这样的出发点进行论证。

第一，论述了章潢个人生平交友及其著作，对其思想形成的因素与背景做了深入地分析，从而明晰作为江右学派的章潢，其思想中为何杂糅了泰州、止修等学派的原因。

第二，本文分析了章潢的心性思想，先是指出心性二者之间的关系，明确心为人一身之主宰，性为心之生理，性是人之为人的根本，心性非二，具有相同含义。与朱子严分心性有所不同的是，章潢实则是在阳明学心性合一的框架下展开对心性关系的讨论，心性在章潢看来并非二物，但是也不能完全不作区别，它们有各自的“功能”，不过最终指向却是同一的。在“心即理”的阳明学大背景下，对于心性的区分自然不是明显的，某种程度上来看，性与心是同质的，故而章潢也趋向于将心性看作同一非二的。此外，作者在探讨章潢心性论思想的时候也深入重点地探讨了章潢的性气思想，指出章潢在阳明“性气合一”的理论背景下，把对性气关系的讨论焦点转移到“性”与“气质”上来，给“气质”一个清晰的定位，以区别于后天的“习气”，把修养功夫落到实处，既能针砭时弊，对治阳明后学泛滥情识、功夫空疏的流弊，又有效地回应异端之挑战。章潢性气思想的最后落脚点在变化习气的实修功夫上，“习气”归根结底也是人们放任本心、滋生私欲而产生的，因而章潢提出“求放心”“止至善”的修养功夫，把功夫的着力点放在人伦日用之上，以求“明性善”之指归。

第三，论述章潢的工夫论。造成心之不纯而为“放心”的“元凶”指向人的习气私欲，对治这种习气的便是修养之工夫。在文章的最后一章，集中研究章潢工夫论思想，分析章潢“学问四箴”的其中三条工夫，亦即“止至善”“求放心”以及“人伦日用之间”，这三条构成了章潢工夫论的整个思想。首先，“止至善”为工夫之归宿，学必有所止，“至善”即是章潢认为的终极所“止”，学者都应以“止至善”为归宿，它又与人伦日用相关联，即在君臣父子之人伦中要以仁义孝慈信为“止”，此为“至善”。其次，“求放心”乃工夫之进路，人心莫不虚灵至善，然受习气私欲所染污而为“放心”，故而章潢指出为学要以“求放心”为开端进路，这也是工夫的基本面，他进一步指出“求放心”即是“求仁”，求人之仁爱之心，也就是人之初的赤子之心，时时存理去欲，加以暴濯之功，以回复人心本来之面貌，将“放心”收归，不失赤子之心。最后，章潢认为，无论是“止至善”还是“求放心”，都不能脱离人伦日用去“止”去

“求”，章潢极力批斥像佛老二家那样绝人避世的修身方法，指出于人伦日用中求真理，于人伦日用做圣人才是为学之正途，也是儒家圣学一以贯之的传统，他深感当世学子受佛老荼毒太深，而圣学传统又不能昌明反而被误用，故而他想要纠世人之所偏，提倡“人伦日用”才是为学之实地，要人行中庸之道，在君臣、父子、兄弟、夫妇、朋友之人伦应接中，使得喜怒哀乐发而皆中节之和。在章潢看来，这是人切身心的修养工夫，也是最真真切切的道德修养，离开这个去寻求高旷虚寂的内心境界，是一种不着边际的修养方式，也难以求得“真心”。①

河南大学贺淼的硕士学位论文《季本“龙惕”思想探析》一文，以季本的“龙惕”思想为切入点，以《龙惕书》为文本依据，以概念范畴和思想史的研究方法为指导。通过对具体文本的阐释，从纵向和横向两个方面解读“龙惕”说的内涵，梳理“龙惕”思想的要旨，并由此展现季本整个思想体系的建构。但“龙惕”说虽然是季本学术理论的代表性观点，但是与此相关的思想是有一个动态化发展的，其中既包括他对《周易》等传统思想的继承和发展，也包括他对心学要义的理解和发挥。“龙惕”思想，不仅仅是他在特定阶段的学术见解，也是贯穿季本整个思想体系的核心精神。故文章从以小见大的角度，通过对“龙惕”概念的梳理和内涵的分析，提炼出该思想的主旨所在。并将其与季本学术理论的建构结合起来，从而更加全面客观地呈现出季本之学的整体面貌。

在研究思路上，作者以整体和动态两种视角深入主题，首先关注“龙惕”相关概念在历史发展中的流变。同时，将宏观与微观结合，既关注季本对本体和工夫的定位，又重视季本整个思想体系的构建，重在凸显主流之外的边缘人物在心学发展史中的价值与意义。相比于之前侧重于义理层面的解读，文章立足于文本的阐释，将本体—工夫的分合放置到对概念的分析中去，通过对比季本与阳明等人思想的异同，凸显其学宗旨所在。并

①卢添成：《章潢工夫论思想研究》，武汉大学硕士学位论文，2020年。

将这一概念放置到其整体思想建构当中，去展现季本对这一概念的理解和运用。其中既包括其学的实践指向，亦包括其理论归向。文章采用概念范畴和思想史结合的研究方法，并结合对具体文本的阐释，这是区别于之前研究的方面。以这种方法深入，能更加细致地展现季本“龙惕”思想的承继性和创新性。

通过研究，作者得出结论，认为季本的哲学思想以心学为主，又旁及易学、经学等诸多内容，这就导致其学不够纯粹，甚至些许驳杂。但也正因如此，他亦能跳出阳明学的窠臼，适时地发现其后学思想的偏离，并试图以理论挽救之。季本一方面继承了儒家传统工夫论中的居敬、慎独等思想；另一方面，又将心学所讲的良知落实在对“惕”的动态体认上。清朝初年，虽然朝廷仍有“崇儒重道”的政策，但是此时朱子之学才是官方正统。虽然不能将此与明末心学的衰落画上等号，但是也不能说与此不无关系。心学的发展经过阳明等人的丰富与充实，其体系在一定程度上已趋于成熟，这也意味着心学的发展空间逐渐狭窄。阳明心学在一定程度上改变了宋明理学的发展路向，并发展出一种内在性的精神哲学。但是当面临时代转型，心学就逐渐丧失了其优越性。而季本在不消解良知本心的基础上，也在有意或无意中完成了破除理学和心学壁垒的新尝试。①

中央民族大学王安然的硕士学位论文《浙中王门现成良知研究》，对浙中王门王龙溪、钱绪山、周海门等人的“现成良知”思想进行了探讨。文章从本体和工夫两大层面着手，探讨浙中王门范围内现成良知思想的呈现和发展，主要以王龙溪—周海门这一继承思路为主体进行研究，也引入浙中王门重要学者钱绪山的一些思想进行对比印证，同时也与王门内外一些学者的思想进行了对比辨析，旨在探求现成良知思想存在的发展理路和一些衍生问题，从而揭示现成良知思想的基本内涵。

在内容上，作者围绕王龙溪、钱绪山、周海门三者展开。龙溪良知学

①贺淼：《季本“龙惕”思想探析》，河南大学硕士学位论文，2020年。

说继承自阳明，又有发扬之处，最具代表性的就是其“四无”思想与“见在良知”之说，这二者又是相辅相成的。钱绪山虽为王龙溪思想的辩难者，其实在体认无善无恶之心体与主张良知见在化的立场上，同龙溪是相似的，而二者的区别更多体现在工夫论的倾向上。周海门作为龙溪思想的重要继承者，深谙阳明一体之思想，对“无善无恶”之旨有更深的继承和发扬，虽重视对“无”的体认，但在工夫论上亦有钱王合一的倾向。龙溪与绪山在体认无善无恶良知本体的基础上，都主张良知的见在化，只不过龙溪讲“见在良知”，是主张将良知本体提升至“无”的层面，从先天心体处做工夫，龙溪虽主张“无”，但也未忽略“有”的层面，在肯定良知当下实有的前提下，提出后天诚意之学，主张于一念之微处念念致良知。而绪山提“见在良知”，虽对良知无善无恶的本性有所体悟，但却是在肯定良知知是知非能力之时，主张要将工夫落于“事”上进行诉求，因为往心上做工夫，难免会有疏漏之处，离去人伦物用，也不能空谈致良知之学，所以绪山之学更重实践层面，是浙中王门的实干家。周海门作为王龙溪门人，不仅对龙溪“四无”思想有较深的体悟，同时也对现成良知观也有着更深的强调，更是阳明一体论思想的笃信者。周海门认为在良知心体的内在作用之下，手持足行皆是道，由此也提倡自知、自信、自得之学，其本末难分，修悟一体的心上工夫也具有自身的鲜明特色。

在结论处，作者对三者的“良知”思想进行了总结：龙溪与绪山在阐述其自身思想时俱承认良知见在，亦重视对此先天圆成良知本体的体悟，不过在工夫论上，二者却是有所差异的。龙溪更偏重于在日常经验中体悟先天具足的良知之体，而绪山更偏重于在经验活动中实心磨炼，以去习心的修持方式保证在人伦事变中回归此良知本体，比起龙溪之颖悟，绪山论学确是比较谨慎的，也正是此谨慎之心，绪山看到了龙溪论学潜在的危险之处。在海门处，其以龙溪门人自居，重“悟”自不必说，同时也将龙溪承自阳明即本体即工夫的思维模式贯彻得淋漓尽致。海门之说乍看与泰州学派之学十分相似，但由于海门极致的一体论思维框架，他认为形而上之体须与形而下之用为一体，良知本体先天完具与良知当下发用流行为一体，心内与心外为一体，由此，海门在工夫论上，有钱、王合一的倾向。既然心物一体，换句话说即心境一体，所以在修习途中，明心与炼境缺一不可。明心不炼境，是掠虚捉影；炼境不明心，是瞎练盲修。“明心”与“炼境”其实也是一体的，只因为时人喜将心物二分来看，海门才分开论述以求时人认识到二者一体。由此，海门虽喜言心体明悟，却也未尝放下修持工夫，由此海门修悟一体、本末难分的工夫理论，也有其独到之处。[①]

湖南师范大学谭婷婷的硕士学位论文《万表诗文研究》，秉持“知人论世”的理念，以浙中王门万表所撰《玩鹿亭稿》为中心，研究分析万表诗文，综合运用文献研究与文学批评理论进行多重维度的研究，进一步挖掘万表诗文的文学价值。经研究得知，万表继承鄞县万氏家族忠义的传统精神，武将世家出身的万表传承了尊礼重道、经世济民的儒家文化传统，故万表一生心力致力于经国之事，平生功绩在于督管漕运和抗倭御敌，以上人生经历成为万表诗文创作的重要内容，其诗文中记人、叙事、抒情几乎都是围绕着以上两个人生经历而展开。此外，万表是一位典型的心学学人，是时万表对儒学范畴发展出来新兴的阳明心学产生浓厚兴趣，并且对阳明心学深有契悟，心学思想对他的诗文创作产生了巨大的影响，使得他的诗文内容以及其诗文著作呈现出独特风貌。从特点上看，万表的诗文秉持“文以载道”的创作观，内容多所触及广阔的现实，从现实需要的角度出发进行创作，故以国家、社会之需，或出于为人处世之需，或出于提高个人精神之需，其内容既有官场上为政办公的建议，又有安邦定国之策略，亦不乏关于人生、哲学的思考。万表的散文在叙述方式上有章有法，具有严密的逻辑性，结构严谨，有条有理，颇具说服力。从遣词造句来看，万表喜用简练干净的话语表达自己犀利的观点，故其多数带有说理意

---

①王安然：《浙中王门现成良知研究》，中央民族大学硕士学位论文，2020年。

味的散文往往一针见血，直指痛处，在此类散文中可见万表文风之简练犀利，这也是因为万表十分厌恶雕琢章句、堆砌词藻，他主张返璞归真，所以万表的诗歌或是散文创作的语言，都只追求一种简洁直白、天然质朴、文从字顺，明达晓畅的风格。

在研究内容上，第一章论述万表家世背景，生平功绩、成就以及其哲学思想的来源与形成，力求更客观地再现万表诗文的创作背景。第二章论述万表的诗歌创作。按照诗歌题材与写作内容分为四个部分，并详细分析它们的主旨和意蕴；论述诗歌的艺术特色：清新自然的语言、忧生悲叹的主调和理趣盎然的风格。第三章是对万表散文创作的研究。根据万表务实的创作动机，从内容上将其散大致分为：救世类、应世类和悟世类；通过分析其散文的叙事章法、说理风格和语言特色三个方面来概述其散文的艺术特色。第四章论述心学思想对其诗文创作的影响，分析了心学思想在其文学创作中产生的具体影响，强调哲学思想对文学创作的价值取向、风格和审美追求产生的深刻影响。[①]

上海师范大学李家城的硕士学位论文《晚明士人思想的时代特质——以张岱为个案》，研究和讨论了浙中王门张岱在受到天主教、佛学、史学以及心学影响之下，其作为晚明士人的思想特征。

作者基于张岱所处的时代与自身的经历的研究进行讨论，认为张岱的一生历经了由衣食无忧到国破家亡后一无所有，最后重建家园的巨大转折。这样的经历在晚明士人中具有典型性，也正是因为这种曲折的经历，重塑着张岱的精神世界，使得他能够在这乱世中始终保持一颗纯净的心，坚守着一个儒者的操守，这也是晚明士人时代特质中最重要的一点。张岱面对家人和朋友相继因为对抗清朝政权逝去时，他没有选择投降，更没有选择郁郁寡欢，而是选择用一个文人的身份创作了大量著作。虽然张岱本人离他毕生追求的“三不朽”理想人格有着非常大的距离，但是他一直在

①谭婷婷：《万表诗文研究》，湖南师范大学硕士学位论文，2020年。

不断努力。在“立功”上，并没有如他的理想人格“王阳明”那般平定叛乱，甚至连唯一一次带兵讨伐马世英也功败垂成；在“立德”上，张岱痛斥自己上半生纸醉金迷的荒诞生活。深刻反思了士大夫阶层的道德滑坡是国家灭亡的重要原因，同时深刻反省和批评了自己的缺失，树立了晚明士人的德行典范。在张岱看来，真正做到“立德”的人不仅仅要在个人操守上坚守道德底线，更要有国家和社会责任感并能做出实际贡献；在“立言”上，张岱通过记录下了晚明士人语录，以一家之言来警醒世人。

在内容上，分三个部分进行讨论。第一章，研究阳明心学对张岱的影响。从三个方面探究张岱在阳明心学影响下的“科举制度、艺术创作和历史著述”。首先，分析张岱在阳明心学影响下，反对程朱理学影响下形成的八股制度；其次，研究张岱在阳明心学影响下的小说和艺术创作；最后讨论张岱在阳明心学影响的历史著述，认为张岱作品受到阳明心学的影响，具有高扬人的主体性的特点。第二章，研究张岱的社会批判思想。张岱经历明清易代后，深刻意识到了晚明社会的流弊，试图以社会批判来修正晚明学界忽视实学的弊端，从“文化、军事、政治”三个方面对整个晚明社会进行批判。提出了晚明社会最大的问题在于学者到处讲学使得人心浮动，道德滑坡，造成了社会混乱。第三章，研究张岱的多元宗教观。张岱在经历晚明时期佛学兴起以及西学东渐的风潮下，不断反思和改进自己的思想，他用佛学和天主教对传统儒学进行拓展，融合了东西文化。①

南京信息工程大学刘倩倩的硕士学位论文《明代状元罗洪先的科学思想和科学贡献研究》，选取明代状元罗洪先作为研究对象，从科技史角度分析罗洪先的科学思想和科学贡献，结合罗洪先所处的时代背景，系统阐释罗洪先科学活动和科学思想的成因；对罗洪先的地理学成就《广舆图》及其他未被关注的科学贡献重新予以评定；通过对罗洪先科学活动、科学贡献和科学思想的挖掘，由点到面，分析中国古代科技儒学化特征背后儒

①李家城：《晚明士人思想的时代特质——以张岱为个案》，上海师范大学硕士学位论文，2020年。

学与科学的相互辩证关系，进而批判继承历史科技文化的传统，积极寻求对现代科技文明的启示。

在内容上主要包括以下几个方面：其一，从科技史视角梳理明代状元罗洪先的科学思想发展脉络，全面梳理罗洪先的家世、生平、师友交游活动，编制较完整的罗洪先大事年表，总结罗洪先的人生轨迹。其二，提炼罗洪先思想中勤于思考、善于探索、尊重客观实际等思想品质，概括他近察远闻、明物察伦、周经改密的科学态度和“求简易”“务径直”、不以偏概全的求真求简思想，结合罗洪先的个人著述和他人的述评探究状元罗洪先科学行为的精神内核。其三，分析归纳罗洪先《广舆图》的创作缘由、参考资料、版本、绘制内容、绘制方法、创作过程及对中外产生的深远影响，其四，归纳罗洪先其他的科学贡献，主要包括“日晷理论”、经纬度以及“月借日光”认识，从历史纵向维度和中西文化交流横向维度对罗洪先做尽可能全面的历史评定，肯定罗洪先在科技史方面的重要价值。

本文的创新上，其一，将明朝中后期兼具状元和科学家身份的罗洪先置于科技史视野下，对罗洪先的科学思想和科学贡献做系统深入的综合分析，从家世、生平、交游活动等方面概括分析罗洪先的科学与科举生涯，结合罗洪先的科学活动挖掘其理学思想中包含的科学成分，根据罗洪先本人的著述及他人的评述，探讨状元罗洪先科学行为的主客观因素。其二，重点关注罗洪先的科学活动与科学贡献，发现《广舆图》之外罗洪先其他较突出的科学贡献，主要包括解决不同地区日晷测时误差过大问题、与现代纬度几乎一致的城市纬度记录，以及超越宋儒“黑丸”观点的“月借日光”天文学认识，从历史的纵向维度和中西交流的横向纬度，对状元科学家罗洪先的科学成果进行尽可能客观的历史定位与评价。其三，从罗洪先的多重矛盾性入手，讨论罗洪先科技活动和理学思想之间的相互关系，探究罗洪先在科举仕进与科学活动之间的辩证均衡。以小见大，探究科学与儒学和科举的辩证关系。继而探究具有中国古代科技特色的传统科学与儒家文化间的互动，寻求对当代素质教育、人才培养等问题的启示。[①]

兰州大学李丹的硕士学位论文《徐阶年谱》，基于学界虽有关于徐阶的研究，但仍缺少一部完整详尽反映其一生的年谱这一事实，通过对徐阶作品集明代史料文献的整理，辑录有明确时间可考的史料记载，补充徐阶入仕前的事迹记载，参考徐阶的行状、墓志铭、神道碑、年谱、族谱以及徐阶的《少湖文集》《世经堂集》《世经堂续集》等主要著述，补充徐阶的生平经历，进行研究，辑录成谱。全谱包括凡例、松江徐氏世系表、家传、年谱正文、附录五部分。凡例为本谱纂修原则和体例；世系表和家传分别以图表和文字两种形式列于年谱正文之前，展示徐氏家族世系及子孙后代等情况，附录分为行状墓志铭神道碑传记、交游考、著述提要三部分。作者认为，年谱旨在对徐阶政治、文学、作品、交游等进行考察，以期展现明朝一代名臣的生平轨迹和精神生活，并从侧面勾勒出嘉靖隆庆时期阁臣群体的精神风貌和其时代的社会面貌。[②]

西北大学于聪的硕士学位论文《焦竑与佛教》，认为目前对焦竑的研究多集中在三教融通、儒佛之辨和禅宗心性论等方面，总体而言仍不够深入。基于这一情况，作者从焦竑入佛的思想脉络入手，结合其著作援引、发挥的相关经典理论，以时间顺序对焦竑的佛学思想进行初步的梳理。

在文章内容上，分三个部分进行论述：

第一章，论述焦竑入佛的思想路径。带着对生死问题的思考，焦竑认为认清自我的本来面目，乃是一切众生最迫切的精神诉求。通过佛教了解世界与人的本质和关系，才能破解生死的奥秘。相对于儒家，佛教在生死问题上给了焦竑较为信服的解释，因此焦竑不得不对儒释道三教的关系和本质进行重新界定。最后是关于焦竑修行法门的探讨，通过对材料的梳理发现，焦竑到晚年已经成为一名虔诚的佛教徒，且通过对净土法门的吸收

① 刘倩倩：《明代状元罗洪先的科学思想和科学贡献研究》，南京信息工程大学硕士学位论文，2020年。

② 李丹：《徐階年谱》，兰州大学硕士学位论文，2020年。

和借鉴，完善了自己的禅宗信仰。

第二章，通过分析焦竑援引、发挥的部分佛教经典思想，力求对焦竑佛学思想中较有特色和影响的部分进行阐释。比如焦竑可能更多地从《楞严经》中吸收了如来藏思想，对于如来藏的本质和与此相关的正确修行方法，焦竑作了详细的揭示。《华严经》中的圆融思想使焦竑更好地理解佛教对出世入世的平衡，在悟修顿渐的关系上也给了焦竑很大启发。此外，《宗镜录》《大乘起信论》对焦竑的辩证逻辑思维也影响很大。最后，焦竑能在困境中保持乐观积极的心态、以居士身份在家修行的方式等，也从《维摩诘经》中获益不少。

第三章，通过分析焦竑以寺院为主题的相关文章，理清焦竑一生几个重要节点的佛学思想变化：青少年时期的焦竑，更多的是把佛学当成一种兴趣爱好，视之为一种学术；五十岁中状元前，焦竑已经表现出一些宗教信仰的成分，但总体而言佛学尚未成为其哲学世界的主流；焦竑应该是在退居江宁的1600年前后完全倾心佛教，他的佛教信仰随着年龄的增长而愈加浓厚，晚年积极募捐修复寺院，批判无神论思想。①

西北民族大学高志强的硕士学位论文《罗汝芳“赤子之心”与“孝悌慈”思想研究》，通过对历史文献的研究，针对罗汝芳的“赤子之心”和“孝悌慈”思想，进行了新的归纳总结，结合相关理论，得出罗汝芳的思想对当前时代的现实启示，其一就是树立正确的核心价值观，发扬“孝悌慈”的精神，其二是加强对传统道德的教育，提高全民素质。

在内容上，第一部分介绍了罗汝芳生活的时代，以及他的人生经历和思想渊源。第二部分从罗汝芳对“仁”学提出的独到见解，引出罗汝芳思想的核心“赤子之心”，也是本篇文章研究的重点。第三部分针对罗汝芳的“当下”思想，提出“孝悌慈”与“赤子之心”之间的关系。第四部分根据罗汝芳的“大道只在自身”思想，以及“赤子之心”与万物的联系，

---

①于聪：《焦竑与佛教》，西北大学硕士学位论文，2020年。

形成身体是“孝悌慈”实现载体的结论。第五部分结合专业知识以及作者的个人观点，对罗汝芳思想的伦理意义进行了一些思考。

在结论部分，作者认为罗汝芳的教育活动和思想有两点重要的启示：

其一，树立正确的核心价值观，承载着一个民族、一个国家的精神追求，体现着一个社会评判是非曲直的价值标准。社会主义核心价值观倡导富强、民主、文明、和谐，倡导自由、平等、公正、法治，倡导爱国、敬业、诚信、友善。这一价值体系传承自优秀传统文化、吸收了世界文明成果、体现了当今时代精神，从国家、社会、公民三个层面，提出了从宏观到微观、从整体到个体应该坚守的共同价值要求和需要践行的道德行为准则，从理论和实践两个方面回答了我们要建设什么样的国家、建设什么样的社会、培育什么样的公民的重大问题。

其二，人文精神的教育是现代教育内容中不可或缺的一环。教育不只是单纯的知识技能的传授，同时必须对受教育者进行相应的人文素质培养。重视人文素质教育是现代文明社会的必然要求，而要搞好人文素质的教育，就离不开对优秀传统文化的汲取和借鉴。在这种“古为今用”的现代视野中，罗汝芳的哲学思想，以及儒家文化中的许多思想元素，都可以成为我们批判地继承优秀传统文化的重要“源头活水”。①

南京大学陆嘉呈的硕士学位论文《泰州学派劝善运动的理念与实践研究》，采用中国哲学史基本方法的基础上，采用社会史与思想史交融的研究方法将泰州学派劝善运动还原到当时的社会、历史语境中去，通过思想史与社会史的交叉研究，来探讨泰州学派劝善运动在明中晚期出现的原因，以及如何影响社会，在历史进程中产生了什么作用，对当代有什么价值。

在研究内容上，分为四个部分，第一部分，介绍明代中晚期的社会背景，通过对历史材料的分析探讨明代中晚期存在的社会问题。以这些问题

①高志强：《罗汝芳“赤子之心”与“孝悌慈”思想研究》，西北民族大学硕士学位论文，2020年。

为导向，我们才能理解泰州学派的学者们为什么会产生如此独特的思想，也才能更好理解泰州学派的劝善实践为什么要如此展开。第二部分，梳理泰州学派的劝善理论，通过对王艮、颜钧、何心隐三人思想的分析，试图构建泰州学派劝善实践的理论路径与理论逻辑。第三部分，聚焦泰州学派的劝善实践，主要通过对泰州学派的讲学运动、乡约运动、聚和会等形式的劝善运动的研究，力图还原泰州学派劝善运动的本来面貌以及这种运动在历史上留下的价值。第四部分，着重探讨泰州学派劝善运动对当今社会的价值与意义。

作者认为，泰州学派的劝善运动不仅仅是思想运动，更是一种社会改良的实践。既然是社会改良运动，就必然有着指导理论与实践路径。王艮的“满街圣人”为泰州学派的劝善运动提供了理论依据，“淮南格物”说又为泰州学派的劝善运动提供了切实可行的路径。“淮南格物”说沿着《大学》的理论路径将修身立为安国之本，身为“本”，“本立”才能“国安”。换言之，每一个人的良知觉醒才能促成天下的大治，“淮南格物”说从理论上为泰州学派“觉民行道”的实践提供了合理性。除此之外，王艮的《王道论》还为泰州学派的劝善运动确立了“教养并重”的实践纲领。王艮认为，为了解决明中晚期存在的社会问题，一方面需要通过教育改良民心、启发民智，纠正世风；另一方面则从制度层面完善社会秩序，重建基层治理体系。这一思路为后世所继承，颜钧之萃和会与何心隐之聚和会都是这一思路的新展开。

在现代意义与价值方面，作者认为：首先，泰州学派在社会改良中对百姓主体性的挺立，对当今社会的改革也有着实际意义。我们应该始终坚持百姓的主体地位，在社会改革中发挥每一个人的主观能动性，做真正有益于人民的社会改革。其次，对每一个主体的社会担当的强调是泰州学者们始终秉持的一个理念。何心隐在聚和会中强调破除每一个人的私欲，其实强调的每一个人都应有的担当意识与家国情怀。一个个家庭构成了我们的国家，国家的富强与稳定最终又会惠及每一个家庭。我们不能成为一个精致的利己主义者，而是应该通过我们每一个人的奋斗去实现国家的整体强大。最后，泰州学派讲学活动打破了传统儒家讲学的模式，在百姓间用百姓听得懂的语言来宣传儒家思想成为泰州学派讲学活动的特点。在思想教育、文化宣传日益重要的当下，泰州学派这种亲近民众，用群众喜闻乐见的方式进行思想教育、文化宣传的方法也应得到重视与推广。[①]

华中师范大学陈幸运的硕士学位论文《李贽〈老子解〉研究》，以李贽《老子解》的文本为主要史料，结合相关研究成果，利用历史学、文献学、语义学、宗教学等多学科的研究方法，廓清了《老子解》的基本情况，提出了其成书于万历十年的观点。提出《老子解》有三大特点：第一，建立一套严密完整的体用一如的道论；第二，蕴含有“自由”“个性”和“平等”的精神色彩；第三，继承《道德经》的批判否定精神。作者认为研究李贽的《老子解》具有多重意义。首先，可以深化对《道德经》思想的理解。其次，可以深化对李贽思想的研究。第三，对当代人的思想教育具有启发和指导意义。作注解是作注人对某种文本的解剖、分析和评定，其中不仅包含作者运用已有的知识储备和思辨逻辑对文本进行训诂、勘误和解读，也是作注人依其内心价值取向和人生观念而对文本的阐发、褒贬和创造。

第一层面意义是关于《道德经》原文，也就是老子本人思想的意义。历史的客观性在于真实存在过，史学的核心价值也在于追求真相。《道德经》一书五千字，微言大义、晦涩玄远，明代学者薛蕙在注释《道德经》时就感慨前人作注时误解之多之大，他甚至认为没有人能理解老子的本意，学者必须明确一个基本事实，即《老子解》其形式是注解，其功能是还原《道德经》原意，李贽的《老子解》为探寻《道德经》原始思想内涵，还原、揭示老子思想提供自己的智慧。

①陆嘉呈：《泰州学派劝善运动的理念与实践研究》，南京大学硕士学位论文，2020年。

第二层面意义是关于老学思想的意义。当下学者应当以同情之理解，以更为宏大的历史意义来看待有关《道德经》的注书，从动态的视角来观察《道德经》，探索《道德经》思想内涵的变动和发展，承认并且关注老学的研究价值。即使李贽《老子解》是回归老子原意道路上的一个小砖块，或是构建老学史大厦的一块小木板，都不能否定其意义而置之不理。何况，李贽是明代一位特立独行的思想家，他所作的《老子解》必然有相当的研究价值。[①]

湘潭大学张晓伟的硕士学位论文《李贽自由思想新诠》，他认为，“自由”是李贽思想中非常重要的内容，无论从历史学、美学的角度还是从启蒙思想如平等观、公私观等方面对李贽思想进行研究，“自由”都是无法回避的内容。李贽从“童心说”出发提出了其自由思想便是对当时高扬着的主体性的一个回应。就自由而言，李贽虽未明确提出自由一词，但其论述中已经饱含自由的思想，这主要集中在李贽关于自适、自立、自主、自治四个问题的阐释上。

文章从自适、自立、自主，自治四个视角深入地审视李贽自由思想：李贽强调自适是基于对“私”的论述上，从最贴近实际的日用纲常出发，继而上升至关于私欲人心的讨论，最后达“各遂千万人之欲”，以由小到大的一个逻辑结构来对传统“重公抑私”思想进行批驳。李贽强调自立，基于对“利”的描述，李贽生于资本主义萌芽的明中叶，其家庭又有着浓厚的伊斯兰氛围，这都对李贽形成重“利”这一思想提供了理论来源。富与贵是人之所欲是理论基础，尧舜与途人一、圣人与凡人一的平等观是对理论的完善，天下尽市道之交的自由竞争是理论之目的，从最基础的自由逐利出发到市场经济才会出现的自由竞争，可见李贽之自由并非为空想；李贽强调自主，这与不自主的中国古代毫不违和，也为李贽最后身陷囹圄、自刎而死的结局埋下了伏笔。李贽以莫大之勇气将刀片划向自己古

①陈幸运：《李贽〈老子解〉研究》，华中师范大学硕士学位论文，2020年。

稀之身更是其自由思想的一个亲身实践。支撑李贽如此行为的便是其对“情”的理解，“情”在整个思想史上的地位都非常的不堪，直至李贽才得以重新正名，以自然发于情性，则自然止乎礼义为基础进而阐述了云从龙、风从虎、归凤求凰的自由爱恋，红日满窗犹未起，纷纷睡梦为知己的自由求友，但使卿辈不乱，何恤人言的顺性言谈。李贽为官多年，其施政措施上也含有自由思想，具体体现为“自治”。因乎人、恒顺于民是方法，知天知人、无己无人是手段，治贵适时、学必经世和以法自律，复依律以治百姓是目的。李贽以道家无为之思想行无不为之政的理论正是其自由思想在政治上的一大体现。

作者在结论处提出，李贽探讨自由的核心在于一个“自”字，强调自我意识的觉醒、自我的突出地位，如果去掉自我，一切考究将毫无意义。李贽的自由思想并非空谈，而是有非常宽泛的社会根基，他化腐朽为神奇，体现出一种激荡人心的反抗力量。人们一出生，就被置于各种框架中，甚至不自知，李贽就是为了唤醒这些人，解放思想之禁锢，摆脱手铐脚镣之枷锁。在自适层面，李贽针对公私而言，将笔锋偏重于私，换句话说，也就是个人与集体的关系，在向来推崇舍小家为大家的自我牺牲精神中，李贽的心思非常细腻，他十分注重个体的感受，主张个人追求私利有合理性。在自立层面，李贽向传统的义利之辨发起了前所未有的挑战，这种观念在之前必然是令人望而止步的话题。李贽试图打破父母之命媒妁之言的传统婚姻形式，主张自由恋爱。可见，李贽探讨自由范畴已相当广泛，包括社会人事、政治、法律等多个层面。上至国家治理，下至个人恋爱，李贽的言论是先于时代的，李贽的自由哲学是其时代精神上的精华，值得一提的是，这四种维度没有先后轻重之分，是平等的，李贽的自由思想加速了明中后期文风和士风的转向，对明末清初三大思想家及傅山思想的形成都有重要意义。[①]

①张晓伟：《李贽自由思想新诠》，湘潭大学硕士学位论文，2020年。

河北师范大学肖宁的硕士学位论文《李贽庄学思想研究》，认为展开对李贽庄学思想的研究不仅有助于揭示明代庄学的发展脉络和特征，更有助于揭示李贽思想的内在理路和特质，具有重要的学术价值和现实意义。从李贽的思想体系来看，虽深受心学、释、道等多家思想的影响，但从其个性张扬，反对礼乐制度，批判“伪道学”等方面不难看出其中与庄学的关联。李贽作《老子解》和《庄子解》，也并不拘泥于传统的解注方式，更注重借助解老解庄的形式抒发己意，创构新说。作者通过简单梳理明代庄学的发展脉络，以期对庄学发展有更为系统的认知。在明中后期的社会背景下，详细考察与分析李贽思想与《庄子》的关系，从而洞悉李贽和庄子思想的契合度，并总结、概括李贽解庄的特色。随后阐发李贽庄学思想的主要内容与特征，进而明确李贽庄学思想历史地位和作用。

在研究内容上，文章分为四个部分：

第一部分主要是论述了李贽庄学思想形成的社会文化背景。李贽生在明中期以后，政治腐败，社会动荡，经济因素发生新的变化，商品经济发展，市民阶层壮大，传统价值观面临诸多挑战等等，所有这些对李贽庄学意趣都产生了影响。更为直接的是，心学的兴盛，主体的高扬和思想的解放推动了明代庄学高潮的到来。明代庄学经历了从前期沉寂到明中后期爆发的过程，在承袭宋代解庄方式的同时，也表现出儒释道三教融合的特色，这一学术思潮无疑也对李贽解庄产生了重大影响。

第二部分主要是阐述了李贽解庄的意趣与特色。《庄子解》是李贽抒发个人精神志向的一部作品，其许多思想和庄子思想也极为契合。李贽解庄方式也是不拘一格，独解内篇，舍弃外、杂篇，并围绕着“道”这一宗旨，贴合庄周的思想进行解庄。李贽还重视对《庄子》文本进行分层次的阐释，文章主旨明确。当时崇佛的社会氛围和李贽对佛、道的喜爱，使得李贽的解庄方式明显带有以佛解《庄》的倾向。所以，李贽《庄子解》既带有时代特色，又展现出他思想的个性特征。

第三部分主要是对李贽庄学思想的内容进行阐发。李贽在解庄的同时流露出自己不同的见解和思想。主要表现在有关道论、逍遥论、齐物论、童心说等诸多方面。李贽对“道法自然”有着自己的体悟，且尤为推崇庄子“真”的思想。具体表现在：人道、道之用；真人、真性等方面。《庄子解》较为全面地反映了李贽的庄学思想，提倡真心、主张独立思考、反对儒学的精神。这些思想在当时都引起了很大的反响。

第四部分主要是展开对李贽庄学思想的评价，他指出其庄学思想所取得的成就，以及解庄存在的偏颇和李贽庄学思想存在的局限，分析李贽庄学思想对当今社会的启示。李贽解庄独解内篇，从不同的角度来进行阐释，力求思想的系统完整，但是略于训诂、考证，有一定的不足。另外，李贽庄学思想提倡的人格独立和思想解放，破除了当时理学带来的虚浮风气，促进了社会进步，但他的思想中也充满了新与旧、儒与佛、自由与束缚等各种矛盾，而且，李贽的庄学思想只是对封建社会的修正，其冲决网罗的意义也仅限于此。尽管如此，在当今社会，李贽的庄学思想依旧对理想人格的塑造和思想的解放都起着重要的作用。

在结论部分，作者认为李贽的思想既有深度又很独特，其个性张扬与老庄风格如出一辙，而且李贽和老庄有着相同的哲学意趣，从而使得李贽对庄子的思想十分赞赏。其解庄多为注释段意，间或掺杂佛理，又坚持以“道”为宗旨，对庄子之学进行了十分详尽的阐释。李贽借助解庄阐发天道与人道、精神自由、人格追求、平等观念等认识，既推进了庄学发展，也丰富了李贽思想学说的内容。不过我们也应该以辩证的态度来看待李贽庄学思想，既要认识到其中的理论创获，也要认识到其思想的局限。李贽解庄只是对庄子思想的一个大致梳理和阐释，多征引前人注，甚至有时还曲解庄子的意愿，使得文本缺乏客观性，影响该著作的学术价值。李贽庄学思想并不是彻底的反封建思想，但是，李贽敢于在当时提出违反统治阶级意志的理论，并亲身去实践它，这种行为令人感到十分佩服。李贽庄学思想不仅在明清有着一定的影响，而且对当前社会发展也有着启示作用。[①]

江西中医药大学林惠兰的硕士学位论文《罗洪先调息静坐养生文献与理论研究》，从罗洪先的静坐实践与哲学思想出发，研究其养生思想。作者认为，罗洪先调息静坐吸收了宋明以来的儒家学者的经验，同时吸收了道家和佛家的调息静坐的实践，从而形成其独特的养生思想理论。其内容包括培本固原、以德养生、情志养生、中和养生、动静结合养生等，其调息静坐的经验从心体的辩欲到祛除欲根收摄保聚到最后深求隐微，具有一定的实践指引性。从中医层面而言也具有一定的借鉴意义。

在研究内容上，作者从七个方面进行分析：第一，讲述罗洪先的生平，包括中举出仕、归乡寄情于山水、致力于乡族建设、讲学求道等。第二，讲述罗洪先调息静坐的实践原因有二：一为身体虚弱，二为求学体道；其次讲述调息静坐的主要实践经历，包括楚山静坐与石莲洞静坐及逝前静坐。第三，阐述罗洪先调息静坐的基本文献，主要包括代表其为学转变的三游记、代表其调息静坐感悟的《夜坐诗》十首、代表其调息静坐经验感悟及养生思想的书信和代表调息静坐具体形式的《卫生真诀》。第四，具体阐述调息静坐经验与感悟的内容：调息静坐的经验从澄澈内心，辨得欲根到收摄保聚，精神收敛到深求隐微，以养未发方面阐述；而调息静坐感悟则从悟得万物一体的感悟及具体打通动静、寂感一体的具体感悟进行阐述。第五，阐述罗洪先调息静坐思想进行总结，一方面对其哲学思想进行归纳整理，另一方面由哲学思想所呈现的工夫、调息静坐所带来的治病及养生倾向进行阐述。首先，调息静坐可保养精气神，可以分为固精、保气、养神，固精体现在对先天之精的维护及后天水谷之精及自然界清气所化之精的保养上，保气体现在对元气的保聚及气的运动变化的控制，养神体现在对于元神的保聚，对精神的收摄及神对于气血的控制上；其次，调息静坐带来的道德修养如知善知恶、知止而定、兼济乡族，神秘

①肖宁：《李贽庄学思想研究》，河北师范大学硕士学位论文，2020年。

的寂感合一的体验和动静结合的静坐观点，无欲的情志调养观念，中和的观点，形成了他独特的养生思想，即精气神三宝的保养、以德养生、动静结合、主静无欲、中和观念。第六，罗洪先调息静坐的特点有：无所拘泥，自成一格；动态发展，不断深化；良知工夫，相佐相成进行分析。从其调息静坐特点出发，与同时期的调息静坐家陈献章、王龙溪、高攀龙、刘宗周进行比较，并从心体之间的不同，从调息静坐偏重上的不同进行了总结：罗洪先、陈献章、刘宗周偏重于静坐，王龙溪偏重于调息，高攀龙则具有具体的规范化流程。第七，罗洪先未能高寿的原因一方面是由于先天禀赋不足，另一方面的不足是枯坐的静坐方式。其次分析罗洪先调息静坐对当今社会的养生价值。[①]

①林惠兰：《罗洪先调息静坐养生文献与理论研究》，江西中医药大学硕士学位论文，2020年。

玖 日本阳明学研究综述

2020年新冠肺炎疫情全球暴发，日本社会自3月份开始学校相继停课，日本国内的各种研讨会受到影响，线下的国际交流完全中断。让人受到鼓舞的是，2020年的学术刊物基本正常发行。

明代阳明学方面，二松学舍大学《阳明学》的“王龙溪特集”刊登小路口聪教授和永富青地教授有关王畿的论文。另外，荒木龙太郎教授和三浦秀一教授亦分别就泰州学派和邹元标的思想展开讨论。刘心奕和阿部亘分别讨论了罗洪先的主静思想和李贽的“迩言”论。东洋大学吉田公平教授团队和二松学舍大学宋明资料轮读会继续发表阳明后学资料的日文译注。

江户阳明学方面，仍然有中江藤树与熊泽蕃山师徒的研究，高桥文博教授刊登《俟后之君子的熊泽蕃山——近世日本阳明学的展开（3）》第三篇。船户雅也发表町人心学家石田梅岩的论文，强调石门心学与宋明心学中核心概念的一贯性。幕末的阳明学研究，吾妻重二教授发表有关佐藤一斋的仪礼著作《哀敬编》的论文，指出其中的阳明学思想。有关幕末时期具有传奇色彩的阳明学者大盐平八郎（中斋），获原大地发表了两篇论文，不仅考察江户时期出版的各种传记小说，还讨论了不同作品中大盐平八郎形象的变化。幕末维新时期的思想家、政治家如吉田松阴、山田方谷、横井小楠、吉春秋阳等依然是日本学界的研究热点，研究领域不局限于思想，文学、地理、历史、艺术的角度亦有不少论文发表。

明治维新以后的日本近代阳明学方面，围绕西村茂树、三宅雪岭亦有相关论文发表。近年来山村奖有关井上哲次郎、高濑武次郎等人的阳明学研究，在往年的研究综述中都有介绍。这些论文以《近代日本与变容的阳明学》为名结集出版，井泽耕一教授撰写书评，提出独到的分析和评价。[①] 日本著名企业家稻盛和夫的心学思想逐渐受到国内各界的重视，吉田健一撰写论文讨论稻盛和夫的出身地萨摩（鹿儿岛）文化对其思想的影响。

①［日］井泽耕一：《书评山村奖著〈近代日本与变容的阳明学〉》，《日本思想史学》第52号，2020年。

2020年初，海外著名儒学家土田健次郎教授从早稻田大学正式退休，2月3日在早稻田大学小野纪念讲堂做了以“观心”为题的最终讲演，并在早稻田大学东洋哲学会的刊物《东洋的思想与宗教》上发表。1949年土田健次郎教授生于东京，1973年毕业于早稻田大学第一文学部东洋哲学专业，指导教师为楠山春树先生。同年升入该校修士课程（相当于国内的硕士研究生课程）学习，师从楠山春树先生和栗田直躬先生，直至1978年博士课程修了退学。1982年始任早稻田大学东洋哲学专业讲师，2019年度（至2020年3月31日）退休。土田教授的主要著作有《道学之形成》（2002）、《江户朱子学》（2014）、《论语集注》译注（4册，2013—2015）等。

在《最终讲义：关心》[①]中，土田教授围绕“观心”的问题，谈论了其对朱子学、阳明学以及江户儒学的思考。从自己年轻时的学习经历谈起，土田教授引入“观心”的话题。南宋的朱熹对湖湘学派的批判引出一个问题，既然心只有一个，如何观心？以心观心，一心三用（一心犯错，一心观之，另有一心知此为仁），这必然导致在极短的时间内产生时间差，使心“纷纭杂扰”。因此，朱熹倡导持敬的修养，无事时保持静的状态，动之时则须专一，朱熹认为这是贯通未发已发的修养工夫。另外与湖湘学派对心不断地追根溯源不同，朱熹主要关注心作用的外在对象。外在事物是确定的，而心则是不安定的。与朱熹不同，明代王守仁极力强调心的重要性，主张心外无理，赋予心更多的能动性。这绝非唯我论。王守仁虽然提倡关注自己的内心，但同时也坚信他人和自己的心在本质上是一样的。儒家以平天下为理想，道德在与他人的关系中实现，心即理的理论不会削弱他者的存在。

虽然朱熹不愿直接将心看作修养的对象，但不得不反复讨论与外物相接时心的问题。王守仁因为最初主张“顺心而行”，反而回避了“观心”的问题。王守仁的哲学经常被批评为禅学，其实不然。禅学努力消解自他

① ［日］土田健次郎：《最终讲义：观心》，《东洋的思想与宗教》第37号，2020年。

的区别，阳明学则由意识的不断扩大出发，最终实现万物一体，二者截然不同。朱熹对心的重视，引起了日本江户时代古学派儒者伊藤仁斋（1627—1705）的批评。伊藤仁斋认为儒家应当返回日常的道德实践，而非将自我的视野绝对化。朱子学者在知识上的不断自我增长，只会导致与他人之间距离的扩大，陷入自我满足，丧失了儒家最根本的追求，即儒家的社会性维度。唯有在自他交错的视野中，才能达到二者贯通的认识，获得真正意义上的公共性。土田教授的《最终讲义：关心》，是对自己一生从事的中日儒学研究的总结性反思。祝愿土田教授身体健康，不断以优秀的成果嘉惠学界。

一、王阳明及其后学

明代的阳明学研究，日本学界主要围绕王畿、王艮、李贽等人展开。东洋大学小路口聡教授、早稻田大学永富青地教授分别就王畿的“改过”思想和《中鉴录》的版本流传进行讨论。荒木龙太郎教授讨论泰州学派王艮、王栋的思想异同，东北大学三浦秀一教授从邹元标的生平经历出发讨论其思想的发展跨越，东洋大学刘心奕讨论罗洪先一生不同阶段的“主静”思想。日本的中文学界亦长期关注李贽，思想领域，阿部亘讨论李贽对《中庸》“迩言”的解释及其心学思想。文献整理方面，东洋大学吉田公平先生的研究团队和二松学舍大学宋明资料轮读会继续发表阳明后学资料的日文译注。

东洋大学小路口聡教授近十年来一直从事王畿研究，此次发表论文《过的意识——王畿的改过论》[①]，此问题由蒙泉（生平不详）提出，每次遇见王畿，蒙泉都要提出“过”的问题，王畿回答此是“不自满之心”。“不自满之心”即不断自我革新之心，这是王畿哲学中的根本性问题，即所谓的“性命之学”。继承陆王的“易简”观点，王畿重视人心向善觉醒

① ［日］小路口聡：《过的意识——王畿的改过论》，《阳明学》第30号，2020年。

的“根源”，直言为“易简直截根源，千圣从入之真机”，“易简直截根源”无疑就是良知。过失的存在，就是致良知工夫还未实现的结果。世上之人皆会犯错，“过”的问题无可回避，良知的自反能力就体现为“迁善改过”。

“天机”“天则”的良知原本具有辨别善恶的能力，即王畿经常提及的“一念自反”“一念改过”。现实世界中，实践的主体也是人本身，人遵循自己的良知就是一种“自信”。王畿所谓“一念改过，颇能自信”，就是对良知的能力完全信赖，“自信”就是一种“易简直截”的工夫。需要注意的是，信赖良知绝不是随波逐流般地被动，而是主体积极接受，王畿喜欢使用的“直下承当”就是这个意思。在王畿看来，良知的纠错、反省能力并非一种有意识的行为，而是“天然之勇”，是从人心内部生发出的气力，是一种毫无私意的“本然行为”，这样的天然气力才是“改过”的根本原动力。正因为“改过”的问题如此重要，颜回被看作是孔门的真正继承者。王畿对于“改过”“自反”的论述可谓完全是致良知的论述，改过是致良知的一个重要方面，良知心学的研究中需要重视“改过”的问题。

早稻田大学永富青地教授发表《王畿〈中鉴录〉的考察》[①]，进行彻底的文献版本考察。《中鉴录》为王畿编撰的宦官列传，在中日两国先行研究的基础上，永富教授注意到王畿编撰《中鉴录》是模仿张居正所编《帝鉴图说》，而且万历九年刊行的《中鉴录》跋文中，宦官孙隆也意识到这一点。相较于学界普遍使用的内阁文库（国立公文书馆）所藏万历三十九年（1611）本，公益财团法人前田育德会“尊经阁文库”所藏王畿在世之时的万历九年（1581）本可以说是现存最早的版本。据孙隆的跋文可知，在此之前还有其他版本流传。值得注意的是，刊刻者孙隆作为“苏杭织造太监兼管税务”，为了满足自己的私欲激起万历二十九年（1601）的“织佣之

①［日］永富青地：《王畿〈中鉴录〉的考察》，《阳明学》第30号，2020年。

变”，成为明代历史上一个留有恶名的宦官。

在此之后，万历三十九年（1611）版的《中鉴录》是已知王畿去世之后的最早刊本，刊印者为“苏松税监”宦官刘成，日本的藏本是由佐伯藩主毛利高标进呈幕府的红叶山文库。除末尾八字以外，其他内容与万历九年本完全相同，无疑为同一版本的翻印。永富教授推测刘成获得之前孙隆的《中鉴录》版木，仅改作自己的名字即以印行。另外需要注意的是，明末宦官刘若愚的《内板经书纪略》中没有《中鉴录》，可能未曾在北京刊行。清代刊刻的《中鉴录》藏于北京故宫博物院图书馆，现收于《故宫珍本丛刊》。虽然没有明确的年代记载，但从明代宦官的传记都被删除等方面推测，该版本受到了清代文字狱的影响。

《中鉴录》与王畿思想的关系，已故的荒木见悟先生曾经提出该书体现了“龙溪思想的特色与界限”。虽然王阳明遭遇宦官刘瑾的迫害，而且嘉靖、隆庆年间宦官专横，但与黄宗羲等学者对宦官的否定不同，王畿并不主张完全废除宦官制度。王阳明的经历中，虽然遭受刘瑾、张忠、许泰等宦官的迫害，但也得到宦官张永积极相助，王畿甚至认为王阳明“得免于危，卒使心事得白，成封爵之赏，大抵皆（张）永之力也”。从现实角度而言，王畿认为宦官不可缺少。从阳明学的良知思想来看，王畿认为宦官亦有是非之心，关键在于对宦官的引导以及皇帝的制御能力。

荒木龙太郎教授继续泰州学派的研究，发表了《王心斋格物说与王一庵诚意说》[①]一文。荒木龙太郎教授认为王一庵（王栋，1503—1581）在接受其师王心斋（王艮，1483—1540）“本末格物说”（淮南格物说）的同时，发展出自己的诚意说。根本上而言，王一庵的良知说不同于王阳明，其以性体管摄心的思想更接近朱子。“淮南格物说”是王心斋的根本思想，根据《大学》的“物有本末”，以“本”为身，以家国天下为“末”。王心斋次子王东崖（王襞，1511—1587）继承其父思想，同族弟

① [日] 荒木龙太郎：《王心斋格物说与王一庵诚意说》，《活水日文》第61号，2020年。

子王一庵在继承的基础上提出新的诚意说。另外，一庵师事的王瑶湖与王龙溪亦有交往。虽然王龙溪与王心斋都主张“良知现成”，但荒木教授认为王龙溪是“浑一思维”，排除内外、本末、体用、心性、寂感、心身等的分别，浑然一体地把握，强调“无善无恶”中无的特质。与之相对，王心斋“一贯思维”则是在接受“本末”等分别的基础上，在非浑一的前提下保持一贯的秩序，并将此应用于其格物说的本末分别意识，体现出强调“本”的本末次序。

王一庵在师事王心斋之前曾经问学王瑶湖，这样的经历在一庵的思想中产生冲突，即王阳明、王瑶湖的浑一思想与王心斋一贯思维的矛盾。对此问题，一庵批判万历时期“无善无恶”的影响下自是独善之人的“超逸”。并且反对当时三教一致的思潮，强调“吾儒”的经世致用。王一庵强调纯粹至善之性，以性体“管摄”心。一庵认为“致知”之知与“自然灵体”的良知不同，良知被限定为本体，致知并非“致极”之意，只是展现出作为一般认知的“吾心之知”。一庵以“中人以下”为目标，在本末格物的具体情境中体认“真体”，获得“真正良知”，保持“良知洁净”。

王一庵不仅没有完全接受阳明的本末、已发未发浑一的诚意说，甚至认为王心斋的诚意说也“未妥帖”。一庵提出经过“物格知至”，良知本体显现，达到诚意。不同于阳明、心斋主张的“意为心之所发”，一庵将意看作与跃动之心相即的“心之主宰”。诚意的主宰一正，自能去除“邪私物欲”。与未发之意相对，已发的“念动”“妄念”为恶、不善。一庵特别强调排除“责人之妄念”，与“治人”相比首先要确立“自治”的主宰性。荒木教授认为，王一庵的思想并不强调“无善无恶”的无，反对超脱规范、心量膨胀的“言动轻浮”，强调尊重社会规范，以全善本体的主宰性而自责、自治，可以看作是王塘南（1522—1605）、刘念台（1578—1645）的思想先驱。

东北大学三浦秀一教授发表论文《万历王学者邹元标的前半生及其思想》[1]，从个人生平和时代背景探讨万历士人邹元标（1551—1624）的思想发展过程，在困苦的生命经历中实现思想的超越。万历十八年（1590）秋，邹元标赴北京，路过安徽池阳，被请求作《重修阳明先生祠记》，其中提到自己对阳明学态度的“三变”。幼年时期，邹元标接触大量的阳明士人，但自身对阳明学抱有疑问。万历五年（1577），邹元标中进士，因张居正夺情之争而被流放至贵州，邹元标接受以“格”为“正”的阳明格物说，后“恍然”有悟于阳明所论“戒慎恐惧”“不睹不闻”的功夫本体相即论，终经“反观自讼”而有契于“先生所谓无善无恶心之体”。

三浦教授由邹元标在贵州流放时所作《告诸儒文》认为，邹元标为了回避生活的困苦，甚至面临生命危险的情况下，只能忘心于静坐之说。此时读到阳明格物之说，“训物字为事字，意之所着处为物，格是格其不正以归于正”，思想发生转变，“始知有着力处。一日而生，有一日功课”。最终达到“知与事相持，正与不正相敌”。超越动静、隐显的相对。

邹元标被贬至南京刑部后，以“觉性”把握心，执着于超越动静的他我一体的境界。在构造上，这与其理解的格物说具有同一性。进而在与吕坤等人的讨论中，形成“觉”与“凝聚”、悟与修的工夫框架。“凝聚”的有无深浅是“觉性”显现的关键。《仁文会约序》中提出“道贵超悟，学贵真修”。为了克服悟与修的分隔、认识与实践的背离，需要以悟证修，以修证悟，以“证”实现“修悟双融”的状态。由此进一步“反观自讼”，达到“万物一体”“圆融无碍”的相即境界。为了形容王阳明思想的良知绝对性，王畿、罗汝芳都使用“圆融洞澈”一语。万历时期，邹元标对当时士人以“圆融”敷衍行事，当权者调和自保的相对主义之弊深感厌恶，这也是当时不少士人共有的危机感。

① [日] 三浦秀一：《万历王学者邹元标的前半生及其思想》，《集刊东洋学》第122号，2020年。

《宗儒语略序》中，邹元标提出与“本心直证”相对的“诸见顿息”，也可看作“修悟双融”的一个发展。邹元标提出“至有一毫浓酽心，与憧憧往来不殊”。一般士人追求的“浓酽心”，邹元标以为有害。在《龙华密证》中，邹元标也提出：“学问原是家常茶饭，浓酽不得。有一毫浓酽，与学争远。”邹元标所说：“夜半而起，见得此身种种浓酽计较，满身过恶，方才有虚受境象出来，此收敛退藏入路也。”经过“虚受境象”，主体包摄外物，只要有“浓酽计较”，就不可能有虚受境象。一般学者追求的浓酽醇厚，邹元标认为是计较之心故有害。在友人邓以讚的墓志铭中，邹元标指出世人以为邓以讚“至仁纯孝”“廉靖孤介”，但邓以讚只是本性自然发现，不为“浓酽计较”所拘。另外在《孝经序》一文中，邹元标指出舜之“大孝”、武王“达孝”与乞丐之悦母，苗人之泣亲乃至禽兽之反哺，都是“孝”心之发现，尽孝之真性的不同表现，不能有高下的区别。邹元标所说“诸见顿息”，就是要从本性的角度排除克服计较的意识，邹元标无善无恶的思想也应当由此角度理解。对于阳明门下不同的学问倾向，邹元标提出的是“各得其性之所近而已”，由此统摄流变的多样性。对于顾宪成等众多学者批评“圆融巧妙”的无善无恶之说导致“义利双行，王霸并用”的恶果，邹元标认为只是未能真正地理解阳明的“无善无恶”说，概括自己晚年的学术不过调停。

刘心奕发表《罗洪先“主静”思想的展开》①，讨论了罗洪先主静思想的发展变化。日本著名学者冈田武彦先生将聂豹、罗洪先（1504—1564）看做是阳明学中的“归寂派”，根据罗洪先弟子胡直的说法，其思想有过“三变”。该文将罗洪先“主静”思想的变化分为早中晚三个时期，分别是早期23—32岁，中期32—50岁和晚期51岁以后，并且讨论了罗洪先的“主静”思想和在“主静”思想中遭受的挫折。早期罗洪先师事同乡学者李中，学习“存养”“闲邪”。科举之际接触到阳明学，特别受王畿思想

① 刘心奕：《罗洪先“主静”思想的展开》，《东洋大学大学院纪要》第56号，2020年。

的影响，重视静坐工夫。但是在修行工夫中又被念虑困扰，以静求静而不得。51岁的《甲寅夏游记》中，罗洪先终于提出寂感一体的“收摄保聚”说。“主静”思想的本质是未发阶段预先“立其本体”，但是与同属归寂派的聂豹不同，晚年的罗洪先并没有特别强调预先“立其本体”，这一点更接近王畿。

阿部亘发表《李贽的“迩言”论：境界与实践》[①]，讨论了李贽对《中庸》“迩言”一语的解释。李贽认为“迩言”就是善言，在民之“中”而非仅限于作为统治者的圣人（舜）。另外圣人“无人无我”，没有自他区别。以“无己”之心容纳弟子和民众的多样性。在地方官的实践中，李贽始终贯彻这一思想。

东洋大学吉田公平教授、小路口聪教授的研究团队依然在孜孜不倦地对阳明后学进行详细的译注工作，在《白山中国学》上发表了邹守益会语的相关译注。[②]二松学舍大学《阳明学》杂志也继续刊载该校宋明资料轮读会王龙溪班对《龙溪王先生全集》卷十三的译注。[③]对宋明理学文献进行耐心的集中会读，这是日本学界长期以来坚持的研究传统。

二、阳明学在日本

江户时期的阳明学研究，日本阳明学的开创者中江藤树及其弟子熊泽蕃山，以及江户的町人思想家石田梅岩仍然是研究重心。中江彰发表《中江藤树其人与思想》，高桥文博继续发表《俟后之君子的熊泽蕃山——近世日本阳明学的展开（3）》，船户雅也从核心概念的角度讨论石门心学与中国宋明理学的关系。长期从事东亚朱子家礼研究的关西大学吾妻重二教授

① [日]阿部亘：《李贽的“迩言”论：境界与实践》，《日本儒教学会报》第4号，2020年。

② [日]吉田公平、小路口聪、早坂俊广等译注：《邹守益“会语”资料（惜阴会、青原会、龙华会相关）译注——阳明门下会语纪录精读（其四）》，《白山中国学》第26号，2020年。

③二松学舍大学宋明资料轮读会王龙溪班：《王畿〈龙溪王先生全集〉卷十三译注（3）》，《阳明学》第30号，2020年。

讨论了幕末重要儒者佐藤一斋的祭葬礼书《哀敬编》，虽然源于朱子《家礼》，但其中也有阳明学思想的体现。有关江户后期以阳明学为口号掀起暴动、佐藤一斋的弟子大盐平八郎，获原大地发表《大盐平八郎物实录的展开及其容受》和《近世实录中的大盐平八郎的人物像》两篇论文，讨论江户时期的相关文学作品以及其中的大盐平八郎形象。同为佐藤一斋弟子的吉春秋阳，荒木龙太郎教授开始整理发表其日记《读我书楼长历》，井上快也撰文讨论吉春秋阳的《孟子》讲义及其思想。幕末时期投身政治实践的吉田松阴、山田方谷、横井小楠等一直是日本学界关注的热点，日本学者从各个方面展开讨论研究。

中江彰的论文《中江藤树其人与思想》[①]在简单叙述中江藤树的经历之后，讨论了中江藤树《翁问答》中正自身之心，并且所有人都具有“灵宝”（明德）的思想。另外基于《池田光政日记》，举出冈山藩主池田光政的政治实例。该文还认为中江藤树“孝”的思想非常类似佛教的菩萨境。

高桥文博发表《俟后之君子的熊泽蕃山——近世日本阳明学的展开（3）》[②]的第3篇。由宋学“圣人必可学而至”的命题，熊泽蕃山认为伏羲、神农这样的圣人世所罕见，但是圣人之真在于“心专于天理而无人欲之杂”，这是人皆可为圣人的依据。由阳明的精金之喻，熊泽蕃山认为圣人与平人虽然“分量各别”，但是去人欲存天理则是一样的。

熊泽蕃山肯定知的分量差异，随着社会的发展，需要文字、经书以及社会上下秩序，即《孝经》中天子、诸侯、公卿大夫、士、农工商的五等之位。由下一级的优秀者担当上一级的职位，根据相应之“位”以行其道。虽然社会的责任义务大小不同，但“孝之心法”没有差异，皆是基于孝之形而上学的“孝之心法”以行道，在此过程中成为君子、圣人，在这

① [日] 中江彰：《中江藤树其人与思想》，《弘道》第1128号，2020年。

② [日] 高桥文博：《俟后之君子的熊泽蕃山——近世日本阳明学的展开（3）》，《就实大学大学院教育学研究科纪要》第5号，2020年。

一点上具有普遍性、平等性。不过对于现实社会中“不德之人”处于“有道之人”以上，熊泽蕃山认为是“势之自然”。由孟子所说“古之贤王，好善而忘势”，熊泽蕃山将“势”解释为地位和富贵，贤王礼遇善人。古代的理想社会是民间贤士忘势而乐于行道，但现实社会已经不同。

熊泽蕃山指出当时日本社会中在上之人淫乐奢侈而士贫民穷，只有以《周易》的“易简”之道才能改变乱世。熊泽蕃山强调政治的关键是“知”，君主要能够运用众人之知，以成就君知。君主知道，使天下的才智成为君主的才智，实现仁政。君主知道的关键在于明德，在于存天理去人欲。君子是理想的为政者，在日本社会中启发“善恶是非”的同时兴起“礼仪”，这要经过数十甚至数百年的时间，不得不“俟后之君子”，这是熊泽蕃山由自然之势的天命而作的现实判断。

船户雅也在《石田梅岩的思想与宋明心学》①一文中，先简要介绍石田梅岩的经历。石田梅岩（1685—1744）出生于丹波的农家，虽然是商人身份，却在江户后期进行了大量的庶民教育。他以商人的生活体验为基础，平易地解释了神道、儒教、佛老，探求人的本性，分别论述武士、农民、商人存在的社会意义。作者指出先行研究中的一些争议。在以往的研究中，对于石田梅岩的理论溯源问题存在许多不同的看法，比如朱子学说，阳明学说，佛教说，神道说，三教一致说等等。石田梅岩思想的溯源问题关系到是否能够独立看待石门心学，换言之这关系到是否可以把石门心学放在儒家的谱系中进行讨论。本文将石门心学放入儒家谱系，分别论证了石田梅岩的心性论和世界认识论，认为石田梅岩的心性论是从宋明心学中摘取了“心”这一重要概念。在世界认识论方面，石田梅岩也有着儒教式的讨论。本文对比论述了心、性、情、理等基本哲学概念，及其理论实践中石田梅岩与宋儒、佛道的异同，归纳总结了石田梅岩“心学”的特征。石门心学统摄了宋明思想中的基本概念“心”，以继承连续为善的世界

① [日] 船户雅也：《石田梅岩的思想与宋明心学》，《日本语·日本学研究》第10号，2020年。

观，让地位低下的商人的社会意义得以实现，这就是日本的心学。

长期从事东亚朱子《家礼》研究的关西大学吾妻重二教授发表《佐藤一斋〈哀敬编〉——日本阳明学者的新儒教葬祭书》[①]。该文着眼于佐藤一斋生前未刊行的《哀敬编》，探讨了《朱子家礼》在日本的接受和变化。《哀敬编》一名出自《礼记·檀弓》中："丧礼，与其哀不足而礼有余也，不若礼不足而哀有余也。祭礼，与其敬不足而礼有余也，不若礼不足而敬有余也。"吾妻重二教授认为佐藤一斋将丧葬礼法的著作以"哀敬"命名，反映了阳明学者对"心"的重视。佐藤一斋强调"真情"，重视礼法却不拘泥于古法，结合日本的实际情况加以改造，出现了日本独特的儒教丧葬仪式。佐藤一斋认为《家礼》并非朱熹所作，只是假托朱子之名。日本的儒教丧葬礼法基本受《家礼》的影响，佐藤一斋的《哀敬编》与清代考据学背景下建立的《家礼》有所不同，构建了日本独特的丧葬礼仪，这在当时也是一种非常宝贵的尝试。

围绕江户末期带有传奇色彩的阳明学家大盐平八郎（中斋），荻原大地发表两篇论文讨论了江户时期传记小说作品的版本流传和大盐平八郎的形象。《大盐平八郎物实录的展开及其容受》[②]讨论了江户时期出版的各种传记小说。大盐平八郎之乱发生之后，各种传言不一，社会有着很大的关心和好奇。当时有关此事的记录有《盐平势衰记》《天保浪速实记》《天保浪华实录》《盐贼骚乱记》《天满水浒传》以及《浪花笔记》《狂乱太平记》《浪华津芦话》《御代太平记》《太平鉴》《天保浪花嘶》《天保太平记》《新编天保太平记》，已经有记录将大盐平八郎比作明末起义的李自成，救济平民。甚至传说太盐平八郎为今川义元的后代，父母参拜丰国大明神而得子，少年时期喜读兵书，主要事迹有铃鹿山击退山贼，江户林家游学，与力时代逮捕丰田贡。为了救济平民大盐谋划夺取大阪城，事

①［日］吾妻重二：《佐藤一斋〈哀敬编〉——日本阳明学者的新儒教葬祭书》，《アジア遊学》，第245号，2020年。

②［日］荻原大地：《大盐平八郎物实录的展开与及其容受》，《近世文艺》第112号，2020年。

情败露之后伯父大西与五郎逃亡。最终大盐平八郎之乱爆发，反乱之际抬出天满宫的神桥，最后宫胁志摩、大盐与其子格之助自杀。作者详细考证了这些事件在不同的书籍记录中的流变。

荻原大地的另一篇论文《近世实录中的大盐平八郎的人物像》[①]讨论了江户时期传记小说中的大盐平八郎的不同形象以及有别于明治维新以后的评价。以明治以后的森鸥外《大盐平八郎》为代表，一般将大盐平八郎看作拯救民众而发起叛乱的英雄，认为："平八郎是由于天保七年米价昂贵而策划叛乱，八年二月举事，站在平民一方反抗官吏和富豪。"然而江户时代的记述中，大盐平八郎的形象并非完全如此，甚至被描述为残虐无道之人。作者考察了"浪花笔记群"——《浪花笔记》《狂乱太平记》《浪华津芦话》《御代太平记》和《太平鉴》《天保浪花噺》《天保太平记》两个流传系统，以及独立的《新编天保太平记》。"浪花笔记群"对大盐的描述带有负面评价，认为其退隐之后，暗生慢心，诽谤公政，有如赤眉、黄巾之乱和明末李自成，特意强调大盐之乱的残暴性。与此稍有不同，《太平鉴》的系统中对大盐平八郎之事多有赞赏。不仅将其命名追溯至德川家康帐下的忠勇之臣本多平八郎（本多忠胜），少年时期也是神童，学问武艺远超常人。江户游学之时，其才华行事受到林家大学头的赞赏，但是最后大盐还是被描绘为残暴的叛乱者。《新编天保太平记》全篇都将大盐平八郎描写为本性傲慢暴虐的反叛者。

荒木龙太郎教授与关干雄博士校注整理幕末维新时期的阳明学者吉春秋阳日记《读我书楼长历》，发表《〈读我书楼长历〉翻刻（一）——九州大学附属图书馆藏"吉村文库"研究（1）》[②]。第一部分所载为文政十二年（1829）九月十五日至天保元年（1830）闰三月二十九日的日记，开头介绍了吉春秋阳的概况。吉春秋阳名晋，字丽明，通称重介、隆介，号秋

① [日] 荻原大地：《近世实录中的大盐平八郎的人物像》，《早稻田大学大学院教育学研究科纪要：别册》第28号，2020年。

② [日] 荒木龙太郎、关干雄：《〈读我书楼长历〉翻刻（一）——九州大学附属图书馆藏"吉村文库"研究（1）》，《活水日文》第61号，2020年。

阳，生于宽政九年（1797），庆应二年（1866）去世，享年70岁，广岛藩的支藩三原藩出身，幕者学者佐藤一斋的高足。吉春秋阳青年时期学习古义学，之后产生疑惑，34岁从学佐藤一斋，转为阳明学。佐藤一斋将《大学古本旁释》和《大学摘说》的稿本提供给秋阳阅读，秋阳由此确立了自己的阳明学思想。之后在广岛藩内担任督学，并在京都等地讲学，与佐藤一斋的其他弟子池田草庵（1813—1878）、林良斋（1807—1849）、春日潜庵（1811—1878）、大桥讷庵（1816—1862）、楠本端山（1828—1883）、楠本硕水（1832—1916）等有密切交往，是幕末时期著名的阳明学者，著作有《王学提纲》《旧本大学议》《汪武曹四书大全》和《读我书楼遗稿》等。《读我书楼长历》为文政十二年（1829）九月十五日至庆应二年（1866）七月二十四日，秋阳以汉文书写的日记，现存版本中有部分遗失。

井上快的论文《幕末时期藩儒的〈孟子〉讲义——论吉村秋阳与吉村斐山》[①]讨论了吉春秋阳《孟子》讲义中不同的教学方式和思想。十九世纪被称作日本教育爆发的时代，日本各地设立藩校，藩儒的数量也显著增加。吉春秋阳（1797—1866）、吉春斐山（1822—1882）父子为广岛三原藩儒者，时人评价吉春秋阳其师“佐藤一斋门下无出其右者”。《闻见录》是弘化二年（1845）至嘉永三年（1850）吉春秋阳在广岛的学问所朝阳馆的讲义记录，记录者为吉春斐山。其中最值得注意的就是关于《孟子》的讲义，这是每月27日讲解，共计12次的讲解记录。《私录》是安政四年（1857）三月至第二年七月的《孟子》讲义记录，记录者亦为吉春斐山。对于西方舰船到达日本，吉春秋阳将其看作“天下一新，国祚无穷”的“好机会”，期待“有为之材”，并以能力定“贵贱上下”。另一方面，吉春秋阳要求学者由“自己之分”以行“力之及处”，否定“浮躁”的“书生”“上书”。该文指出在官方的学问所朝阳馆和私塾咬菜塾，面对身

① [日] 井上快：《幕末时期藩儒的〈孟子〉讲义——论吉村秋阳与吉村斐山》，《日本の教育史学：教育史学会紀要》第63号，2020年。

份、立场不同的学者，吉春秋阳《孟子》讲解的重点不同。在朝阳馆中面对藩士子弟，吉春秋阳强调《孟子》章句中引申出的大意，尊贤而非仅仅重位，还讨论贡租增收。以平民为主的咬菜塾中则强调语句的解释，进行详细说明，究明学问本身。

高伟高的论文《山田方谷的“诚意本位”思想》[①]根据《大学古本讲义》，讨论了山田方谷的“诚意”说。受刘念台的影响，山田方谷主张意为心之主宰，主张诚意而善。山田方谷高度评价王阳明的无善无恶说，将“格物”“致良知”等皆纳入诚意说，并以诚意实现治国平天下。另外作为具体的方法，山田方谷极其重视理财。

与山田方谷一样，幕末的政治实践家横井小楠也是日本学界关注的热点。横井小楠的故乡九州熊本出版研究特集讨论“横井小楠周围的历史人物”。思想方面，伊故海贵则的论文《横井小楠的“议论”与世界认识——道理、武威、一致》[②]分析了横井小楠的“议论”观。幕末时期的“议论”是历史学界研究的热点，横井小楠对“议论”的重视也是不可忽视的存在。以往研究已经指出，安政二年（1855）横井小楠读到魏源的《海国图志》，思想上已经由锁国攘夷论转为积极的开国论者。对于当时社会的“议论”，横井小楠强调不应仅在“学党”内以会读的形式“议论”，对于不同的党派、集团的“议论”，也应基于“道理”而接纳。当时社会虽然“议论”盛行，但都是以自己的意志为“正论”，不存在与他者调和的途径，只是希望他者认同自己的“正论”，否则就称他者为“俗”。横井认为他者具有产生“政治公共性”的可能，因而不能简单地将他者的主张称为“俗”。有关议论的基础“道理”，横井提出建立“仁义之国”的儒学理想国家，这与当时的日本社会以“武威”为基础的意识形态相矛盾。另一方面，横井也主张“富国强兵”，成为“一大强国”。他同时主张

① [日] 高伟高：《山田方谷的“诚意本位”思想》，《史学研究》第306号，2020年。

② [日] 伊故海贵则：《横井小楠的“议论”与世界认识——道理、武威、一致》，《明治维新史研究》第18号，2020年。

“仁义之国”的“道理”和“一大强国”的“兵力”，设想以此实现人心“一致”的“皇国”。在横井的思想中，混杂着传统儒家的理想和帝国主义的冲动。作者认为将横井小楠看作哈贝马斯“政治公共性”的先驱者也未尝不可。

有关日本社会中家喻户晓的幕末人物吉田松阴、西乡隆盛、高杉晋作等，亦有20余篇文章从政治、地理、文学、艺术等方面进行考察，对于人物和时代做出充分的讨论。例如有关吉田松阴的研究，小野美典曾经考察过吉田松阴的《泪松集》，此次发表论文《论吉田松阴的歌集〈泪松集〉——由松阴本到流传本变化与松阴形象的塑造》①，其中介绍了《泪松集》的几个版本，并且发现通行本中出现大量原本没有的诗歌。这些诗歌为何会出现在通行本中？这种“篡改”又有何种意义？通过仔细分析每一种版本的诗文区别，作者提出了相应的意见。而且从时代背景出发，作者推断《泪松集》的“篡改”或许是想借助松阴之名推动维新。

三、近代阳明学

19世纪末至20世纪初，日本社会曾经掀起过一股阳明学热潮，其开端就是1893年三宅雪岭出版的《王阳明》一书。有关三宅雪岭的两篇论文《湖南与三宅雪岭》《三宅雪岭与嘉纳治五郎》分别讨论三宅雪岭与史学家内藤湖南以及近代柔道创始人嘉纳治五郎的交往。1889年，三宅雪岭与内藤湖南相遇，二人关系密切，皆强调亚洲自身的学问以及与西方的不同。三宅雪岭的很多思想都是由内藤湖南笔之于文，这些文章到底应当归属何人，本文认为从论旨来看应当属于三宅雪岭。三宅雪岭与嘉纳治五郎都出生于明治维新以前的万延元年（1860），东京大学文学部学习期间也都参加了东京大学的“哲学会”。该文对二人分别予以考察，但遗憾的是尚未发现二人

① [日] 小野美典：《论吉田松阴的歌集〈泪松集〉——由松阴本到流传本变化与松阴形象的塑造》，《山口国文》第43号，2020年。

密切交往的资料。

山村奖一直在研究日本近代的阳明学热潮，其讨论日本近代阳明学家井上哲次郎、高濑武次郎和石崎东国的相关论文，在往年的综述中都有介绍。对其著作《近代日本与变容的阳明学》，井泽耕一教授撰写书评。日本近代的阳明学热潮中，东京大学教授井上哲次郎将阳明学看作增强国民道德的伦理宗教，其弟子高濑武次郎强调以阳明学提升个人修养，而大阪的石崎东国重视阳明学中的社会改革精神。对于当时中国社会的儒教国教化运动，与高濑不同，石崎东国持反对立场。井泽教授在最后提出，以上三人所强调的都是阳明学的不同面向，原本为阳明学思想所涵盖，因而称之为“变容”可能并不恰当。

近年来，日本著名企业家稻盛和夫的著作和思想在中国影响越来越大。吉田健一发表论文《萨摩（鹿儿岛）的文化与稻盛和夫》[①]，讨论稻盛和夫与故乡萨摩（鹿儿岛）文化的关系。该文认为鹿儿岛出身的稻盛和夫，创建京瓷、通信公司KDDI，重建日本航空，其经营思想中具有萨摩文化、风土的影响。

萨摩地区自古以来就有对武士子弟的教育传统，江户中期以来“乡中”作为教育组织发挥作用，武士子弟从6岁开始就要接受集中教育。明治维新以后，“乡中”作为教育组织被取消，但是相互切磋讨论的传统以学舍等形式延续下来。昭和时代出生的稻盛和夫在书中亦提到“乡中教育”的影响，就是指这种教育的精神传统和相关活动。

“隐蔽念佛”是江户时期萨摩藩被禁止的净土真宗，又称一向宗的宗教活动。稻盛和夫回忆自己四五岁时，被父亲带去参加“隐蔽念佛”。虽然稻盛和夫晚年归依日本临济宗妙心寺派，然而幼年时期“隐蔽念佛”的宗教体验无疑具有深刻的影响。

《南洲翁遗训》是曾经在维新战争中与萨摩军队激烈对抗，后被西乡隆盛宽大处理的庄内藩士所记西乡隆盛之言，共41条。该书对同为萨摩出身

---

① ［日］吉田健一：《萨摩（鹿儿岛）的文化与稻盛和夫》，《鹿儿岛大学稻盛アカデミー研究纪要》第9号，2020年。

的稻盛和夫有着重要影响。青年时代，稻盛和夫并未读过该书，反而是经营企业之后，从庄内藩所在的山形县企业家那里获得。之后，该书一直置于稻盛和夫的案头，常常翻阅，甚至结合自己的经营体会解说《遗训》。稻盛和夫强调领导者仅具备才智是不够的，重要的是人性的完善。

萨摩藩的中兴之祖岛津忠良创作的《日新公伊吕波歌》，共47首，是萨摩乡中教育的精神支柱。稻盛和夫的著作中虽然并未提及该歌集，但是《京瓷哲学》一书的内容如重视体得、不断提升、大胆心细等方面，有许多相通之处。江户时代以来萨摩的教育、精神传统，对稻盛和夫的公司经营以及个人思想有着潜移默化的影响。

四、结语

2020年新冠疫情肆虐全球，原定于夏天举行的东京奥运会亦不得不推迟。医学方面新冠疫情危机促使全世界的医疗卫生者共同行动，思想方面也迫使世界各地再次思考人类命运共同体的问题。面对共同的危机，如何应对，日本当代的阳明学者也纷纷提出各种思考，如桥本徹从山田方谷的思想出发，撰写《从危机中诞生新的生存方式》[①]，道迫真吾撰写《历史与现代　幕末瘟疫大流行与吉田松阴主张的预防法》[②]，努力从传统思想中寻找应对危机的智慧。作为东业传统世界中共同思想的一部分，阳明学曾经展现出个体精神和社会实践方面的价值。疫情之后的世界，同样可以相信通过国际学者的共同研究，阳明学能够源源不断地展现出新的思想启示。

① [日] 桥本徹：《从危机中诞生新的生存方式（第2回）影响日本资本主义之父涩泽荣一的山田方谷思想——"立于事外，不屈于事内。"危机之时保持大局观以成事的方谷思想》，《财界》第9号，2020年。

② [日] 道迫真吾：《历史与现代　幕末瘟疫大流行与吉田松阴主张的预防法》，《山口県地方史研究》第124号，2020年。

拾

韩国阳明学研究综述

2020年韩国的阳明学研究动向以学术研究网站RISS为中心进行了搜索，以此为基础进行搜索的结果，发表了3篇单行本（包括1份译本）、2篇博士学位论文、1篇硕士学位论文、45篇学术论文。学术大会发表的论文修改完善后收录为同一学会的学术期刊论文，为避免重复，以学术期刊论文为中心进行分类叙述。

对阳明学相关论文，归纳为以下6种内容：阳明思想及阳明后学相关研究、阳明学与教育相关研究、阳明学相关比较研究、韩国阳明学相关研究、阳明学与现代社会相关研究、日本阳明学、艺术、文学相关研究等。在各分类项目中重复的主题，只作一处论，在全面提及的同时，以代表性研究成果为中心进行整理和综述如下。

一、阳明思想及阳明后学相关研究

3篇单行本和12篇学术论文属于这一类，如果再细分一些，可以分为3类。可以区分为中国阳明学派相关现状研究1篇、阳明思想相关研究5篇、阳明后学相关研究6篇。

首先，金世贞在《在韩国的中国阳明学派研究现状与课题》[①]中，对过去60年间韩国学者的有关中国阳明学派的研究文献目录进行了调查，著作17种、原本译本16种27本、外国文献译本13种、博士学位论文45篇、硕士学位论文99篇、学术论文413篇等共计613种。通过分析，可以得知中国阳明学的各种学派的历史、社会背景和各学派的特性。但其指出，研究成果偏重于特定学派或特定人物，对中国阳明学派整体概观的论文存在不足之处；并指出，为了绘制中国阳明学派的客观地形图，有必要对江右学派、浙中学派、泰州学派进行均衡的研究。另外，由于偏重于与李贽相关的泰州学派的论文，所以有必要对泰州学派的其他人物进行研究。

关于阳明思想，金俊承在《王阳明致良知论分析——从感情、欲望和

① [韩] 金世贞：《在韩国中国阳明学派研究现状与课题》，《阳明学》第59辑，2020年。

境界体验的角度》[①]中，以人类的情感、需求和境界体验为中心进行了说明。先要拿出实现良知的意志，持续推进其意志，对自己的情感和需求进行审视，坚守中节，保持不失中节的心态，在接触到的事态中要有条理地正确实践。林弘泰在《阳明的圣凡一体观研究》[②]中提出王阳明的圣人观，即“圣人和凡人本来就是一个身体”，通过学习“任何凡人也可以成为圣人”。通过这些，提到凡人通过对自己在日常生活中的事情尽最大的努力，从而达到圣人的境界。郑甲任在《有机体的知性和治愈》[③]中，提出“与王阳明的万物一体观相连接”，指不拘泥于对自我的执着，认识到自己也和天地万物的有机生命体是一体，主张集体治愈和共同体的成长。关于阳明思想，还有与王阳明更有直接相关的研究，李庆龙在《王阳明48—49岁左右从静坐学习转变为致良知的学术意义》[④]中叙述了王阳明思想的发展历程。虽然遇到了将《大学》的诚意学习和《中庸》的慎独学习统一的问题，结果提示了英明的智觉就是智觉刹那一念的良知，并解决了致知问题。这不仅限于静坐法，还精准地说明良知的知觉、验证、存养三个功能，之后补充说明良知，从“自证分”角度说明了良知的验证功能。最终，他强调了致良知不仅具有治愈源于静坐禅病和思虑纷扰的功能，还具有治愈心学的任情从欲的作用。李偶赈在《重读王阳明的龙场悟道》[⑤]中，围绕王阳明的思想确立过程和实践，以在龙场的人生为中心进行了考察。在单行本《阳明学：照顾与共生之路》[⑥]中，金世贞提出，自己认识到“照顾与共生之路”的必要性，在学习儒学的多种内容后，自己寻找解决各种现实问题的方案。在此过程中，从现代文明面临的生命危机、先进儒学传统以及将阳明学视为“照顾与共生之路”等角度出发，最终就现代社会出

①［韩］金俊承：《王阳明致良知论分析——从感情、欲望和境界体验的角度》，《阳明学》第56辑，2020年。

②［韩］林弘泰：《阳明的圣凡一体观研究》，《栗谷学研究》第43辑，2020年。

③［韩］郑甲任：《有机体的知性和治愈——以王阳明的万物一体观为中心》，《阳明学》第59辑，2020年。

④［韩］李庆龙：《王阳明48—49岁左右从静坐学习转变为致良知的学术意义》，《阳明学》第57辑，2020年。

⑤［韩］李偶赈：《重读王阳明的龙场悟道》，《阳明学》第59辑，2020年。

⑥［韩］金世贞：《阳明学：照顾与共生之路》，大田：忠南大学出版文化院，2020年。

现的各种时代问题，探索阳明学带给我们的信息和阳明学现代作用的可能性。在译本《王阳明心学的诞生地龙场相关资料译注》[①]中，崔在穆、金明月以王阳明的年谱为基础，译注了王阳明在贵州龙场停留三年间的多种著作。著作包括诗105首、记事类8篇、教谕类2篇、论述类2篇、序文类5篇、书信类6篇、祭文类3篇、书法作品5篇。

关于阳明后学的研究，在田炳述的《他们为什么要成为阳明弟子》[②]中发表了弟子董沄和韩贞的学术视界。李相勋在《王龙溪的成德体系和江右王门的批评》[③]中说明了属于阳明左派的王龙溪的良知论，即先天本有，基于超越性的良知，对人为和后天性的学习持否定的态度，这是不讨论通过学习恢复本体的过程，而是通过觉悟到属于本体的良知本体的自然流行，自然解决学习问题的独特的成德观点。对此进行批判的江右学者聂双江发表了关于本体和学习理论的研究。辛炫承在《明末时期学术共同体和政治网络研究》[④]中，研究了作为中国明清时期儒教学术共同体的书院和讲学网络的自由和多样性，在此过程中，包括朱子学系列的东林学派及试图将朱子学、阳明学折中融合的蕺山学派的刘宗周在内，对明代书院存在的意义及讲学的主要内容，也就是对儒教学术谈论和现实政治谈论进行了考察。宣炳三发表了与明代中期王守仁一样两分明代心学的湛若水弟子相关的2篇学术论文，在《甘泉后学唐枢的心学思想》[⑤]中考察了湛若水的弟子唐枢的心学思想，唐枢具有整合湛若水思想和阳明思想的意志。唐枢的学说蕴藏在讨真心三个字。真心是道心，是相当于与湛若水的大心、王守仁的良知不分上下的本体，讨是精一，是与湛若水的随处体认、王守仁的致不分上下的学习。在《甘泉后学洪垣的心学思想》[⑥]中，甘泉后学洪垣以老师湛若

① ［明］王守仁：《王阳明心学的诞生地龙场相关资料译注》，［韩］崔在穆、［韩］金明月译注，庆山：岭南大学出版部，2020年。

② ［韩］田炳述：《他们为什么要成为阳明弟子——以董沄和韩贞为例》，《阳明学》第56辑，2020年。

③ ［韩］李相勋：《王龙溪的成德体系和江右王门的批评》，《阳明学》第56辑，2020年。

④ ［韩］辛炫承：《明末时期学术共同体和政治网络研究——以东林和复社为中心》，《儒学研究》第50辑，2020年。

⑤ ［韩］宣炳三：《甘泉后学唐枢的心学思想》，《儒家思想文化研究》第79辑，2020年。

⑥ ［韩］宣炳三：《甘泉后学洪垣的心学思想》，《阳明学》第56辑，2020年。

水的随处体认天理说为根本，为完善体认天理的偏向，作为自己的心学思想提出了“不离根之体认”的“根本之学”。洪垣重视区分知和意，由知主宰意念的所谓“转识成知”的学习论。这个学习论重视在心志的确立和几微上的学习。在《关于王阳明知行合一观的逻辑妥当性及其运用局限一考》[①]中，裴多彬对于中国哲学思想的核心论题——知行观，以阳明后学刘宗周和黄宗羲的实践儒学为旗帜，考察了知行合一的继承及变用。在单行本《东洋的狂气与艺术》[②]中，曹玟焕关注受到道家思想影响的明代中期以后阳明左派的狂狷相关发言，并论述了韩国哲学家和韩国书画家们的狂狷精神。作者对于“狂”的光谱，在伦理、哲学、艺术层面上，把摆脱儒家的中华中心主义和礼法至上主义，自由奔放的行动和展开无限精神力量的境界命名为“人文之狂”，集中介绍了在韩国哲学史和书画史上表现出狂狷倾向的思想家和书画家，对此前在韩国被疏忽的“狂狷”思想家和书画家们的研究填补了空白。

二、阳明学与教育相关研究

2020年韩国阳明学研究成果中，教育相关研究发表了1篇博士学位论文和5篇学术论文。博士学位论文为金俊承的《王守仁教育论和施泰纳·瓦尔多夫教育论的比较研究：以儿童期教育为中心》，学术论文5篇为金俊承的《从王守仁致良知思想中看到的儿童教育论——从先天知到以体认的知识》、金珉在的《教科书中记述的阳明学实态分析及改善的建议》、赵智善的《利用阳明学进行大学人性教育教科开发相关研究》、陈晟秀的《薝园郑寅普的子女教育》、裴多彬的《关于王阳明知行合一观的逻辑妥当性及其运用局限一考》。

在《王守仁教育论和施泰纳·瓦尔多夫教育论的比较研究：以儿童期

① ［韩］裴多彬：《关于王阳明知行合一观的逻辑妥当性及其运用局限一考》，《民族文化论丛》第74辑，2020年。
② ［韩］曹玟焕：《东洋的狂气与艺术：东亚文人的自由与创造的美学》，首尔：成均馆大学出版部，2020年。

教育为中心》[1]中，金俊承将王阳明的教育论与施泰纳·瓦尔多夫教育论集中于儿童期进行了比较研究。王阳明的儿童教育论是以良知论为基础的，而瓦尔多夫教育论是以人智学位基础，以帮助了解儿童并培养他们的潜力。两位思想家认为人类是主体、自律的存在，即使个人素质和力量存在差异，每个人都可以通过教育实现各自的潜力，成为综合型人。另外，金俊承在学术论文《从王守仁致良知思想中看到的儿童教育论——从先天知识到体认知识》[2]中，发表了儿童先天具有的良知通过教育逐渐成熟，实现致良知和道德完善的论文。

在《利用阳明学进行大学人性教育教科开发相关研究》[3]中，赵智善指的是在大学培养正确价值观，培养与他人共同生活态度的人性教育的教科开发，并与阳明学相连接。第一，阐明了在大学的人性教育所向往的道德性和关联性兼备的人才，以及实现良知的圣人的共同点：第二，指的是作为大学教育所目标的“理想社会人”的组成部分，阳明思想在培养人性力量、共同体力量、自主力量方面可以被利用的可能性：第三，主张王阳明的具体学习方法可以用于培养人性、共同体和主体力量。

在《教科书中记述的阳明学实态分析及改善的建议》[4]中，金珉在掌握了相当于现道德教育高中级别的“伦理与思想”科目教科书中收录的阳明学技术实态，并提出了相关建议。对教科书共14种对象进行分析后发现，中国阳明学和韩国阳明学在“伦理和思想”科目中都占有重要地位，而且内容表达方式也越来越成熟，但同时也发现了“保守性”和“非均质性”，于是建议在道德和教科书编写标准中，补充中国阳明学相关的思想准备、

---

①［韩］金俊承：《王守仁教育论和施泰纳·瓦尔多夫教育论的比较研究：以儿童期教育为中心》，成均馆大学博士学位论文，2020年。

②［韩］金俊承：《从王守仁致良知思想中看到的儿童教育论——从先天知识到体认知识》，《教育思想研究》第34辑，2020年。

③［韩］赵智善：《利用阳明学进行大学人性教育教科开发相关研究》，《阳明学》第59辑，2020年。

④［韩］金珉在：《教科书中记述的阳明学实态分析及改善的建议——以高中〈伦理和思想〉教科书为中心》，《阳明学》第56辑，2020年。

拔本塞源、万物一体或与韩国阳明学相关的生理、真理、任情从欲等内容因素。

在《蒼园郑寅普的子女教育》[①]中，陈晟秀研究了朝鲜末期的阳明学者郑寅普以阳明学为基础的子女教育。郑寅普的子女教育不是以理性的形式灌输特定的概念和文章，而是根据平时的言行和信念、价值观和人生观的感性经验而更加有效地实现进行。在《王阳明教育哲学思想与道家哲学思想的关系研究》[②]中，贾宇主张王阳明的教育哲学思想中含有道家思想，并对其原因进行了分析。

三、阳明学相关比较研究

2020年韩国阳明学研究成果中阳明学相关比较研究发表了博士学位论文1部、硕士学位论文1部、学术论文4篇。博士学位论文为金明月的《邹守益与李滉的心学思想及其比较研究》，硕士学位论文为朴东真的《关于中年期的自主成长　　成长的哲学咨询性研究：以王阳明的人生和思想为中心》。然后是千炳敦的《贺麟的陆王心学解析研究》、崔在穆的《王阳明与退翁心性论、修行论比较——以退翁阳明学讨论为线索的试论》、金俊承的《王守仁的情感论和鲁道夫·斯坦纳12感觉论对比考察》和朴钟道的《王守仁与曹植的知行合一的实践性质研究》。

在《贺麟的陆王心学解析研究》[③]中，千炳敦注意到贺麟的思想是通过黑格尔唯心论哲学重新诠释陆王心学的这一点，分析了贺麟对陆王学的理解。第一，贺麟将“心即理”的“心”限制在逻辑意义上，把康德认识论的认识主观和陆王心学的道德判断及实践的主体统一为一个心概念。第二，将象山的直觉分为消极侧面的“不读书”和积极侧面的“本心恢复”，因此象山的“读书”视为“本心恢复”的辅助手段。第三，阳明的

① [韩] 陈晟秀：《蒼园郑寅普的子女教育》，《阳明学》第56辑，2020年。

② [韩] 贾宇：《王阳明教育哲学思想与道家哲学思想的关系研究》，《文化和艺术研究》第15辑，2020年。

③ [韩] 千炳敦：《贺麟的陆王心学解析研究》，《阳明学》第59辑，2020年。

良知为道德知觉，道德知觉可能会表现为道德实践，但也有不表现为道德实践的情况，所以指的是这个侧面的“致良知”。即，学习“致”是从“反省和自觉”开始的，这不是生理上的作用。儒家哲学中所说的道德本心是“绝对善良的道德自由意志”，这正是与西方哲学的根本区别所在。

在《王阳明与退翁心性论、修行论比较》①中，崔在穆对王守仁和解放后历任海印总林首任方丈和曹溪宗第7代宗政等的退翁性徹两位人物的心性论·修行论进行了如下比较。第一，退翁和阳明首先有顿悟顿修的领悟，然后在哲学思想上将其理论化、系统化。第二，性善论掌握了人的心性。第三，修行论中阳明和退翁的理论讨论形式一致，但在现实层面上的应对上阳明在一定程度上坚持了自由主义道路，退翁一定程度上坚守严格主义。第四，对于当时的现实所具有的保守权威主义或儒教、佛教教义的先验性，阳明开启了激进的解体之路，退翁走的是内在的纯粹性深化之路。第五，阳明的心性论—修行论此后被分成多个派别，呈现出多彩而激烈的理论讨论，而退翁却没能像阳明学派一样展现出持续的讨论和多样的理论分化。

在《王守仁的情感论和鲁道夫·斯坦纳12感觉论对比考察》②中，金俊承比较了王守仁的情感论与鲁道夫·斯坦纳（Rudolf Steiner）的12感觉论，比较并考察了人类以主体体验为基础逐渐成熟和发展的过程。王守仁的情感论与性理学不同，将分开理解的性与心合并后把情感和欲望部分作为良知论的主流介入其中。作者提到了实现良知的意志、情感和欲望的观照和中节、符合条理的正确实践、自谦和真乐的境界体验。斯坦纳的感觉论是人智学世界观的深刻反映，可作为身体、灵魂、精神的综合体理解人类。感觉的发育可以理解为，随着周期性发展，根据内部对自己肉体的意志感觉、与除我以外的人际关系相关领域的情感感觉、与自身内心或高次存在相关的高次领域的精神感觉发展。

---

① [韩] 崔在穆：《王阳明与退翁心性论、修行论比较——以退翁阳明学讨论为线索的试论》，《退翁学报》第17辑，2020年。

② [韩] 金俊承：《王守仁的情感论和鲁道夫·斯坦纳12感觉论对比考察》，《东西哲学研究》第97辑，2020年。

在《王守仁与曹植的知行合一的实践性质研究》[①]中，朴钟道比较研究了王守仁与曹植知行合一的实践性质。作为王守仁和曹植的媒介，他提到了“省察克治”的修养法，王守仁的省察克治是实现良知的方法，而曹植的省察克治是击退人欲、保存天理的方法。即，王守仁在外界实现心之本体良知的过程中，通过反省极致的方法实现致良知，而曹植则提出了从学习遏人欲存天理的内涵到反省极致，以至敬而后，以知之合一的敬义学习方法。

在《邹守益与李滉的心学思想及其比较研究》[②]中，金明月对生活在同时代的邹守益与李滉两人的心学，对反映两者的学术特征的本体论、工夫论、意志论、德福观、境界论等5个领域进行了比较研究。邹守益将良知的意义从“灵明”改为“精明”，突出精准省察学习的重要性，李滉提到了非常接近良知概念的活理思想。两位学者的本体论从第三角度出发，用中解释世界，避免了心一元论和理气二元论中的矛盾和弊端，以善为标准，将存在于心里的中的性质和本体两个方面融为一体，让人通涉。

在《关于中年期的自主成长——成长的哲学咨询性研究：以王阳明的人生和思想为中心》[③]中，朴东真通过卡尔·古斯塔夫·荣格分析心理学，对比了解了儒学修养论的前提“为己之学”的含义。

四、韩国阳明学相关研究

14篇学术论文属于这一类，再细分一些，可分为4种。可区分为韩国阳明学发展状况研究1篇、朝鲜性理学者们批判阳明学相关研究4篇、霞谷郑齐斗相关研究5篇、霞谷以外的阳明学者相关研究4篇。

从对韩国阳明学发展状况的研究来看，在《朝鲜时代阳明学研究的过

① [韩] 朴钟道：《王守仁与曹植的知行合一的实践性质研究》，《南明学研究》第66辑，2020年。

② [韩] 金明月：《邹守益与李滉的心学思想及其比较研究》，岭南大学、成均馆大学博士学位论文，2020年。

③ [韩] 朴东真：《关于中年期的自主成长——成长的哲学咨询性研究：以王阳明的人生和思想为中心》，韩国咨询研究生院大学硕士学位论文，2020年。

去、现在、未来——以朝鲜时代阳明学一般的研究为中心》[①]中，金世贞提到了收集过去50多年朝鲜时代阳明学研究成果制作的《朝鲜时代阳明学相关研究文献目录》。该目录中收录的资料包括著作78本、原本译本46本、外国文献译本2本、博士学位论文97篇、硕士学位论文213篇、学术论文1287篇等共1719种。在庞大的资料中，该论文首先分析了能够展望朝鲜时代阳明学研究整体轮廓的“朝鲜时代阳明学一般”研究成果的相关目录中收录的资料（著作16卷、博士学位论文8篇、学术论文93篇）。第一，共发行16本著作的研究动向是，如果说前半部是以对朝鲜时代阳明学一般的研究为主，那么后半部随着研究内容和朝鲜时代阳明学和性理学的交涉和融洽的研究增多，著作的主题、观点和内容变得多样化和深化。第二，共8篇博士学位论文的研究动向是，虽然数量不多，但来自哲学、历史学、政治学、宗教学、文学等多个领域，从多种角度为朝鲜时代阳明学奠定了研究基础。第三，共发行93篇的学术论文，相当于1980年代，经历了奠定朝鲜时代阳明学研究之基础的时期、正式展开1990年代朝鲜时代阳明学研究的时期、2000年代到2010年代的朝鲜时代阳明学研究成熟期。

从朝鲜性理学者的阳明学批判相关研究来看，在《退溪的阳明学批判和朝鲜儒学的成立》[②]中，金亨灿提到在中国批判性理学并流行阳明学，而朝鲜儒学却未能做到这一点的原因。当时在朝鲜有影响力的学者退溪没有接受阳明学的学术成果，而是通过对阳明学的批判，积极应对阳明学对朱子学的批判，选择了完善朱子学的道路。退溪用理的“作用”来说明道德感情、判断、行为，自发性来解释阳明的批评，试图在朱子学的基础上主动接受并克服，由此形成了以深化理气心性论为特征的朝鲜儒学成立和发展的契机。在《朝鲜性理学者对阳明学的批判性认识检讨（3）》[③]，金熙

①［韩］金世贞：《朝鲜时代阳明学研究的过去、现在、未来——以朝鲜时代阳明学一般研究为中心》，《儒学研究》第52辑，2020年。

②［韩］金亨灿：《退溪的阳明学批判和朝鲜儒学的成立》，《退溪学报》第148辑，2020年。

③［韩］金熙永、金珉在、金容载：《朝鲜性理学者对阳明学的批判性认识检讨（3）——以李敏叙、徐宗泰、宋徵殷为中心》，《阳明学》第56辑，2020年。

永、金珉在、金容载对17—18世纪初期活动的李敏叙、徐宗泰、宋徵殷对阳明学的批判性认识进行观察。李敏叙以“致良知”和“万物一体”理解阳明学，并以“自私”和“好异”的负面框架看待阳明学。徐宗泰没有采取否定阳明学根基的方式，而是以完全站在朱子学的立场上批判阳明学的形式展开讨论。宋徵殷对王守仁的“格物致知”和“知行合一”完全站在朱子学的场上进行了批判，这种主张的基底是理解“良知”和“理”概念的两人无法缩小的意见分歧。在《朝鲜性理学者对阳明学的批判认识检讨（4）》[①]中，全修延、金珉在、金容载考察了被指为少论领袖的南溪朴世彩对阳明学的批判性认识。李滉批评阳明学后，一直被认为是“禅学”。在这种情况下，朴世彩的学问倾向更加凸显了重视道统排除异端的倾向。相反，他的弟子郑齐斗独自阅读阳明学后，以此为基础建立了学术体系，并将自己的见解传达给了师父朴世彩。因为郑齐斗建立了学术体系，所以朴世彩也应该有逻辑地应对，其成果就是《王阳明学边》。朴世彩在批判中试图对致良知进行分析，并阅读王守仁晚年时期的著述和王守仁《文集》，这反过来成为郑齐斗对阳明学固有的理论体系的发展契机。在《从〈传习录论辩〉看退溪知行论的意义》[②]中，李致亿以《传习录论辩》的分析方式，考察退溪知行论的含义和意义。自诩继承朱子学嫡系的退溪通过《传习录论辩》详细展开他的知行论，从而更加精准地提出了知行的理论。《传习录论辩》对于退溪来说，将知行的问题，超越了现有的知—行两个阶段，成为提出知—好恶判断—行这三个阶段一致的契机。

从霞谷郑齐斗相关研究来看，在《霞谷的〈孟子说〉〈浩然章〉的构造和其伦理学意义》[③]中，裴炳大提到霞谷通过“孟子”证明阳明的学说是正确的，尤其表示霞谷在“孟子”《浩然章》解释中强调了这一点。孟子在《浩然章》中提出的“集义”和“养气”的修养方法是阳明学中强调的

① [韩] 全修延、金珉在、金容载：《朝鲜性理学者对阳明学的批判认识检讨（4）——以朴世彩的〈王阳明学辨〉为中心》，《儒学研究》第51辑，2020年。

② [韩] 李致亿：《从〈传习录论辩〉看退溪知行论的意义》，《韩国民族文化》第75辑，2020年。

③ [韩] 裴炳大：《霞谷的〈孟子说〉〈浩然章〉的构造和其伦理学意义》，《阳明学》第57辑，2020年。

内在、本体论修养方法。霞谷发现《浩然章》的内容和结构与"知与德的合一"的伦理学主题相吻合。霞谷在维持心本论观点的同时，将知言视为心灵修养的高境界，不忽视“勿忘”“勿助”等不断后天努力的重要性，在清一色的性理学朝鲜学术风气中，担心阳明左派的弊端，甚至试图批判性地接受朱子学。在《霞谷的真理及阳明正统派的本体》①中，徐康挥通过对郑齐斗主要概念中的真理和生理的考察，了解他所指出的阳明学难点，即任情从欲问题的解决。在霞谷看来，归寂系集中于真理的本体性质，导致与生理的隔绝，泰州学强调自然，回避学习的重要性，这在霞谷看来，也是只强调生理而丧失真理的本体性。对霞谷来讲生理不能与真理隔绝，通过真理获得自己的认同感，真理通过生理获得活动性保障。可以说，霞谷的这种见解与阳明正统派的学习与本体之间的关系有相似处。朴玄贞在《从学派视角看霞谷学的性质和特点》②中，对霞谷的学派性质的国内外研究，一直以来韩国国内学界普遍认为霞谷是泛称阳明右派，但以国内部分学者和大陆学者群为中心，对霞谷是王岐或罗汝芳等的现成派，即阳明左派性质的主张进行了观察。还有，在《藏书阁收藏郑齐斗草集〈稽山先生学录〉初探》③中，朴炫贞主张，通过对查明为郑齐斗的阳明学抄集文献的藏书阁收藏稽山先生学录的基础性解释和分析，可以作为《霞谷集》意外的资料加以利用。在《花潭徐敬德的理气论研究——关于霞谷郑齐斗》④中，崔一凡就花潭徐敬德的理气论的研究是气一元论或唯气论的见解为主提出问题，通过分析霞谷郑齐斗对花潭理气论所阐述的观点，再次确认作者原有的主张。通过霞谷郑齐斗的解释，论证了花潭的哲学思想应解释为理气合一或理气不离的本体论，批判了花潭的哲学视为唯气论或气一元论的一般性解释，主张与此不同。霞谷认为意志和气可以相互交换的依据是“理

① [韩] 徐康挥：《霞谷的真理及阳明正统派的本体》，《东洋哲学》第54辑，2020年。

② [韩] 朴炫贞：《从学派视角看霞谷学的性质和特点——以国内外研究成果比较为中心》，《阳明学》第56辑，2020年。

③ [韩] 朴炫贞：《藏书阁收藏郑齐斗草集〈稽山先生学录〉初探》，《阳明学》第59辑，2020年。

④ [韩] 崔一凡：《花潭徐敬德的理气论研究——关于霞谷郑齐斗》，《牛溪学报》第38辑，2020年。

气不相离之妙”，即理气的一元（合一）结构，并主张花潭的本体论（理气论）也可以从这个角度理解。

从霞谷以外的阳明学者的相关研究来看，在《崔鸣吉和赵翼的经典解释倾向及其意义》[①]中，李海任以崔鸣吉和赵翼为中心眺望了17世纪朝鲜经学的多样性。《史文录》的《孟子记疑》与其他篇不同，以崔鸣吉和赵翼的问答形式构成。两人分别站在阳明学和朱子学的立场上理解了《孟子》。根据《孟子记疑》的问答，崔鸣吉与阳明学观点一致，而赵翼则站在朱子学观点上。还有，崔鸣吉在50岁前后将四端本身理解为完整的，并提出了与王阳明略有不同的见解。在黄仁玉《〈思辨录中庸〉的阳明学形态考察》[②]中，黄仁玉考察了西溪的《思辨录中庸》注释中出现的阳明学形态。西溪不仅关注儒教，还关注佛教和道教等多种学问，直接或间接地与崔鸣吉等阳明学者进行了交流。西溪不承认未发，如果有思虑，那就是已发。因此，戒具和慎独是一种学习。致中和将致中视为本体，将致和视为作用，体和用是不可分离的一体。这种西溪的阳明学《中庸》注释，第一，在朱子学风气中采纳阳明学，为经典解释指明了新方向。第二，否定普遍、原理的世界观，强调人类主题，并把它作为活动的主体。第三，区分人性与物性，区分客观世界和主观价值体系，在艰难的经典中，找出人类需要时间的部分，并强调了实践能力。在《德村梁得中的家系与追崇的研究》[③]中，金承大对被评价为朝鲜后期实学和阳明学领域重要人物的德村梁得中的家庭分析和死后追崇进行了研究。在《全州李氏德川郡派李京直家族的来历和地域性的展开》[④]中，李南沃研究李光明移居到江华后，出入郑齐斗的门下，接着李光师和李光臣成为郑齐斗的门人，这是全州李氏德

① [韩] 李海任：《崔鸣吉和赵翼的经典解释倾向及其意义：以〈史文录〉〈孟子记疑〉为中心》，《哲学探求》第58辑，2020年。

② [韩] 黄仁玉：《〈思辨录中庸〉的阳明学形态考察——以〈中庸〉首章为中心》，《儒学研究》第51辑，2020年。

③ [韩] 金承大：《德村梁得中的家系与追崇的研究》，《阳明学》第58辑，2020年。

④ [韩] 李南沃：《全州李氏德川郡派李京直家族的来历和地域性的展开》，《阳明学》第57辑，2020年。

川郡派李京直家族能够成长为霞谷学派主要家族之一的背景。

五、阳明学和现代社会相关研究

2020年韩国阳明学成果中，阳明学和现代社会相关研究发表了4篇学术论文。朴成浩的《后新型冠状病毒时代的霞谷思想》，梁鲜轸的《人工智能时代和新型冠状病毒时代的交叉点，人类自由和监视社会》和《人类的经济、道德和宗教层面》、郑甲任的《我们心中的“孩子”资源》。

在《后新型冠状病毒时代的霞谷思想》①中，朴成浩考察了霞谷思想在后新冠时代是否具有作为新标准的普遍价值。首先，他将后新冠时代的展望和课题从“他律向自律的转变”和“从ego向eco的转变”进行了说明，并试图在霞谷思想中的“生理”和“感通”中寻找解决这一问题的思想线索。作者认为，通过霞谷的感通说，可以实现人类和天地万物之间的生态关系恢复，为“从人类的贪欲性ego向地球的生态性eco的转变”提供思想线索。

梁鲜轸发表了2篇论文，在《人工智能时代和新型冠状病毒时代交叉点，人类自由和监视社会》②中，以郑齐斗、王阳明和柏格森、莫里斯·梅洛-庞蒂为中心，对人类的自由和本质进行了考察。随着人工智能在社会各领域登场，今天的资本主义已超越以数据为基础的信息大企业被动地收集信息的阶段，在主动收集的过程中，个人不愿意的信息正在不知不觉地流入信息企业。在这个过程中，存在沦落为个人固有的内心被暴露的社会的危险，但在信息成为资本的时代，这成为了难以抗拒的资本主义机制。他们主张，在这种社会现实面前，人类有必要集思广益，思考采取何种姿

① [韩] 朴成浩：《后新型冠状病毒时代的霞谷思想——以生理和感通为中心》，《阳明学》第59辑，2020年。

② [韩] 梁鲜轸：《人工智能时代和新型冠状病毒时代的交叉点，人类自由和监视社会——以郑齐斗、王阳明、柏格森、梅洛-庞蒂为中心》，《阳明学》第59辑，2020年。

态。还有，梁鲜轸在《人类的经济、道德和宗教层面》[①]中，从人类的经济、道德和宗教等视角对三位思想家的思想进行考察，从而表达作者超越亚当·斯密的经济学和伦理学，成为王阳明和克尔凯郭尔的宗教存在的思考。亚当·斯密认为，如果人类的欲望最终成为互利共赢，那么社会将比依赖他人的慈悲心更有效率。王阳明认为人类具有经济面貌，同时也是追求道德生活的存在。克尔凯郭尔把人类分为审美、伦理和宗教阶段。作者为了了解现代社会中的人类，首先考虑经济层面，从属于最低阶段的感觉阶段（私欲阶段）开始，其次考察了道德层面在我们社会具有怎样的文化地位，最后为了正确认识人类的道德文化，从宗教层面联系起来进行了考察。

在《我们心中的“孩子”资源》[②]中，郑甲任用现代手法重新诠释了阳明学的童心，考察了与成年的我们内心的“孩子”资源相结合，培养和拓展我们对生命和自我实现的感觉的具体方法，重新发现了作为哲学资产的价值，并重新引出了利用的可能性。在此过程中，作者将“良知”与“童心”联动进行了解释，并将李卓吾重新解释为打断谎言的纯粹真心的“迩言”视为既是与童心相触的真实生活语言，也是毫无虚假、真实的需求（need）的表现。在这里强调，为了满足通过我们表达生命意志的需求，执着于特定手段和方法的欲望（desire）的区别非常重要。在这里强调，通过具有生命意志的我们所表现的需求和执着于满足需求的特定手段和方法，这与我们的欲望的区别非常重要。

六、日本阳明学、艺术、文学相关研究

2020年韩国阳明学研究成果中其他相关研究发表了6篇学术论文。其中，日本阳明学相关论文2篇、艺术相关论文2篇、文学相关论文2篇。日本阳明学相关论文是由崔在穆、徐承完、金容载撰写的《在近代日本阳明学

① [韩] 梁鲜轸：《人类的经济、道德和宗教层面：超越亚当·斯密的经济学和伦理学，成为王阳明和克尔凯郭尔宗教的存在》，《退溪学论丛》第36辑，2020年。

② [韩] 郑甲任：《我们心中的“孩子”资源》，《阳明学》第57辑，2020年。

中大盐中斋之位［Ⅰ］》和《在近代日本阳明学中大盐中斋之位［Ⅱ］》2篇。有关艺术的论文包括徐僖延的《蕴含于董其昌作品中的禅宗美学》、禹知延的《朝鲜后期文人画家的艺术、哲学的特征一考》2篇。有关文学的论文有朴荣熙的《王阳明的修辞方法和思维方式》、林洙满的《为堂郑寅普的"心"思想和文学》2篇。

在《在近代日本阳明学中大盐中斋之位［Ⅰ］》[①]和《在近代日本阳明学中大盐中斋之位［Ⅱ］》[②]中，崔在穆、徐承完、金容载从基本阳明学地位的层面，对曾在大阪活动的日本阳明学者大盐中斋进行了了解。日本阳明学一般以中江藤树为开始，其门下有熊泽蕃山等人，之后由三轮执斋中兴，其后在近世纪末端有佐藤一斋和大盐中斋。因为中斋和之前的阳明学者有差异，所以后世的评价也多种多样。中斋通过"大盐之乱事件"很好地展现了阳明学实践。即，试图按照自己的"太虚、良知"方针，救济在天保大饥荒中受苦的贫困民众。对于这种大盐中斋的评价分为"国家主义，右翼"的评价"白色阳明学"和"左翼、反国家、社会主义"的评价"红色阳明学"，实际上根源相同，只是解释和实践发生了变化。作者认为大盐中斋的评价属于现在进行型，因此有必要重新评价日本阳明学。

在艺术相关的论文《蕴含于董其昌作品中的禅宗美学》[③]中，徐僖延表示，董其昌在思想上向往儒家生活，但在日常生活中或艺术境界中，有庄和禅宗及阳明心学混在。当时时代背景是朱子学道德理性的本性论经王阳明的心学，连接其继承人王艮、何心隐等泰州学派的时期，强调的不是被道德理性压迫的感性，而是真实的情感。作者在论文中阐明，董其昌在阳明后学中，也受到了李贽的童心说等他的思想的影响，对董其昌的作品产生了影响。在《朝鲜后期文人画家的艺术、哲学特征一考》[④]中，禹知延提

①［韩］崔在穆、徐承完、金容载：《在近代日本阳明学中大盐中斋之位［Ⅰ］》，《东洋哲学研究》第102辑，2020年。

②［韩］崔在穆、徐承完、金容载：《在近代日本阳明学中大盐中斋之位［Ⅱ］》，《阳明学》第57辑，2020年。

③［韩］徐僖延：《蕴含于董其昌作品中的禅宗美学》，《东洋艺术》第46辑，2020年。

④［韩］禹知延：《朝鲜后期文人画家的艺术、哲学特征一考——以"尹斗瑞"和"赵英锡"为中心》，《阳明学》第57辑，2020年。

到了朝鲜后期新出现的阶层“中人”们把对“两班（贵族）”层的身份渴望和自卑感升华为文化需求，使“文艺”方面变得更加丰富。中人试图通过爱民的目光和文艺的情感，来表现中人的画画样式和人类本然知性的形态，这与当时“实学”之风有关，即使朝鲜阳明学没有发展，也要自由发挥人类个别主体的真面目——良知的感性氛围相联系。

在与文学相关论文《王阳明的修辞方法和思维方式》[①]中，朴荣熙从写作就是思维方式为前提，不是通过哲学概念和逻辑的考察，而是通过王阳明的修辞法考察了与其他思想家的区别之处。以强调不能说道家和佛教的思维方式的悖论为主，相反王阳明叙述的特征是反复用否定语写的同一句型来扩张概念，并试图展现反而可以说的能力。另外，他还以对句的写作、咬尾巴的方式反复重复相同的单词，将意思合为一。在《为堂郑寅普的“心”思想和文学》[②]中，林洙满看到为堂郑寅普的诗和散文后，认为作为阳明学者，通过他留下的作品，在阳明学中强调的“实心”或“良知”为他的诗和散文注入强大的力量和思想。作者解释为郑寅普在和家人所提及的爱中出现了“仁”，在给朋友写的文章中，他的主张包含着“心即理”的思想。

七、结语

以上是2020年阳明学相关研究成果。正文中也已经提到，与阳明学有关的本来思想和现代接轨的尝试正在持续进行。但是，尽管研究在韩国已持续50多年，但以下部分仍需要解决。第一，研究要从总括进入细节，反映个别阳明学者的研究成果及不同时期、不同领域研究成果的必要性：第二，哲学中文学、史学和哲学领域均衡研究的必要性：第三，就当今时代问题展开更加积极的讨论。

---

① [韩] 朴荣熙：《王阳明的修辞方法和思维方式》，《中国学报》第94辑，2020年。

② [韩] 林洙满：《为堂郑寅普的“心”思想和文学》，《清蓝语文教育学会》第75辑，2020年。

拾壹

欧美阳明学研究综述

2020年，一场全球疫情突如其来，它却并没有阻碍世界各国的人文学术研究。这一年里，在以英语为主导语言的欧美学界，阳明学研究也依然有不断地推进与深入。相比往年，刊发成果有增无减。其中主要包括对王阳明思想义理的解析与阐发、对东亚地区阳明后学传统的研究，以及中文阳明学研究作品的英译等。此外，在宋明理学及儒学传统相关的研究论著中，部分章节也会牵涉到阳明学。以下分别予以简要评述。

一、对王阳明思想义理的解析与阐发

在欧美学界，对王阳明思想义理的解析与阐发大体有两个主流路径：一是分析哲学的路径；二是现象学的路径。当然，在实际的研究中，虽然偏好各有不同，但二者往往亦有交叉和并用。

人性论是中西思想传统的一个共同焦点，乌兹别克斯坦费尔干纳理工学院（Fergana Polytechni cInsititute）的Sanjarbek Sultanbekovich Khoshimov发表了一篇“Thoughts about Human Nature in Chinese Philosophical Thinking and their Interpretation in the Ideas of Wang Yangming”（《中国哲学思想中的人性论及其在王阳明思想中的诠释》），发表在*Scientific Bulletin of Namangan State University*（《纳曼干州立大学科学通报》）第一期。该文在俄语世界详细论述王阳明的人性思想对15—16世纪中国哲学思想的发展作出了重要贡献，分析了中国不同历史阶段出现的人性学说，并从“道心”和“人心”两个层面进行了反思。[①]

其中，对于儒家性善论下“恶”的来源问题，历来讨论尤其多。美国南康涅狄格州立大学（Southern Connecticut State University）的杨小梅在*Asian Philosophy*（《亚洲哲学》）第四期发表了一篇“The Problem of Evil in the Neo-Confucian Context: Wang Yangming’s View on Evil”（《理学语境中“恶”的问题：王阳明的“恶”观》）。该文认为，在王阳明思想中，恶

---

①Sanjarbek Sultanbekovich Khoshimov,“Thoughts about Human Nature in Chinese Philosophical Thinking and their Interpretation in the Ideas of Wang Yangming”, *Scientific Bulletin of Namangan State University*, no.1（2020）: 173-177.

来自人与外部世界之间的相互作用，阳明主张人性同善，这与个性禀赋影响道德实践的主张之间并没有矛盾。最后，作者认为阳明有关人性在本源上无善无恶的学说是儒家特有的。[①]这篇文章无疑是一种典型的分析哲学进路，它撇开以往传统上偏于道德形上学的“至善”论述，而尝试回归日常生活来进行哲学理解与论证。

与分析哲学的进路不一样，《亚洲哲学》同一期还发表了上海华东师范大学哲学系卢盈华基于现象学进路研究阳明心学的“The Inversion of Values and the Renunciation of Desire and Love: An Investigation through Max Scheler and Wang Yangming”（《价值颠倒与爱欲分离：对舍勒与王阳明的考察》）。该文比较了舍勒与王阳明对“心”的分析，认为他们都肯定了客观的价值等级体系：舍勒提出精神价值高于享乐价值，而阳明的天理高于人欲。客观的价值等级与原始主观的道德情感（例如爱）相关，但也有一些案件涉及那些丧失本心的人：舍勒从人们内心的“怨嫉”（ressentiment）讨论了这种“消极面”，而阳明则从良知的遮蔽方面描述了这一“消极面”。[②]

在阳明学里，“丧失本心”的确是一种道德形而上学本体论述，如果谈到工夫，就会与教育有关。苏黎世大学（Universität Zürich）的Roland Reichenbach发表了“‘When the Heart-Mind is Lost…’ Remarks on the Metaphysics of Educational Theory”（《失去本心之时：教育理论的形而上学论》）一文，收录在Roland Reichenbach 和Duck-Joo Kwak主编的*Confucian Perspectives on Learning and Self-Transformation: International and Cross-Disciplinary Approaches*（《儒家视野中的学习与修己：国际化与跨

①Xiaomei Yang,“The Problem of Evil in the Neo-Confucian Context: Wang Yangming's View on evil”,*Asian Philosophy*, no.4（2020）: 351-366.

②Yinghua Lu,“The Inversion of Values and the Renunciation of Desire and Love: An Investigation through Max Scheler and Wang Yangming”,*Asian Philosophy*, no.4（2020）: 351-366.

学科的路径》）。该文用儒家心学论述教育理论的形而上学，重在儒家思想的启发式力量和心灵的隐喻对今天理解教育理论和实践的意义，作者认为阳明心学有很丰富的思想资源。[①]在上述同一本论文集中，瑞士伯恩大学（University of Bern）的Niklaus Schefer发表了一篇“Enlightenment and Freedom in a Confucian Way: *Wanwu Yiti*–A Philosophical Concept and Its Educational Relevance”（《儒家式的悟道与自由：“万物一体”——一种哲学概念及其教育意义》），作者以儒家的方式看待自由与启蒙，并解释了这些哲学概念及其教育意义。启蒙和自由是思想史上的核心术语，它们定义了现代自由民主社会的自我概念；通过这种教育，所有民众都被视为自治和理性的主体，可以在民主宪政的限度内自由平等地行动。该文作者的目标则是通过引入源于中国的哲学和教育的“启蒙”和“自由”，以它们新的面向来开阔我们的视野。他选取“万物一体”为例，在回顾了中国哲学所有相关传统中对这一短语的使用之后，他进而阐明了“万物一体”与自由和启蒙概念之间的隐秘联系。他的分析试图证明，自由与启蒙的概念在中国文化中有着截然不同的侧重点和背景，可提供一种与这两个词相关的教育态度的补充方式，而这反过来又可以成为当代学校里学生个人发展和自我改造的西方教育观的另一种来源。[②]

儒家伦理与公民教育一直是欧美中国哲学研究的一项重要议题，其中往往也会讨论到阳明心学与教养问题。新加坡南洋理工大学的陈惠萍（Charlene Tan）在*Journal of Beliefs & Values: Studies in Religion & Education*

---

①Roland Reichenbach,"'When the Heart-Mind is Lost...' Remarks on the Metaphysics of Educational Theory,"in Roland Reichenbach & Duck-Joo Kwak ed.,*Confucian Perspectives on Learning and Self-Transformation: International and Cross-Disciplinary Approaches,*（Dordrecht: Springer, 2020）: 105-123.

②Niklaus Schefer,"Enlightenment and Freedom in a Confucian Way: Wanwu Yiti–A Philosophical Concept and Its Educational Relevance,"in Roland Reichenbach & Duck-Joo Kwak ed.,*Confucian Perspectives on Learning and Self-Transformation: International and Cross-Disciplinary Approaches,*（Dordrecht: Springer, 2020）: 91-103.

（《信念与价值学刊：宗教与教育研究》）第四期发表了一篇“An Ethical Foundation for Global Citizenship Education: A Neo—Confucian Perspective”（《全球公民教育的伦理基础：理学的视角》），该文借王阳明思想为全球公民教育提供了道德基础，解释阳明如何以所有人固有的道德良知为前提，提出一种共通的人性，进而通过消除我们与他人疏远的自私倾向和表现形式来扩展我们的良知。文章重在指出阳明思想对全球公民教育的两个主要意义：首先，通过肯定人类的尊严、平等和潜能，阳明良知概念巩固并构筑了全球公民共同的人类愿景；其次，阳明教法重视学习者的道德修养，有助于提升全球公民品质。[①]

儒家伦理究竟是不是一种美德伦理学，这一直是中西比较哲学研究的热门议题。虽然将二者直接挂钩起来的做法遭到了很多批评，但近年来香港中文大学哲学系的黄勇一直坚持致力于捍卫儒家美德伦理的主张。本年度黄勇在*Journal of Chinese Philosophy*（《中国哲学学刊》）第3—4期上发表了“Why Confucian Ethics is a Virtue Ethics, Virtue Ethics is not a Bad Thing, and Neville Should Endorse It”（《为何儒家伦理是一种美德伦理学？美德伦理并不糟糕，而南乐山本该支持它》）一文，这篇文章针对南乐山（Robert Cummings Neville）的*The Goodness Is One, Its Manifestations Many*（《善一本万殊》）一书而进行讨论。黄勇首先认定儒家伦理学可以合理地视为美德伦理学；然后表明，美德伦理可以避免南乐山担心的两种弊病：主观主义和个人主义；最后认为，南乐山所归纳的儒家伦理学的几个显著特征均可以视为美德伦理学。[②]在这篇文章的论述中，黄勇用王阳明良知学中道德良知与具体知识之“自然”关系，回应南乐山对儒家忽视外在知识的担忧。

---

①Charlene Tan,“Ethical Foundation for Global Citizenship Education: A Neo-Confucian Perspective”,*Journal of Beliefs & Values: Studies in Religion & Education*, no.4（2020）: 446-457.

②Yong Huang,“Why Confucian Ethics is a Virtue Ethics, Virtue Ethics is not a Bad Thing, and Neville Should Endorse It”,*Journal of Chinese Philosophy*, no.3-4（2020）: 283-297.

显然，讨论依然回到了知行关系的问题上来。

在欧美阳明学研究中，知行关系的讨论一直都是热门议题，但其核心应当是“良知良能”。因此，讨论阳明学知行问题不应该脱离良知学。爱沙尼亚塔林大学（Tallinn University）的Margus Ott在*Synthesis philosophica*（《综合哲学》）第一期上以英语、克罗地亚语、法语、德语等四种西方语言发表了一篇名为“Wang Yangming’s Notion of Primary Knowledge and Primary Ability”（《王阳明的“良知”“良能”观》）的文章，作者博士毕业于厦门大学，熟悉中文学界的相关研究，因而该文致力于澄清长期以来欧美学界对阳明学知行问题的诸多错会。①

在实践中，知行问题本身深切关切到当下社会生活，因此，中国哲学研究以外学者也经常会关注知行问题。香港中文大学的阮美贤（Mary Mee-Yin Yuen）出版了专著*Solidarity and Reciprocity with Migrants in Asia Catholic and Confucian Ethics in Dialogue*（《与亚洲移民团结互惠：天主教与儒家的伦理对话》），其中就有一章“Neo-Confucian Ethics: Unity of Knowing and Acting”（《理学伦理：知行合一》）讨论理学的知行问题，是从当代社会的社群生活实践角度重新看待传统思想的影响作用。②

加拿大英属哥伦比亚大学（University of British Columbia）的王琬莹出版了专著*Chinese Currere，Subjective Reconstruction，and Attunement: When Calls My Heart*（《中国人的Currere（跑）、主体性重建与协调音律：呼唤我心之时》），这是一项教育哲学的研究，作者使用了拉丁文Currere一词作为全书最核心的关键词，它本来是“跑”的意思，后名词化衍生出curriculum（跑道、课程），因此与教育相关。在这本书中，第四章

①Margus Ott,“Wang Yangming’s Notion of Primary Knowledge and Primary Ability”,*Synthesis philosophica*, no.1（2020）: 173-196.

②Mary Mee-Yin Yuen,“Neo-Confucian Ethics: Unity of Knowing and Acting”. in *Solidarity and Reciprocity with Migrants in Asia: Catholic and Confucian Ethics in Dialogue.*（New York: Palgrave Macmillan, 2020）: 183-210.

“Ancient Chinese Philosophical Thought and Currere”（《中国古代哲学思想与*Currere*》）里用大量篇幅研究了阳明心学的“良知”工夫所反映的“听从内心呼唤”的教育理念。[①]事实上，儒家“大学”理念影响到现当代中国大学教学，香港浸会大学宗教与哲学系的文洁华（Eva Kit Wah Man）发表了一篇“A Historical Review and Reflection on the Confucian ‘Great Learning’ and its Contemporary Implications for Higher Education”（《儒家“大学”理念的历史回顾与反思及其对当代高等教育的启发》），收录在麦劲生（King Sang Mak）主编*Transmitting the Ideal of Enlightenment: Chinese Universities since the Late Nineteenth Century*（《传播启蒙理想：19世纪后期以来的中国大学》），该文特别讨论了《大学》改本问题在教育理念中的意义与张力。[②]

二、对东亚地区阳明后学传统的研究

历史上的阳明学思潮波及整个东亚地区，尤其是中、日、韩三国，于是产生了各具特色的阳明学传统，这些传统共同构成了思想史上的阳明学。

朝鲜半岛在李朝时期（1392—1910）官方尊奉朱子学，明末阳明学虽有传入，却被视为异端，并予以迫害。不过，在17至18世纪，朝鲜仍有阳明学的著述和活动。欧美阳明学研究中对此关注并不多，主要是韩国出身的学者有一些英文著述出版。本年度有加拿大爱德华王子岛大学（University of Prince Edward Island）的郑用重（Edward Y. J. Chung）的专书*The Great Synthesis of Wang Yangming Neo-Confucianism in Korea: the Chonŏn*（*Testament*）*by Chŏng Chedu*（*Hagok*）（《朝鲜阳明学的集大成者：郑齐斗的〈存言〉》）是对郑齐斗（号霞谷，1649—1736）《存言》全书的首

①Wanying Wang, Chinese Currere, Subjective Reconstruction, and Attunement: When Calls My Heart,(New York: Palgrave Macmillan, 2020): 82-92.

②Eva Kit Wah Man,“A Historical Review and Reflection on the Confucian ‘Great Learning’ and its Contemporary Implications for Higher Education,”in King Sang Mak ed.,*Transmitting the Ideal of Enlightenment: Chinese Universities since the Late Nineteenth Century*,(Maryland: University Press of America Inc., 2009): 135–148.

次英文译解，基本上遵循陈荣捷（1901—1994）、狄百瑞（W. T. deBary，1919—2017）的著述体例，包括导论、翻译、注释、词汇、生平等。[①]韩国儒学在近二十年受到了中国海峡两岸学者的重视，取得了很多颇具新意的成果。此次这一重要文本英译出版，或许将能带动未来欧美学者对韩国阳明学的研究。

韩国成均馆大学韩国哲学与文化研究所的宣炳三（Byeongsam Sun）在 *Dao: A Journal of Comparative Philosophy*（《道：比较哲学学刊》）上发表了一篇"Yi Gan's Inclination Toward the Learning of the Mind-Heart in the 18th Century: A Comparison with Wang Yangming's Mind-Heart Philosophy"（《李柬的心学倾向：与王阳明心学的比较》），李柬（1677—1727）是权尚夏（1641—1721）的得意弟子，也是栗谷学派的传人，他因与韩元震（1682—1751）的争议发起了"湖洛之争"而闻名。该文认为，李柬的论点在某些方面是与王阳明的心学相一致的，但李柬无疑是朱子后学；如此，李柬的心学倾向也许可以从"道学"传统来理解：道学强调修身工夫，这也是朝鲜理学的特征。[②]该文剖析朝鲜朱子学内部分歧，表明了在"道学"谱系中，程朱理学与陆王心学之间亦可存在若干牵连和过渡地带，这可能为我们理解明代朱陆（或"朱王"）之争提供了某种借鉴，因为明代朱子学同样可能存在不同程度的"心学倾向"。

日本近代阳明学独具特色，甚至在很大程度上其实偏离了王阳明思想传统。本年度，乌克兰国家科学院（NAS of Ukraine）东方学研究所的S. Kapranov发表在乌克兰东方学杂志*The World of The Orient*（《东方世界》）第三期上的论文"Interpretation of Yangmingism in the Late Works of Mishima

---

①Edward Chung, *The Great Synthesis of Wang Yangming Neo-Confucianism in Korea: the Chonŏn（Testament）by Chŏng Chedu（Hagok）*,（Washington D.C.: Rowman & Littlefield, 2020）.

②Byeongsam Sun,"Yi Gan's Inclination Toward the Learning of the Mind-Heart in the 18th Century: A Comparison with Wang Yangming's Mind-Heart Philosophy",*Dao: A Journal of Comparative Philosophy*, no.19,（2020）: 251-267.

Yukio”《三岛由纪夫晚期作品中的阳明学诠释》），即专门通过日本作家三岛由纪夫晚期著作中的阳明学诠释，描绘出日本近代阳明学的基本概况。对日本社会现状尤其是洋务派的不满，导致三岛开始考虑革命的必要性。三岛反思过去的哲学遗产，认为阳明学虽然是中国血统，但在日本具有悠久的传统，并成功地被日本文化所吸收，因此只有阳明学才可能成为未来革命的哲学。作者详细展示了三岛的阳明学思想谱系：他十分依赖哲学家井上哲次郎（1855—1944）的研究，对中国的阳明后学不感兴趣，而是对日本阳明学给予了极大的关注，同时还借用印度哲学的术语。由此，三岛的阳明学具有行动性、革命性，乃至非理性和神秘性。①近年来，中日阳明学的巨大差异在东亚学术圈已经被反复讨论，而西方学者对此似乎着墨较少。因此，欧美阳明学研究中如何阐述中日的两种阳明学，亦是迫在眉睫的事情。

西方汉学界的明史研究深受“新文化史”研究范式的影响，因而一直以来，欧美的阳明后学研究往往重在思想文化史的路径，乃至对东亚学者所擅长的哲学义理内在研究不屑一顾。打破“哲学”的精神性书写、道统叙事乃至形而上学的建构，而回归到社会文化史、信息传播史、物质文明史，抵制聚焦中心的宏大叙事而努力挖掘边缘、卑微的群体作用，这是20世纪下半叶以来西方后现代史学的潮流。本年度亦有这样的解构性研究，美国耶鲁大学（Yale University）的吕立亭（TinaLu）在*Harvard Journal of Asiatic Studies*（《哈佛东亚研究》）本年第一期发表了“If Not Philosophy, What is Xinxue？”（《既非哲学，何为“心学”？》）一文，该文考察明代心学的影响，作者“不将其视为哲学性或宗教性的运动，而是视为十六世纪各种编纂活动中的一种编辑实践”。作者通过《传习录》与《王文成

---

①S. Kapranov,“Interpretation of Yangmingism in the Late Works of Mishima Yukio”,*The World of the Orient,* no.3（2020）: 63—70.

公全书》编纂者的序跋，认为“心学的内容，特别是‘知行合一’，不能与编辑们的能动性分离”。[①]问题是：心学的内容真的可以还原到纯粹的编辑活动吗？倘若没有哲学性或宗教性的社会运动，心学文本的编纂实践作为一种社会活动又如何可能呢？

阳明学与其他各家学说的互动交流，也是阳明学研究的一大热门议题。香港中文大学哲学系的郑泽绵在其“Zhu Xi and Later Neo-Confucians”（《朱熹与后期理学》）一文中介绍了明代阳明学与朱子学之间的争议和互动，该文收录在吴启超和黄勇主编的*Dao Companion to ZHU XI's Philosophy*（《道：朱熹哲学导读》）。[②]近年来不少学者也注意到伊斯兰教与儒家之关系。David Lee发表了一篇“The Role of the Heart in the Islamic Thought of Wang Daiyu: With Reference to Wang Yangming”（《王岱舆回教思想中“心”的作用：以王阳明为例》），收录在Ruth J. Nicholls和Peter G. Riddell主编的*Insights into Sufism: Voices from the Heart*（《洞入苏菲主义：来自内心的声音》）。这篇文章十分细致地考察了明清之际中国回教学者王岱舆（1584—1670）思想与王阳明心学的异同。与此前学者较多关注二者的相似性不一样，该文更多试图辨析它们的根本性差异。作者认为，从历史语境到思想义理，二者论“心”均截然不同，其根本上是儒家道德理想主义与苏菲主义神秘主义的差别。[③]

三、中文阳明学研究作品的英译

近年来，党和国家大力倡导“中华学术外译”，即鼓励一批代表中国

①Tina Lu,“If Not Philosophy, What Is Xinxue? ”*Harvard Journal of Asiatic Studies*,Vol. 80, 1（2020）: 123-163.

②Zemian Zheng,“Zhu Xi and Later Neo-Confucians, in Kai-chiu Ng & Yong Huang ed.”,*Dao Companion to ZHU XI's Philosophy*,（Dordrecht: Springer）, 2020: 195-219.

③David Lee,“The Role of the Heart in the Islamic Thought of Wang Daiyu: With Reference to Wang Yangming,”in Ruth J. Nicholls & Peter G. Riddell ed., *Insights into Sufism: Voices from the Heart*,（Newcastle upon Tyne: Cambridge Scholars Publishing, 2020）: 127-149.

学术水准、体现中华文化精神、反映中国学术前沿的学术精品，以外文形式在国外权威出版机构出版并进入国外主流发行渠道。在此政策和资助的背景之下，国内不少阳明学研究论文论著纷纷英译出版，其中本年度出版最重要的英译著作是浙江大学哲学系董平的*Historical Background for Wang Yang-ming's Philosophy of Mind: From the Perspective of his Life Story*（《王阳明心学思想的历史背景：自其生平故事的视角》），该书由施普林格（Springer）出版，内容基于中文原著《传奇王阳明》（北京：商务印书馆，2010），是作者董平以其在中央电视台“百家讲坛”的讲座内容为基础，整理润色而成，讲述了王阳明的传奇一生。译著由王小潞、蔡亮等合作完成。为了更好地帮助西方读者了解王阳明的人生经历和学术思想发展脉络，该书以术语汇编的形式对书中所涉及的历史人物、山川、典故和儒家思想术语进行了罗列解释。[①]这本书虽然是普及读物，但也不乏专业性的细节与洞见。而对于尚未形成大气候的欧美阳明学研究而言，来自中国国内权威学者的著作英译，就更显得弥足珍贵了。

除了这本书以外，董平还有“The Eight Virtues of Liangzhi: An Analysis of the Fundamental Characteristics of Wang Yangming’s Central Doctrine”（《论良知八德：王阳明核心教义的基本特征》）一文的英译发表，该文原先以中文发表在国内《社会科学辑刊》2019年第2期，此次英译由美国中乔治亚州立大学（Middle Georgia State University）的伊莱瑞（George L. Israel）完成，发表在*Journal of World Philosophies*（《世界哲学研究》）第5期。该文在确认良知为“本原性实在”的前提下，综括王阳明关于良知本体的论述，而论“本原性实在”的自在相状，将其概括为“虚灵明觉、常乐我净”，称之为“良知八德”。作为良知自体之原在状态的“八德”，终究归原于“中”，“中”是对于“八德”的共相统摄。良知即是“中体”，故

---

① Ping Dong, *Historical Background of Wang Yang-ming's Philosophy of Mind: From the Perspective of his Life Story*, translated by Xiaolu Wang & Liang Cai, (Dordrecht: Springer, 2020).

“中”即实相。“致良知”即是“致中和”。[①]作者纯熟地运用中国传统哲学固有概念，而又能进行清晰地剖判分析。如前所述，由于语言和文化的隔阂，在英语世界，学者往往对阳明学基本概念缺乏相应的理解，往往要么以当代日常生活语言进行分析哲学的生硬解析，要么以欧陆传统哲学尤其是现象学的语言进行艰涩的心性分析，这些“格义”甚至波及国内的中文学术，使得很多理解和讨论完全脱离阳明学语境，效果则如隔靴搔痒，或自说自话。那么，董平此文在西方的出版，极大地有助于西方学者更为深入贴切地理解阳明学义理。

相关的研究专著方面，还有华南师范大学文学院李春青的*Zhong and Zhongyong in Confucian Classics*（《儒家经典中的“中”和“中庸”》），其中设有一章“Zhong and Zhongyong in the Discourse of the Philosophy of Mind”（《心学话语中的“中”和“中庸”》）阐述阳明心学相关内容，基本内容是面向西方读者的普及性介绍。[②]总之，如何让西方人对阳明学话语有一个基本直观的理解，这其实是当下欧美阳明学研究十分紧迫的事情。

宋明理学与近世书院的发展密切相关，而讲会活动又是阳明学士人社群传播的主要途径。湖南大学岳麓书院的邓洪波一直致力于书院史研究，成果十分丰富，无论在深度还是在广度上，均远超欧美学者。本年度邓洪波有“Like Tea and Rice at Home: Lecture Gatherings and Academies during the Ming Dynasty”（《如家常茶饭：明代的讲会》）一文发表，大体是作者此前大量相关研究的一个概括精要版本，收入到Brill（博睿）出版社的*Confucian Academies in East Asia*（《东亚儒学研究》）第三卷，该卷由Vladimir Glomb，Eun-Jeung Lee，和Martin Gehlmann联合主编。[③]

---

①Ping Dong,“George L. Israel, The Eight Virtues of Liangzhi: An Analysis of the Fundamental Characteristics of Wang Yangming's Central Doctrine”,*Journal of World Philosophies*, no.5（2020）: 73-93.

②Chunqing Li,*Zhong and Zhongyong in Confucian Classics, Translated by Yuan Zhu,*（Singapore: Palgrave Pivot, 2020）.

③Hongbo Deng,“Like Tea and Rice at Home: Lecture Gatherings and Academies during the Ming Dynasty,”in Vladimir Glomb, Eun-Jeung Lee, and Martin Gehlmann ed., *Confucian Academies in East Asia*, Vol. 3,（Leiden: Brill, 2020）: 159-196.

可以看出，“中华学术外译”工作尚处于起步阶段，主要还以同时具备基础性和权威性的精要文本为主。“国学”与“汉学”视角不同，各有利弊。近三十年来，国内传统学术的研究已经有了深厚的积累，如何尽快将一批对西方汉学有意义的国内优秀学术作品引入西方，参与和贡献到全球学术之中，这恐怕不仅是国内大型项目工程所要推动的事情，也是相关领域欧美学者所应当努力推动的事业。

四、结语

除了专门的研究著述以外，本年度欧美阳明学领域还有几篇书评。美国德雷克大学（Drake University）的Leah Kalmanson评论Philip J. Ivanhoe于2016年在牛津大学出版社（Oxford University Press）出版的*Three Streams: Confucian Reflections on Learning and the Moral Heart-Mind in China，Korea，and Japan*（《三潮：中韩日三国在为学与道德心上的儒家反思》）一书，发表在*Philosophy East & West*（《东西方哲学》）第二期。[①]另有两篇评论Philip J. Ivanhoe同样在牛津大学出版社于2017出版的*Oneness: East Asian Conceptions of Virtue，Happiness，and How We Are All Connected*（《“一”：东亚德性、幸福以及人们如何普遍联系的观念》）一书。美国大峡谷大学（Grand Canyon University）的K. Lauriston Smith的书评发表在*Philosophia Christi*（《基督教哲学》）第二期，[②]而波士顿学院（BostonCollege）的James T. Bretzke的书评则发表在Journal of Korean Religions（《韩国宗教学刊》）第一期。[③]两部专著均为近年英语世界出版

①Leah Kalmanson, “Three Streams: Confucian Reflections on Learning and the Moral Heart-Mind in China, Korea, and Japan by Philip J. Ivanhoe（review）”, *Philosophy East & West*, no.2（2020）: 1-4.

②K. Lauriston Smith, “Oneness: East Asian Conceptions of Virtue, Happiness, and How We Are All Connected by Philip J. Ivanhoe（review）”,*Philosophia Christi*, no.2（2020）: 364-367.

③James T. Bretzke, “Oneness: East Asian Conceptions of Virtue, Happiness, and How We Are All Connected by Philip J. Ivanhoe（review）”, *Journal of Korean Religions*, no.1（2020）: 188-197.

与阳明心学有关的力作，而三篇书评均着力于讨论儒家尤其理学思想中的道德心、心性一元论以及道德工夫修养的问题。

总体来说，欧美阳明学研究仍然处于起步阶段，尤其是对阳明学思想义理和阳明学传统流变的研究并不多见，其中又以出身国内的学者为主。而与此同时，英语世界对阳明心学乃至宋明理学的原著译解，似乎还停留在陈荣捷、狄百瑞的基础上，这使得他们很多对问题的讨论缺乏坚实的文本基础，也造成了国内外学界之间的隔膜：虽然同样研究阳明学，似乎彼此所做的研究工作不太相关。

近年来，真正致力于传统经典文本英文译解的学者并不多，本年度除了前述朝鲜阳明学文本的英文译解专书外，还有斯洛文尼亚卢布尔雅那大学（University of Ljubljana）的Jana S. Rošker对“天泉证道”文本的译解“The debate at the spring of heaven: Neo-Confucian epistemology and some forgotten foundations of Chinese humanism”（《天泉问答：理学认识论与一些被遗忘的中国人文主义基础》），发表在*International Communication of Chinese Culture*（《中国文化的国际交流》）第7期，天泉证道涉及“上根人”与“中下根人”的教学差异问题，作者从哲学认识论角度重新理解“天泉证道”文本，其论述既有文本基础，又颇具新意。[①]

自19世纪西方“汉学”兴起以来，西方学者对中国“小传统”的重视就远超“大传统”，甚至对以儒学为代表的“大传统”有一种情绪上的抵制。而对“大传统”的研究中，又多聚焦于一头一尾——先秦和近现代。在此“学术传统”的影响下，西方学者很少用功于宋明理学。不过，随着近年来宋明理学尤其阳明心学在当下中国社会的影响力与日俱增，西方学者势必会更多聚焦于此。如此一来，欧美阳明学研究的序幕或许将要打开。

①Jana S. Rošker, “The debate at the spring of heaven: Neo-Confucian epistemology and some forgotten foundations of Chinese humanism”,*International Communication of Chinese Culture*, no.7（2020）: 455-466.

最后，值得一提的是，在哲学学术领域最具影响力的在线百科——“斯坦福哲学百科全书”（Stanford Encyclopedia of Philosophy）中，2020年3月19日新增“宋明儒学”（Song-Ming Confucianism）一词条，由旧金山州立大学（San Francisco State University）的田史丹（Justin Tiwald）撰写。田史丹长期研究宋明理学，对理学传统和当代研究均有较好的把握，因而该词条吸收了很多晚近学人新的研究成果，尤其对阳明学“知”“心”“机”以及政教思想等均有扼要精到的阐述。[①]毫无疑问，这正是缘于欧美学界英语学术中对阳明学思想的理解不断深入。

①Justin Tiwald, “‘Song-Ming Confucianism’, in Stanford Encyclopedia of Philosophy”, First published Thu Mar no.19, 2020.

拾贰

附录：2020年度阳明学研究文献目录

中国大陆阳明学研究期刊目录

（一）王阳明思想研究

1.李宇：《“致良知”何以可能》，《重庆科技学院学报（社会科学版）》2020年第1期。

2.左克厚：《王阳明良知思想及其限度》，《青海师范大学学报（哲学社会科学版）》2020年第1期。

3.田晓丹：《王阳明思想中“乐”的探析》，《河南广播电视大学学报》2020年第1期。

4.魏黄玲：《探析王阳明的“良知学”》，《太原城市职业技术学院学报》2020年第1期。

5.王群红：《成就王阳明“三不朽”伟业的主要因素分析》，《西部学刊》2020年第2期。

6.李健芸：《真诚恻怛：良知的本然朝向——良知之真诚恻怛与知是知非关系辨析》，《特区实践与理论》2020年第1期。

7.［日］楠本正继、连凡：《王阳明哲学思想探微（上）》，《河北民族师范学院学报》2020年第1期。

8.黄瑶：《“责任”视域下的“心”与“物”——王阳明“心外无物”新解》，《大连海事大学学报（社会科学版）》2020年第1期。

9.邹莹：《“忘鱼而钓，寄兴于曲蘖”：王阳明的经典诠释学》，《理论界》2020年第2期。

10.张新国：《王阳明〈大学问〉的仁学建构》，《南昌大学学报（人文社会科学版）》2020年第1期。

11.张新国：《身体、心灵与自然的融通——王阳明心学主体性的结构》，《哲学研究》2020年第2期。

12.王觅泉：《阳明学的本体—工夫悖论与其教训》，《孔学堂》2020年第4期。

13.董平：《主体性的自我澄明：论王阳明“致良知”说》，《中国哲学史》2020年第1期。

14.王健：《王阳明哲学思想中“良知”的概念探讨》，《黑河学院学报》

2020年第1期。

15.丁为祥：《“践行”还是“践形”？——王阳明“知行合一”的根据、先驱及其判准》，《哲学动态》2020年第1期。

16.赵文会：《论王阳明龙场悟道的哲学维度与历史维度间的辩证关系》，《宁波大学学报（人文科学版）》2020年第2期。

17.邹建锋、陈雪：《王阳明〈传习录〉形成过程研究》，《浙江社会科学》2020年第3期。

18.葛跃辉：《理解王阳明致良知思想的三个向度——以〈传习录·答顾东桥书〉为中心》，《成都理工大学学报（社会科学版）》2020年第2期。

19.郝鑫：《论王阳明心学中“诚”之内涵的多重性》，《宁夏社会科学》2020年第2期。

20.陈心想：《“心”即“认知”：认知框架、社会事实与赋值力》，《南京师大学报（社会科学版）》2020年第2期。

21.李殿玉：《王阳明心学之思——以〈大学〉为之方法》，《保定学院学报》2020年第2期。

22.崔海东：《明代王学视域中“人的重建”》，《贵阳学院学报（社会科学版）》2020年第2期。

23.李富强：《王阳明“一体之仁”的存在论阐释》，《洛阳师范学院学报》2020年第4期。

24.王玉明、申静思：《论王阳明的仁孝思想》，《文化创新比较研究》2020年第14期。

25.王巧玲：《论王阳明的多次上疏请辞与苦衷》，《浙江万里学院学报》2020年第3期。

26.龚晓康：《“此心光明”：王阳明的生死觉化与良知体证》，《中国哲学史》2020年第3期。

27.独活：《从知行合一到格物致知》，《互联网周刊》2020年第11期。

28.何心：《“知行合一”思想的内涵及现实意义》，《学理论》2020年第6期。

29.杨小娣：《“岩中花树”的启示》，《宁波通讯》2020年第11期。

30.祁斌斌：《“致良知”：从任物之心到即体之心》，《安康学院学报》2020年第3期。

31.李云飞：《论良知呈现的现象学意蕴》，《学术研究》2020年第5期。

32.张汝伦：《理解之难——从〈中庸〉“喜怒哀乐未发”句看》，《复旦学报（社会科学版）》2020年第3期。

33.尚文华：《慎独与自欺——一种生存论分析的视角》，《中国哲学史》2020年第3期。

34.韩先虎：《晚明儒学“体认天理”观念探析——兼论阳明思想的综合性与超越性》，《晋城职业技术学院学报》2020年第4期。

35.郭亮：《王阳明龙场悟道的释经学意蕴》，《中山大学学报（社会科学版）》2020年第4期。

36.姚军波：《王阳明“良知”本体辨析》，《西安航空学院学报》2020年第4期。

37.邵通：《王阳明圣人观的三重突破》，《唐山师范学院学报》2020年第4期。

38.张维珍：《析阳明心学之“乐”》，《汉字文化》2020年第15期。

39.李承贵：《“心即理”的构造与运行》，《学术界》2020年第8期。

40.汪燕：《王阳明龙场悟道的“心流”阐释》，《安顺学院学报》2020年第4期。

41.郦波：《知行合一　此心光明——心学宗师王阳明》，《秘书工作》2020年第9期。

42.赖少伟：《王阳明易学思想之发展路径》，《赣南师范大学学报》2020年第5期。

43.陈海威：《学贵“专”“精”“正”——从〈送宗伯乔白岩序〉看王阳明的为学之道》，《名作欣赏》2020年第26期。

44.乔清举：《王阳明“心外无物”思想的内在义蕴及其展开——以“南镇观花”为中心的讨论》，《哲学研究》2020年第9期。

45.张海丽：《王阳明“良知学”的理论探析》，《今古文创》2020年第43期。

46.朱小明：《从“有善有恶是意之动”到“为善去恶是格物”——阳明心学的“诚意”说探析》，《贵州文史丛刊》2020年第4期。

47.高正乐：《王阳明“知行合一”命题的内涵与局限》，《中国哲学史》2020年第6期。

48.张丽玲：《王阳明“万物一体”论的三重维度》，《文学少年》2020年第10期。

49.李令晖、史千里：《“知行本体”与“心之本体”——再论王阳明“知行合一”》，《人文天下》2020年第13期。

50.史英达：《王阳明对孟子儒学知识论的继承和发展》，《汉字文化》2020年第14期。

51.周庆辉：《王阳明未发已发思想探究》，《内江师范学院学报》2020年第7期。

52.张献忠、朱候渝：《阅读史视角下的〈传习录〉研究》，《江西社会科学》2020年第8期。

53.田晓丹：《王阳明经学观视域下的“元年”探究》，《成都理工大学学报（社会科学版）》2020年第5期。

54.弘毅：《王阳明的三次悟道》，《互联网周刊》2020年第19期。

55.李振纲：《龙场悟道的人文心境——王阳明“戊辰四记”钩沉》，《贵阳学院学报（社会科学版）》2020年第6期。

56.李承贵：《论王阳明心学格局的形成》，《河北学刊》2020年第6期。

57.戴荣里：《假如王阳明是你的朋友》，《新理财（政府理财）》2020年第10期。

58.侯丹、温骞骞：《王阳明的书院讲学活动及影响》，《宜春学院学报》2020年第11期。

59.郗韬：《明中后期阳明心学盛行的传播学解读》，《石家庄学院学报》2020年第2期。

60.王福权：《王阳明楷书取法与〈平浰头碑〉的书风问题》，《美术大观》2020年第6期。

61.陈春花等：《文化协同的三重影响路径探索》，《管理学报》2020年第4期。

62.戴荣里：《向往光明的王阳明》，《新理财（政府理财）》2020年第7期。

（二）阳明学与地域文化研究

1.林晓峰、张山梁：《阳明学与福建地域文化》，《闽台文化研究》2020年第4期。

2.秦蓁：《从“北方王门”到“关学”：阳明学的地域化研究——以关中南大吉为中心》，《福建论坛（人文社会科学版）》2020年第4期。

3.邓荣宗、钟舟海、廖根福：《论明中叶赣南的地方军事化——以王阳明巡抚南赣为中心》，《江西理工大学学报》2020年第2期。

4.刘和富：《功祀与道祀：明清时期广东阳明祠的地域差异探析》，《赣南师范大学学报》2020年第5期。

5.王剑波《变革和回应：明清赣州府立阳明书院与地方士人》，《赣南师范大学学报》2020年第1期。

6.钱明：《江西政商环境与王学共同体的形成——基于赣州、吉安比较论的视角》，《赣南师范大学学报》2020年第1期。

7.王剑波：《变革和回应：明清赣州府立阳明书院与地方士人》，《赣南师范大学学报》2020年第1期。

8.伍国苇：《论王阳明与贵州少数民族的交往》，《汉字文化》2020年第24期。

9.卢富清、卓光平：《新世纪以来阳明文化在绍兴的影响与传播》，《名作欣赏》2020年第5期。

10.林迅：《王阳明与吴越地域狂侠精神的交互影响》，《安徽理工大学学报（社会科学版）》2020年第2期。

11.刘媛：《王阳明与中晚明贵州书院精神》，《贵阳学院学报（社会科学版）》2020年第3期。

12.刘孟珂：《人性之善，天下无不化之人——王阳明对贵州民族地区的治理思想》，《汉字文化》2020年第14期。

13.张天杰：《证人社二次“别会”与晚明浙中王学讲会之分合——兼论黄宗羲并非刘门“左右师席者”》，《南昌大学学报（人文社会科学版）》2020年第2期。

14.王路平、石祥建：《王阳明黔籍再传弟子李渭家世考述》，《贵州民族大学学报（哲学社会科学版）》2020年第2期。

15.任永安：《明代北方王门心学研究的回顾与前瞻》，《西部学刊》2020年第8期。

16.倪福东：《论阳明及阳明学中的“浙学精神”》，《才智》2020年第

23期。

17.沈启源：《“黔学之祖”王阳明，传道于贵阳》，《贵阳文史》2020年第3期。

18.解光宇、刘艳：《晚明徽州阳明学思潮》，《中国儒学》2020年总第15期。

（三）王阳明宗教关系研究

1.彭聪聪、卓光平：《论王阳明〈谏迎佛疏〉的儒佛思想》，《名作欣赏》2020年第35期。

2.谭振江：《阳明心学“知行合一”说的佛学关联》，《山西高等学校社会科学学报》2020年第12期。

3.洪燕妮：《紫柏真可对儒学义理的佛教化诠释》，《法音》2020年第1期。

4.明叔：《王阳明说仙佛》，《朱子文化》2020年第2期。

5.曾燚：《同境不同路——王阳明对华严宗的继承与扬弃》，《绍兴文理学院学报（哲学社会科学）》2020年第2期。

6.黄诚、包滢晖：《转仙释之识，成“儒门”之智——儒释道三教关系视域下的阳明心学思想建立之检讨》，《贵阳学院学报（社会科学版）》2020年第2期。

7.刘继平：《阳明心学对禅学的融摄》，《贵阳学院学报（社会科学版）》2020年第2期。

8.潘建国：《当心学遇上禅学——从“四句教”和“悟道偈”说起》，《新阅读》2020年第5期。

9.米文科：《论焦竑对王阳明“三教一道”思想的发展与转变——儒释道三教关系视域下的阳明心学思想建立之检讨》，《贵阳学院学报（社会科学版）》2020年第3期。

10.方旭东：《悟致知焉尽矣——禅学对诠释王阳明思想的一个启发》，《贵阳学院学报（社会科学版）》2020年第5期。

11.陈立胜：《“王阳明模式”——一种新的宗教对话模式之提出》，《哲学动态》2020年第2期。

12.陈来：《王阳明晚年思想的感应论》，《深圳社会科学》2020年第2期。

13.云龙：《“死生之道”与三教之判——王阳明由龙场悟道而归本儒学之密钥》，《中南大学学报（社会科学版）》2020年第2期。

14.车辙：《王阳明“知行合一”与祖师禅“明心见性”比较研究》，《贵阳学院学报（社会科学版）》2020年第4期。

15.刘和富：《功祀与道祀：明清时期广东阳明祠的地域差异探析》，《赣南师范大学学报》2020年第5期。

16.董华、李平：《赣南王阳明祠与其他地区之比较》，《贵阳学院学报（社会科学版）》2020年第6期。

17.伍红军：《王阳明的“圣贤出世”神话》，《朱子文化》2020年第5期。

（四）阳明学之各时代研究

1.冯骏豪：《“主体与工夫”——陈来、劳思光“知行合一”诠释比较》，《特区实践理论》2020年第1期。

2.田晓丹：《论康有为对陆王心学的阐发》，《新乡学院学报》2020年第2期。

3.王锐：《清末民初章太炎对王学评析之再检视》，《天津社会科学》2020年第1期。

4.邓国元：《钱绪山对阳明学“四句教”的诠释——以“无善无恶”为中心的考察》，《湖北大学学报（哲学社会科学版）》2020年第2期。

5.冀志强：《耿宁关于阳明学“良知”概念的研究》，《邵阳学院学报（社会科学版）》2020年第3期。

6.张倩：《唐君毅以“气”论拓展阳明心学的理论尝试》，《贵阳学院学报（社会科学版）》2020年第4期。

7.李承贵：《论席书对阳明心学的特殊贡献》，《东南大学学报（哲学社会科学版）》2020年第5期。

8.曹渊：《试论冈田武彦的〈王阳明与明末儒学〉》，《文化创新比较研究》2020年第33期。

9.乐爱国：《梁漱溟对阳明学的阐发与吸取》，《湖北大学学报（哲学社会科学版）》2020年第2期。

10.王绪琴：《重塑阳明的“心态世界”——评束景南先生新作〈阳明大传——“心”的救赎之路〉》，《浙江社会科学》2020年第6期。

11.何大海：《论陶行知对王阳明知行思想的继承及发展》，《汉江师范学院学报》2020年第3期。

12.邱赟：《让王阳明走进大众视野——读郦波〈五百年来王阳明〉》，《名作欣赏》2020年第23期。

13.乐爱国：《民国时期对王阳明“知行合一”的不同解读与论争》，《兰州学刊》2020年第8期。

14.刘珈羽：《论柳湘莲身上的阳明学色彩》，《汉字文化》2020年第11期。

15.独活：《由〈传习录〉引发的一点明史思考》，《互联网周刊》2020年第7期。

（五）阳明学现代性研究

1.洪杰英、张君雪、王华利：《大学生践履阳明心学的实践途径研究》，《名作欣赏》2020年第11期。

2.贾庆军：《王阳明如何看待科技》，《书屋》2020年第5期。

3.李成林：《中国共产党人构建“心学”的思考——基于王阳明心学的视角》，《厦门特区党校学报》2020年第3期。

4.杨国荣：《王阳明的心学与浙学》，《哲学分析》2020年第3期。

5.王川、张艳彦、沈颖：《王阳明民众观对当代乡村社会治理的启示研究》，《华北理工大学学报（社会科学版）》2020年第4期。

6.华建新：《王阳明良知法治思想的形成、内涵与法治宁波建设》，《宁波通讯》2020年第15期。

7.戴荣里：《假如王阳明是财务人员》，《新理财（政府理财）》2020年第8期。

8.李史如：《“仁者以天地万物为一体”何以可能——论王阳明的环境美德伦理思想》，《南京林业大学学报（人文社会科学版）》2020年第5期。

9.徐茵：《滁州阳明书院的历史影响与重建的文化价值》，《滁州学院学报》2020年第4期。

10.戴荣里：《王阳明的浩然正气从哪里来？》，《新理财（政府理财）》2020年第9期。

11.王胜军：《王阳明六经“删述”说发微——兼论文化生态的净化》，

《湖北大学学报（哲学社会科学版）》2020年第5期。

12.戴荣里：《王阳明会接受人工智能吗？》，《新理财（政府理财）》2020年第12期。

13.王杨秀：《王阳明心学与其现代政治哲学的价值》，《贵阳学院学报（社会科学版）》2020年第5期。

14.陆永胜：《王阳明“知行合一”的理论效力与实践能力》，《江淮论坛》2020年第6期。

15.袁宪泼：《王阳明“游艺”工夫实践与文艺观念突破》，《民族艺术》2020年第5期。

16.杨萍：《王阳明“良知说”对图情服务的伦理价值》，《新阅读》2020年第11期。

17.刘杰：《论王阳明危机管理的实践与思想》，《浙江海洋大学学报（人文社会科学版）》2020年第1期。

（六）阳明学与西方思想研究

1.李想：《在比较视域中看安田二郎的阳明学诠释》，《人文论丛》2020年第1期。

2.赖晨：《从伽达默尔哲学诠释学看王阳明经典诠释思想》，《时代人物》2020年第32期。

3.马丹阳：《简析柏拉图〈洞穴隐喻〉——兼与阳明心学比较》，《现代交际》2020年第1期。

4.黄俊杰：《论东亚儒家经典性之移动与经典诠释典范的转移》，《深圳社会科学》2020年第1期。

5.徐良：《王阳明和海德格尔的本体论思想研究》，《中华文化论坛》2020年第2期。

6.杨肇中：《论宋明理学中的王道公共性意涵及其当代价值——兼从中西哲学比较的视域看》，《江南大学学报（人文社会科学版）》2020年第2期。

7.徐赛颖：《“厚重翻译”观照下的亨克英译〈传习录〉探析》，《浙江大学学报（人文社会科学版）》2020年第3期。

8.向昊秋：《日本儒学家楠本正继论王阳明思想的渊源》，《人文论丛》2020年第1期。

9.钱明：《从“文武合一”到“心刀合一”——基于中日阳明学比较的视域》，《浙江学刊》2020年第1期。

10.李浩：《“心即理”与“良心自由”之比较研究——兼论近代中西伦理体系中的核心思想》，《内蒙古社会科学》2020年第3期。

11.黄勇、段素革：《信念、欲望与信欲：斯洛特与王阳明道德动机论之比较》，《伦理学研究》2020年第3期。

12.韩荣钧：《太谷学派与阳明心学、泰州学派的关系》，《贵阳学院学报（社会科学版）》2020年第3期。

13.高鹤文、范永康：《关怀自身与万物一体——福柯生存伦理学与王阳明工夫论之比较》，《曲靖师范学院学报》2020年第4期。

14.鲁珂君：《情感主义问题的中西方出路》，《现代商贸工业》2020年第12期。

15.张小琴：《论阳明学“良知共通性”的可能性——以海德格尔现象学和伽达默尔解释学为视角》，《贵阳学院学报（社会科学版）》2020年第5期。

（七）阳明学比较研究

1.李承贵：《陆象山对阳明心学形成的双重意义——基于王阳明的视角》，《学术研究》2020年第1期。

2.吴震：《心学与气学的思想异动》，《复旦学报（社会科学版）》2020年第1期。

3.黎业明：《王阳明与陈白沙之间是否存在学脉传承关系？——束景南〈王阳明年谱长编〉相关论述辨正》，《现代哲学》2020年第1期。

4.戢斗勇：《阳明心学与甘泉心学的交互关系》，《佛山科学技术学院学报（社会科学版）》2020年第1期。

5.张慕良：《“信心”与“言心”——思考王、湛之别的一个维度》，《北京师范大学学报（社会科学版）》2020年第3期。

6.李永洪：《论邹守益对王学思想的继承与发展》，《赣南师范大学学报》2020年第4期。

7.赵絮颖：《湛若水与王阳明“格物”思想比较》，《河北北方学院学报（社会科学版）》2020年第4期。

8.陈博：《罗钦顺为学工夫的呈现理路及其对阳明心学的路径批判》，

《广西大学学报（哲学社会科学版）》2020年第5期。

9.黎业明：《湛若水与王阳明关于格物致知问题的论辩》，《学术研究》2020年第11期。

10.刘珈羽：《孟子与阳明“不动心”比较》，《汉字文化》2020年第15期。

11.欧阳祯人：《从〈拔本塞源论〉看王阳明与陆象山的关系》，《孔学堂》2020年第3期。

12.陈寒鸣：《王阳明与“楚中王门”》，《中共宁波市委党校学报》2020年第2期。

13.丁为祥：《从“虚气相即”到“知行合一”——宋明理学“天人合一”主题的展开、落实及其指向》，《学术月刊》2020年第10期。

（八）阳明学与当代文化

1.杨芝：《知行合一，打造阳明文化传承弘扬高地》，《宁波通讯》2020年第22期。

2.朱友君：《以王阳明IP集群构建宁波历史文化新地标》，《宁波通讯》2020年第21期。

3.戴荣里：《学习王阳明能长寿吗？》，《新理财（政府理财）》2020年第11期。

4.刘前梅：《阳明心学的文化传播与价值建构》，《汉字文化》2020年第22期。

5.朱婉畅：《“知行合一”的当代文化精神层级解读》，《边疆经济与文化》2020年第5期。

6.张城：《王阳明为何不惧“病狂丧心”之讥——“文化经典与中国共产党”之四》，《博览群书》2020年第8期。

7.李舫：《王阳明家训及其对良好家风形成的意义》，《女报：家庭素质教育》2020年第9期。

（九）阳明学的当代价值研究

1.吴剑文：《王阳明“知行合一”思想的当代价值》，《大众文艺》2020年第2期。

2.陈睿超：《王阳明〈南赣乡约〉的思想、现实基础及其当代启示——一个传统中国的“简约治理”个案》，《哈尔滨工业大学学报（社会科学版）》2020年第6期。

3.方其军：《当我们纪念王阳明，是在纪念什么》，《宁波通讯》2020年第22期。

4.杨秀璋、武帅、夏换等：《大数据视域下阳明心学主题挖掘及作者发现研究》，《现代计算机》2020年第34期。

5.姚新中、隋婷婷：《当代社会心理学视域下的知行合一》，《江苏社会科学》2020年第1期。

6.俞跃：《王阳明“万物一体”思想的社会意义》，《文化创新比较研究》2020年第5期。

7.李汉飞：《阳明心学对当代国土空间规划的几点启示》，《规划师》2020年第8期。

8.王倩：《浅析王阳明修养理论及其当代价值》，《教育现代化》2020年第40期。

9.于闽梅：《王学左派的欲望观及其现代性》，《吉林师范大学学报（人文社会科学版）》2020年第3期

10.戴荣里：《〈传习录〉给现代人带来了什么？》，《新理财（政府理财）》2020年第6期。

11.任健、徐婷：《王阳明治家思想及其价值分析》，《学术研究》2020年第6期。

12.陈海威：《王阳明“心即理”命题内涵及当代价值》，《杭州电子科技大学学报（社会科学版）》2020年第4期。

13.傅锡洪：《论阳明学中的“真诚恻怛”：思想渊源、工夫内涵及当代意义》，《杭州师范大学学报（社会科学版）》2020年第5期。

14.陈延斌、麦玮琪：《王守仁修己思想及其时代价值》，《中国哲学史》2020年第5期。

15.张宏敏：《阳明学：中华传统文化研究中的“显学”》，《国学学刊》2020年第1期。

16.黄芳锦：《阳明文化进校园的探究与实践》，《华夏教师》2020年第17期。

17.伍红军：《阳明学何以未成官学》，《书屋》2020年第3期。

18.曾雪阳：《王阳明“致良知”思想对新时代官德修养的启示》，《新东方》2020年第5期。

19.赵岩：《王阳明廉政思想对贵州省干部教育的启示》，《领导科学论坛》2020年第21期。

20.衣春迪、韦忠将：《“知行合一”对培育干部务实精神的启示》，《理论与当代》2020年第5期。

21.卜涛、黄一飞：《试论王阳明心学的修养方法对党性教育的当代价值》，《农村经济与科技》2020年第10期。

22.石茜：《王阳明的德育方法及其现代启示》，《长江丛刊》2020年第30期。

（十）阳明学与文学、文艺学研究

1.江靖雯：《试论王阳明诗歌中的鉴湖意象》，《汉字文化》2020年第S2期。

2.沈斌：《王阳明心学及其对晚明性情文学的影响》，《闽西职业技术学院学报》2020年第1期。

3.常威：《论阳明心学与明代诗文理、情向度的流转》，《斯文》2020年第2期。

4.王利民、江梅玲：《从王阳明诗歌看其生命抉择》，《北方论丛》2020年第1期。

5.王公山：《王阳明的〈诗经〉观及其学术价值》，《井冈山大学学报（社会科学版）》2020年第1期。

6.梅国春：《王阳明诗歌中的心学色彩探究》，《桂林师范高等专科学校学报》2020年第3期。

7.赵越飞：《论话剧〈千古一圣王阳明〉中的人物塑造》，《名作欣赏》2020年第17期。

8.王银华：《论话剧〈千古一圣王阳明〉的艺术特色》，《名作欣赏》2020年第17期。

9.徐嘉怡、卓光平：《动画〈少年王阳明〉中的王阳明形象》，《名作欣赏》2020年第17期。

10.马逸聃、卓光平：《冯梦龙小说中的王阳明形象塑造》，《名作欣赏》2020年第20期。

11.徐依楠：《论小说〈心之悟——王阳明龙场悟道〉中的王阳明形象》，《名作欣赏》2020年第20期。

12.徐嘉怡：《动画〈少年王阳明〉中的艺术特色》，《名作欣赏》2020年第23期。

13.郝渊渊、卓光平：《神奇圣人：冯梦龙小说对王阳明形象的塑造》，《名作欣赏》2020年第26期。

14.徐依楠：《论〈龙场悟道——王阳明与祖摩的故事〉中的成长叙事》，《名作欣赏》2020年第26期。

15.邵可心、卓光平：《论赵柏田小说〈王阳明——让良知自由〉的叙事策略》，《名作欣赏》2020年第26期。

16.郑凯歌：《“居夷诗”中贵州山水形象变迁与王阳明心学发展》，《广西民族大学学报（哲学社会科学版）》2020年第5期。

17.傅伊岚、卓光平：《论王阳明诗歌中“月”的佛禅意涵》，《名作欣赏》2020年第29期。

18.徐依楠、卓光平：《论梅寒〈知行合一：王阳明传〉的王阳明形象书写》，《名作欣赏》2020年第29期。

19.田月林：《论许葆云长篇小说〈王阳明〉三部曲中的王阳明形象》，《名作欣赏》2020年第29期。

20.唐娴：《王程强长篇小说对王阳明儒将形象的塑造》，《名作欣赏》2020年第32期。

21.蔡蔚星、卓光平：《论袁仁琮小说〈王阳明〉的“成圣”书写》，《名作欣赏》2020年第32期。

22.戚杨泽：《王阳明“立志诗”中的心学思想发微》，《名作欣赏》2020年第35期。

23.孔卓莹：《走进王阳明的生命——论王程强的王阳明传记书写》，《名作欣赏》2020年第35期。

24.林成龙：《传奇人生的传奇书写——读度阴山〈知行合一王阳明〉》，《名作欣赏》2020年第14期。

25.王琼：《“真三不朽”者王阳明——读杨东标〈此心光明：王阳明

传〉》，《名作欣赏》2020年第14期。

26.卢富清：《知行合一的“实践家”——读方志远〈千古一人王阳明〉》，《名作欣赏》2020年第14期。

27.蔡洞峰：《阳明心学传统的现代转换与鲁迅文学的生成》，《鲁迅研究月刊》2020年第10期。

28.唐小茜：《试论“心即理”与贾宝玉礼仪观的形成及表现》，《汉字文化》2020年第15期。

29.廖丝丝：《行动的儒者——袁仁琮长篇小说〈王阳明〉中的王阳明形象》，《名作欣赏》2020年第23期。

30.梅国春：《王阳明诗歌的山水审美之乐》，《佳木斯大学社会科学学报》2020年第5期。

31.牛冠恒、李正大：《披肝进言，良知行事——王阳明〈乞宥言官去权奸以章圣德疏〉赏析》，《秘书工作》2020年第3期。

32.何述强：《应说阳明旧草堂》，《民族文学》2020年第5期。

（十一）阳明学文献、行迹研究

1.马晓红、黄懿：《王阳明〈寓赣州上海日翁书〉流传历程考》，《东方博物》2020年第1期。

2.张伟：《广西两方王阳明石刻画像碑考录》，《岭南文史》2020年第3期。

3.陈漂：《王阳明辞官考》，《汉字文化》2020年第24期。

4.张山梁：《闽地祠祀阳明考》，《福建江夏学院学报》2020年第1期。

5.戴荣里：《王阳明青年时代的追索》，《新理财（政府理财）》2020年第5期。

6.胡念望：《王守仁致谢源书札五通连裱长卷考》，《收藏家》2020年第6期

7.吴兆丰：《阳明后学赵志皋师承、讲学与思想考论》，《历史教学（下半月刊）》2020年第6期。

8.张伟：《广西两方王阳明石刻画像碑考录》，《岭南文史》2020年第3期。

9.陈东：《峄山大通岩与明代心学遗存》，《齐鲁学刊》2020年第6期。

10.王福权、曹卫民：《王阳明玉石仙岩题刻文献探微》，《赣南师范大学学报》2020年第5期。

11.张新民：《明代黔中地区阳明文献的刊刻与传播——以嘉靖贵阳本〈新刊阳明先生文录续编〉为中心的研究》，《孔学堂》2020年第3期。

（十二）阳明学诠释研究

1.赵健发：《论王阳明诗歌对“心即理”的艺术阐释》，《名作欣赏》2020年第29期。

2.赵炎峰、吕之奇：《以“新四句”为基点阐发刘宗周的“心”“意”关系》，《河北工业大学学报（社会科学版）》2020年第4期。

3.李春青：《从“文本阐释”到“自我阐释”——王阳明经典阐释学思想的实践性品格》，《山东师范大学学报（社会科学版）》2020年第4期。

4.赵武、梁艳阳：《王阳明哲学遗嘱新论——〈有无之境〉旧诠之述评反思》，《贵阳学院学报（社会科学版）》2020年第6期。

5.何柳：《王阳明心学的情本论新解》，《贵阳学院学报（社会科学版）》2020年第6期。

6.李想：《在比较视域中看安田二郎的阳明学诠释》，《人文论丛》2020年第1期。

7.邹莹：《忘鱼而钓，寄兴于曲蘖：王阳明的经典诠释学》，《理论界》2020年第2期。

8.江学群：《工阳明心学与经学的互释》，《哲学动态》2020年第1期。

9.李敬峰：《晚明阳明心学视域下的〈四书〉诠释——以冯从吾〈四书〉学为中心》，《陕西师范大学学报（哲学社会科学版）》2020年第1期。

（十三）宋明心学思想研究

1.夏朋飞、刘湘兰：《名卿与大儒：明清王阳明传记书写的二维向度》，《学术研究》2020年第4期。

2.华建新：《越文化视域下明嘉靖初年越中阳明心学的勃兴与流播》，《教育文化论坛》2020年第3期。

3.常新：《明代中期关中士人与阳明学的学术分歧》，《孔学堂》2020年第2期。

4.邹建锋、叶春艳：《从天泉证道看阳明弟子钱德洪和王畿的学术论辩》，《贵阳学院学报（社会科学版）》2020年第3期。

5.汪学群：《〈明儒学案〉与阳明学的分派》，《贵阳学院学报（社会科学版）》2020年第3期。

6.韩强：《陆九渊、王阳明的心性论》，《太原师范学院学报（社会科学版）》2020年第3期。

（十四）阳明与朱熹比较研究

1.樊智宁：《朱熹、王阳明的"格物致知"论比较——以其〈春秋〉〈左传〉学为视角》，《井冈山大学学报（社会科学版）》2020年第1期。

2.李承贵、朱汉民、蔡方鹿等：《新"鹅湖之会"高端会讲——朱子学与阳明学的现代交锋》，《贵阳学院学报（社会科学版）》2020年第1期。

3.乐爱国：《王阳明对〈论语〉"克己复礼为仁"的解读及其后学的变异——兼与朱熹的解读比较》，《贵州社会科学》2020年第2期。

4.叶云：《王阳明对朱子天理思想的继承》，《宁波大学学报（人文科学版）》2020年第2期。

5.张天杰：《章太炎论宋明理学——以程朱陆王之辨为中心的检视》，《孔学堂》2020年第1期。

6.乐爱国：《王阳明的"去人欲而存天理"及其与朱熹理欲论之比较》，《安徽师范大学学报（人文社会科学版）》2020年第2期。

7.曾亦：《严父莫大于配天：从明代"大礼议"看朱熹与王阳明对"至善"概念的不同理解》，《中国哲学史》2020年第3期。

8.张可可：《王阳明"格物"思想辨析——以〈传习录〉为中心辨王朱异同》，《智库时代》2020年第7期。

9.杨立华：《朱熹与王阳明的"格物致知"异同》，《人生与伴侣》2020年第2D期。

10.张倩茹：《正德九年朱陆之辩与王阳明〈朱子晚年定论〉关系新探》，《孔子研究》2020年第1期

11.徐亚豪：《道德与知识的张力——论王阳明对朱子格物说的内在化转向》，《特区实践与理论》2020年第1期。

12.范国盛：《朱熹与王阳明蒙养教育观之异同及现代启示》，《宁波大学

学报（教育科学版）》2020年第2期。

13.丘山石：《生生不息：朱熹与王阳明生命观的同调异趣》，《朱子文化》2020年第3期。

14.耿子洁：《朱子学“格物致知”立场对于〈善的研究〉之启发》，《日本问题研究》2020年第3期。

15.田晓丹：《论朱子阳明“格物”之辨》，《河南广播电视大学学报》2020年第3期。

16.陈乔见：《王阳明批评朱子“外心以求理”的得与失》，《浙江社会科学》2020年第8期。

17.孙秀敏：《王阳明教育思想对中职教育的启示》，《课程教育研究：学法教法研究》2020年第1期。

18.李朝军：《王阳明家庭教育思想的现代价值探析》，《新丝路》2020年第3期。

19.徐红日、洪杰英：《杨贤江与王阳明教育思想比较研究》，《教育现代化》2020年第3期。

20.何燕、邓淀月：《王阳明“心学”及其对高校思想政治理论课教学的启示》，《文化创新比较研究》2020年第5期。

21.向文华、苏海茵：《王阳明教育思想及其在青少年教育中的指导意义》，《西南科技大学学报（哲学社会科学版）》2020年第1期。

22.李君利、尹楠：《阳明心学对高校大学生道德教育的借鉴意义》，《山东商业职业技术学院学报》2020第1期。

23.籍洪亮：《论王阳明知行合一思想对高校培育时代新人的启示》，《开封文化艺术职业学院学报》2020年第2期。

24.金一：《开设阳明文化校本课程的价值思考》，《当代教育》2020年第1期。

25.鲍贤杰：《王阳明“知行合一”思想对高校思政教育的启示》，《高教学刊》2020年第6期。

26.李兴韵、张杨旭：《竺可桢教育思想中的“阳明情结”》，《宁波大学学报（教育科学版）》2020年第2期。

27.李朝军：《王阳明心学对现代家庭教育的启示》，《濮阳职业技术学院学报》2020年第2期。

28.张俊英、邹璇、严凯等：《“知行合一”思想在青少年思想政治教育中的作用》，《六盘水师范学院学报》2020年第2期。

29.潘锭钰：《王阳明“知行合一”对大学生思想政治教育的启示》，《理论观察》2020年第9期。

30.王文君、杨包生：《王阳明教育理论对当代大学生的启示》，《教育教学论坛》2020年第40期。

31.管华香：《浅谈王阳明的教育观——以〈传习录〉为中心》，《汉字文化》2020年第18期。

32.王悦：《王阳明德育思想的当代启示研究》，《大学》2020年第46期。

33.张晓杰、杨阳：《阳明学视角下高校学生思想文化教育之观照》，《吕梁教育学院学报》2020年第3期。

34.邓凯、胡蓉：《王阳明与教育》，《宁波通讯》2020年第23期。

35.王琰：《浅谈王阳明家书〈示宪儿〉对青少年思想道德教育的启示》，《小说月刊》2020年第22期。

36.李兴韵、张杨旭：《王阳明儿童“自得之美”教育思想研究》，《教育研究与实验》2020年第5期。

37.骆奕：《王阳明心学与大学生思想政治教育策略研究》，《煤炭高等教育》2020年第6期。

38.费岑芳、王寿铭、王歆玫：《王阳明“知行合一”思想对大学生思想政治教育的启示》，《浙江树人大学学报（人文社会科学）》2020年第6期。

39.郑晶晶：《新世纪以来阳明心学在浙江教育界的影响》，《名作欣赏》2020年第35期。

40.余跃琼：《王阳明心学思想之于高职生价值观的培育》，《科学咨询（教育科研）》2020年第5期。

41.曾钟德：《阳明心学心理学体系的学习观》，《心理月刊》2020年第13期。

42.金世贞：《王阳明的生命哲学和实现真我的教育论》，《教育文化论坛》2020年第3期。

43.罗素平：《王阳明人格美育思想与大学生人格建构》，《现代职业教育》2020年第23期。

44.邬瑾仪、范益欣、祝诸铭：《王阳明“知行合一”思想融入高校校园文化建设的当代价值及实现路径研究——以宁波财经学院为例》，《智库时代》2020年第23期。

45.刘强：《论阳明心学及其诗学与“诗教”》，《孔子研究》2020年第3期。

46.郑舒妍：《王阳明“致良知”学说融入高职院校思想政治教育的路径研究》，《福建教育学院学报》2020年第7期。

47.许红、刘阳科：《王阳明心学对大学生思想政治教育的启示研究》，《陕西青年职业学院学报》2020年第3期。

48.李敏：《王阳明“知行合一”思想再认识及对中学生教育的启示》，《品位经典》2020年第8期。

49.吴灿灿：《王阳明“知行合一”思想内涵融入现代思想政治教育方法研究》，《职大学报》2020年第2期。

50.李和忠、薛柳：《阳明文化对新时代大学生思想政治教育工作的启发》，《知识经济》2020年第15期。

（十五）王阳明美学、伦理思想研究

1.潘知常：《“发乎情，止乎情”——从“陆王心学”到明清之际的“启蒙美学”》，《江苏行政学院学报》2020年第2期。

2.张海燕：《中国古代的天人观念与生态伦理——兼论王阳明“天地一体之仁”》，《国际社会科学杂志（中文版）》2020年第2期。

3.黄勇：《“道德运气”是个矛盾概念或悖论？——王阳明的解决办法》，《求是学刊》2020年第4期。

4.张海晏：《道德主体性的拆散——阳明后学的分化》，《贵阳学院学报（社会科学版）》2020年第2期。

5.张明、王建明：《“成色”与“分两”：阳明心学视域下的德艺观》，《教育文化论坛》2020年第3期。

6.涂可国：《良知与责任：王阳明责任伦理思想再论》，《孔学堂》2020年第2期。

7.张新：《探讨民间国学热与儒家生命之美——以王阳明“心”学为视角》，《文艺生活：文海艺苑》2020年第1期。

（十六）王阳明相关戏曲研究

1.刘凤霞：《“风教”与“风情”——阳明学人的曲学态度及其戏曲发展史意义》，《山东社会科学》2020年第1期。

2.王嘉宏、卓光平：《论新世纪以来“阳明戏”的思想主题》，《名作欣赏》2020年第5期。

3.陈文斌、王嘉宏：《新世纪“阳明戏”刍议——兼谈话剧〈千古一圣王阳明〉的创作构想》，《名作欣赏》2020年第5期。

4.田聪聪、卓光平：《论新世纪浙江王阳明题材的戏曲创作》，《名作欣赏》2020年第5期。

5.陈挺：《论话剧〈千古一圣王阳明〉中的戏剧冲突》，《名作欣赏》2020年第11期。

6.王嘉宏：《论话剧〈千古一圣王阳明〉中的王阳明形象》，《名作欣赏》2020年第11期。

7.卢富清：《论话剧〈千古一圣王阳明〉中的诸玉形象》，《名作欣赏》2020年第11期。

8.田聪聪：《新世纪浙江“阳明戏”的比较》，《名作欣赏》2020年第11期。

9.陈欣慧：《论越剧〈王阳明〉的戏剧冲突》，《名作欣赏》2020年第32期。

10.陈铭秋：《话剧〈千古一圣王阳明〉的成长叙事》，《名作欣赏》2020年第32期。

11.武晴：《阳明心学对明代戏曲艺术发展的影响》，《文化学刊》2020年第4期。

12.王嘉宏：《论新世纪“阳明戏”中的“龙场戏”》，《名作欣赏》2020年第14期。

13.陈欣慧：《论新世纪“阳明戏”中的成长叙事》，《名作欣赏》2020年第20期。

14.黄勇：《美德伦理学：从宋明儒的观点看》，《四川大学学报（哲学社会科学版）》2020年第5期。

15.王晓娣：《儒学民间化：阳明后学“觉民行道”的社会伦理建构》，《东南大学学报（哲学社会科学版）》2020年第5期。

16.乐爱国：《王阳明的“格竹”与“竹有君子之道”》，《贵阳学院学报（社会科学版）》2020年第5期。

17.黄琳：《观念形而上学与直观形而上学：心学思想中的二重向度与道德悖论》，《广东社会科学》2020年第6期。

18.吕本修：《王阳明“四句教”及其道德价值》，《齐鲁学刊》2020年第6期。

19.王振钰：《是非即好恶：阳明心学的道德动机论初探》，《求是学刊》2020年第4期。

20.苏晓冰：《道德之普遍性的根据何在——从王阳明对“良知”之实在性的论证来看》，《海南大学学报（人文社会科学版）》2020年第4期。

21.张娜：《陆王心学“减损论”——论陆王道德修养方法的路径取向》，《北方论丛》2020年第6期。

（十七）王阳明军事、管理思想研究

1.钟海连：《王阳明危机管理策略简论——以“投江游海”事件为例》，《中国文化与管理》2020年第1期。

2.贾庆军：《王阳明的军事谋略》，《书屋》2020年第1期。

3.贾庆军：《王阳明管理思想探析》，《武陵学刊》2020年第1期。

4.崔树芝：《从书院到乡约——王阳明乡治思想研究》，《贵阳学院学报（社会科学版）》2020年第2期。

5.邹建锋：《王阳明治国理政思想》，《宁波通讯》2019年第23期。

6.杨道宇：《学由志成：阳明心学的学习意志论》，《山西大学学报（哲学社会科学版）》2020年第2期。

7.黄朴民、熊剑平：《知行合一：王阳明兵学思想管窥》，《浙江社会科学》2020年第9期。

8.刘娜、刘鲲：《王阳明与射艺》，《体育科技文献通报》2020年第8期。

中国大陆阳明学研究著作目录

1.邓志峰：《王学与晚明师道复兴运动（增订本）》，上海：复旦大学出版社。

2.李莹：《日本江户时代易学传播与接受研究——以熊泽蕃山的易学思想为例》，南京：江苏人民出版社。

3.司雁人：《阳明心学十讲》，广州：中山大学出版社。

4.〔明〕王阳明：《王阳明诗文选》，华建新注评，郑州：中州古籍出版社。

5.张翅飞：《王阳明与其及门四大弟子的情论研究》，成都：巴蜀书社。

6.梁远洪主编：《阳明哲学与阳明文选》，杭州：浙江大学出版社。

7.宋涛：《王阳明全书》，沈阳：辽海出版社。

8.李烈军、霍向东：《知行合一　致真立人》，广州：华南理工大学出版社。

9.刘琳娜：《道德与解脱：中晚明士人对儒家生死问题的辨论与诠释》，成都：巴蜀书社。

10.束景南：《阳明大传："心"的救赎之路》，上海：复旦大学出版社。

11.萧无陂导读、校释：《传习录校释》，长沙：岳麓书社。

12.贾仕厚：《禅宗心性论与陆王心学的平行研究》，北京：团结出版社。

13.陆永胜、刘继平主编：《王学研究》第十一辑，北京：社会科学文献出版社。

14.张韶宇、张沛等：《明代心学易研究》，成都：巴蜀书社。

15.王焱主编：《域外刊刻阳明先生文献》，扬州：广陵书社。

16.〔明〕王时槐：《王时槐集》，钱明、程海霞编校，上海：上海古籍出版社。

17.〔明〕穆孔晖等：《北方王门集》，邹建锋等编校，上海：上海古籍出版社。

18.许葆云：《王阳明·龙场悟道》，北京：中国友谊出版公司。

19.许葆云：《王阳明·此心光明》，北京：中国友谊出版公司。

20.许葆云：《王阳明·知行合一》，北京：中国友谊出版公司。

21.夏长斯编著：《王阳明传：此心光明》，北京：石油工业出版社。

22.张山梁：《一路心灯》，福州：福建人民出版社。

23.沙滩孤雁：《王阳明心学：知行合一的智慧》，哈尔滨：哈尔滨出版社。

24.吴格导读：《王阳明集》，南京：凤凰出版社。

25.徐泉华、章立权：《诗话阳明》，长春：吉林文史出版社。

26.徐泉华编著：《书话阳明》，北京：团结出版社。

27.〔明〕王阳明：《新刊阳明先生文录续编》，王力、孙玉婷点校，贵阳：孔学堂书局。

28.计文渊编：《王阳明书迹》，北京：国家图书馆出版社。

29.张学智：《儒学的精神与演进》，贵阳：孔学堂书局。

30.〔明〕湛若水：《湛若水全集》，黄明同主编，上海：上海古籍出版社。

31.杨军：《传习录阐微》，长春：长春出版社。

32.贾庆军：《从天人两分到良知宇宙：王阳明天人思想的历史演变与实践》，北京：首都经济贸易大学出版社。

33.〔明〕王阳明：《传习录》，肖卫译注，沈阳：辽海出版社。

34.〔明〕王阳明：《致良知是一种伟大的力量（二）》，北京知行合一阳明教育研究院编，北京：大有书局。

35.度阴山：《2021王阳明心学日历》，南京：江苏凤凰文艺出版社。

36.陆永胜、赵平略主编：《阳明学·鱼梁讲会（创刊号）》，北京：中华书局。

37.周建华、刘枫编著：《王阳明与福建》，福建省政协文化文史和学习委员会编，福州：福建人民出版社。

38.慈达著述：《重拾心学》，北京：宗教文化出版社。

39.毕游：《朱熹、陆九渊与王守仁理学思想比较：以理、性、心、知四个范畴为中心》，北京：社会科学文献出版社。

40.孟斜阳：《王阳明传》，西安：太白文艺出版社。

41.张宏敏编著：《2019阳明学研究报告》，宁波市王阳明文化研究促进会主编，北京：华夏出版社。

42.〔明〕王守仁：《居夷集》，李半知校注，贵阳：贵州人民出版社。

43.刘兆伟、刘北芦：《王阳明统说》，北京：中华书局。

中国大陆阳明学研究学位论文目录

1.孙德仁：《“致良知”何以为“教”——王阳明精神的落实与推进》，陕西师范大学博士学位论文，2020年。

2.赵盛梅：《王阳明道德教育思想及其创造性转化研究》，贵州师范大学博士学位论文，2020年。

3.马云云：《从静坐工夫入手比较朱子阳明的根本差异》，山东大学硕士学位论文，2020年。

4.卢珊：《朱子与阳明〈大学〉“三纲领”比较研究》，山东大学硕士学位论文，2020年。

5.周芳宇：《阳明良知学的主体性研究》，山东大学硕士学位论文，2020年。

6.丁儒贤：《王阳明格物致知思想研究》，西北师范大学硕士学位论文，2020年。

7.阮倩香：《王阳明格物论研究》，南京师范大学硕士学位论文，2020年。

8.王明华：《王阳明心物关系论探析》，西藏民族大学硕士学位论文，2020年。

9.葛跃辉：《王阳明气思想研究》，上海师范大学硕士学位论文，2020年。

10.陈光：《王阳明〈大学〉思想研究》，河北大学硕士学位论文，2020年。

11.高雅然：《王阳明的经学思想研究》，西北大学硕士学位论文，2020年。

12.李浩：《阳明心学的理欲观研究》，湖南科技大学硕士学位论文，2020年。

13.王宏伟：《王阳明心学的道德自觉思想研究》，西南大学硕士学位论文，2020年。

14.吕佳丽：《王阳明“致”思想的德育意蕴研究》，苏州大学硕士学位论文，2020年。

15.姜晓琨：《论佛学对王阳明心学的影响——以南宗禅为主的讨论》，山东大学硕士学位论文，2020年。

16.黎宁：《关于日本阳明学“近代化”的研究——以〈日本阳明学派之哲学〉为中心》，云南师范大学硕士学位论文，2020年。

17.吴黎坤：《对日本在江户时代接受阳明学的特征的考察》，内蒙古大学硕士学位论文，2020年。

18.杨俊安：《沟口雄三的明清哲学研究——以王阳明、李贽、戴震为中心》，山东大学硕士学位论文，2020年。

19.舒迪：《明清时期阳明心学的扩散机制与传播场所研究》，南京师范大学硕士学位论文，2020年。

20.张树恒：《阳明心学管理哲学视角下的企业文化管理研究》，山东建筑大学硕士学位论文，2020年。

21.李强：《明代阳明学士人友朋观研究》，黑龙江大学硕士学位论文，2020年。

22.邱洁：《阳明心学对太极拳的影响及具身化研究》，广西师范大学硕士学位论文，2020年。

23.刘成城：《王守仁“知行合一”思想对高校学生干部培育管理的启示研究——以A高校为调查对象》，福建师范大学硕士学位论文，2020年。

24.仁曾旺姆：《动作解构中身体“动”与“静”的研究》，西北民族大学硕士学位论文，2020年。

25.张文博：《王阳明“致良知”思想与大学生道德实践体系的建构——以华北水利水电大学为例》，华北水利水电大学硕士学位论文，2020年。

26.张高阳：《论儒家对“格物致知”的多维化诠释》，安徽大学硕士学位论文，2020年。

27.王悦婷：《王阳明身体伦理思想研究》，天津医科大学硕士学位论文，2020年。

28.侯明红：《阳明心学践履工夫探究》，曲阜师范大学硕士学位论文，2020年。

29.周春艳：《湛若水与王阳明心学思想比较研究》，西南交通大学硕士学位论文，2020年。

30.顾辰宇：《康德与王阳明的道德哲学思想比较》，新疆师范大学硕士学位论文，2020年。

中国大陆阳明学研究报纸目录

1.浙江省余姚市委：《浙江余姚全城联动传播弘扬阳明文化》，《学习时报》2020年1月1日。

2.徐晓虹：《王阳明龙场悟道与格式塔顿悟学习论》，《宁波日报》2020年1月23日。

3.肖伟光、徐佳希：《王阳明的家风》，《学习时报》2020年2月5日。

4.《王阳明与陆放翁的越地情结》，《柯桥日报》2020年2月9日。

5.车凤：《事上磨　方立得住——王阳明的一生（上）》，《学习时报》2020年2月14日。

6.车凤：《百死千难中得来的“致良知”——王阳明的一生（下）》，《学习时报》2020年2月21日。

7.伍红军：《王阳明抗疫五策》，《宁波日报》2020年3月26日。

8.诸焕灿：《王阳明“格竹”》，《余姚日报》2020年3月29日。

9.江榕：《走出史书的王阳明》，《新华日报》2020年4月3日。

10.颜文祥：《〈王阳明诗文选〉出版》，《余姚日报》2020年4月9日。

11.陈履伟：《王阳明在上新河的“夜泊无眠”》，《新华日报》2020年4月10日。

12.姚伯先：《王阳明与魏瀚》，《余姚日报》2020年4月26日。

13.陈海威：《从一封信看王阳明的人生智慧》，《柯桥日报》2020年4月26日。

14.文鑫：《瘴毒侵凌　吾性自足——读王阳明〈瘗旅文〉》，《绍兴日报》2020年5月6日。

15.钟楠林：《阳明龙南留翰墨》，《江西晚报》2020年5月15日。

16.刘金祥：《王阳明：“此心光明，亦复何言”》，《学习时报》2020年5月18。

17.《王阳明何以获赞“文武全才”》，《解放日报》2020年5月26日。

18.杜凌云：《浅谈王阳明知行合一思想》，《贵州日报》2020年6月10日。

19.诸永强：《王阳明与安昌的“翠园精舍”》，《柯桥日报》2020年6月14日。

20.徐志华：《打造阳明心学之旅　推进文旅融合发展》，《绍兴日报》

2020年6月21日。

21.马璐：《王阳明读书应举观的启示意义》，《绍兴日报》2020年6月28日。

22.方东华：《王阳明基层治理的实践探索》，《宁波日报》2020年7月9日。

23.黄文杰：《王阳明基层治理思想的当代启示》，《宁波日报》2020年7月9日。

24.朱伟：《王阳明基层治理的理论价值》，《宁波日报》2020年7月9日。

25.《王阳明喝黄酒吗？》，《绍兴晚报》2020年8月3日。

26.邱明：《阳明书院：心学讲会 良知相传》，《学习时报》2020年8月21日。

27.沈杰群、陈鼎：《〈天地人心·王阳明〉举办首次新闻发布会》，《中国青年报》2020年8月24日。

28.于国鹏：《王阳明为何认为“满街人是圣人”》，《大众日报》2020年8月25日。

29.周能兵：《建设好保护利用好王阳明故居 给历史立下存照，给子孙一个交代》，《绍兴晚报》2020年8月27日。

30.王焱：《王阳明找到了怎样的“定盘针”》，《解放日报》2020年9月1日。

31.褚纳新：《王阳明会试录释读》，《余姚日报》2020年9月13日。

32.王新水：《作为一种“综合本体论”的知行合一说》，《中国社会科学报》2020年9月15日。

33.张坤：《王阳明的六堂人生课》，《中国青年作家报》2020年10月20日。

34.高勇：《王阳明与龙场悟道》，《贵州政协报》2020年10月21日。

35.励效杰：《阳明文化：提升城市精神内涵和人文品位》，《宁波日报》2020年10月22日。

36.黄文杰：《构建“江南圣地”城市新形象》，《宁波日报》2020年10月22日。

37.方东华：《阳明文化的当代价值》，《宁波日报》2020年10月22日。

38.李半知：《王阳明亲民思想的龙场实证》，《贵州日报》2020年10月23日。

39.林晓峰、张山梁：《阳明学深刻影响福建地域文化》，《福建日报》2020年10月26日。

40.薛智谊：《王阳明如何应对毁谤？培养自己的战略定力！》，《宁波晚报》2020年11月2日。

41.叶克冬：《王阳明及其心学的现代启示》，《中国政协报》2020年11月2日。

42.《知行合一，大学生谈王阳明》，《绍兴日报》2020年11月4日。

43.任瑞玨：《此心光明，乃人生之大境界——读郦波教授〈五百年来王阳明〉有感》，《贵州政协报》2020年11月4日。

44.艾云：《湛若水与王阳明》，《宝安日报》2020年11月8日。

45.陈斌：《自我立法：阳明学说的法政哲学解读》，《人民法院报》2020年11月27日。

46.陈履伟：《500年前，王阳明发出教育学之问》，《新华日报》2020年12月4日。

47.任民辉：《弘扬阳明文化坚持知行合一》，《广西日报》2020年12月15日。

48.赵威：《勤在“事上磨”，才能“立得住”》，《广西日报》2020年12月16日。

49.束景南：《把王阳明“还原”为一个“人”》，《中华读书报》2020年12月23日。

中国台湾阳明学研究成果目录

1.傅锡洪：《“严滩四句”本意考——兼谈王阳明“本体工夫”的广狭二意》，（台湾）《哲学与文化》2020年第7期。

2.陈志强：《曲当人情——王阳明论正人之道》，（台湾）《中国文哲研究集刊》总第56期。

3.赖柯助：《王阳明良知内在论的建构与地位：以“知行合一说”为核心》，（台湾）《“国立”政治大学哲学学报》总第44期。

4.黄忠慎：《南宋心学体系下解〈诗〉歧异——杨简〈慈湖诗传〉与袁燮〈絜斋毛诗经筵讲义〉之比较研究》，（台湾）《东吴中文学报》总第39期。

5.唐东辉：《王艮对〈周易〉“时”智慧的政治实践》，（台湾）《鹅湖月刊》总第537期。

6.何威萱：《“归寂”之前——聂豹早年学思抉微》，（台湾）《清华学报》2020年第2期。

7.张美娟：《“如愚”与“木鸡承蜩”：论王龙溪“庄子儒门”说之思想意蕴》，（台湾）《东吴哲学学报》总第41期。

8.王涵青：《刘宗周的〈论语〉诠释方法——从〈论语学案〉谈起》，（台湾）《哲学与文化》2020年第9期。

9.代玉民：《王畿与王艮心学之异的三个向度》，（台湾）《哲学与文化》2020年第7期。

10.陈佳铭：《胡直心学的渊源与发展》，（台湾）《中正汉学研究》总第35期。

11.王海岩：《孙夏峰〈论语〉学研究：以“学”为统摄》，（台湾）《鹅湖月刊》总第545期。

12.龚开喻：《“九谛九解”新诠》，（台湾）《哲学与文化》2020年第5期。

13.刘荣茂：《“游艺”与“养心”：阳明学派的知识面向——以顾应祥、唐顺之为中心》，（台湾）《哲学与文化》2020年第6期。

14.李敬峰：《寻求道德秩序的重建：晚明大儒冯从吾的“讲学”情结》，（台湾）《哲学与文化》2020年第4期。

15.林展：《明嘉靖年间理学领袖和经典的塑造——以罗钦顺〈困知记〉的

撰写和传刻为例》，（台湾）《台大历史学报》总第66期。

16.常新：《明代关学对心学异端的批判》，（台湾）《鹅湖月刊》总第540期。

17.张宗斌：《论章太炎对王学的理解与评骘——基于章太炎生命历程的考察》，（台湾）《中国文学研究》总第50期。

18.李瑞全：《牟宗三先生论阳明工夫要义：工夫进路与中国经典诠释》，（台湾）《鹅湖月刊》总第545期。

阳明后学研究期刊目录

（一）浙中王门

1.邹建锋、叶春艳：《从天泉证道看阳明弟子钱德洪和王畿的学术论辩》，《贵阳学院学报（社会科学版）》2020年第3期。

2.盛珂：《道德与“超道德”之间——重新理解王龙溪“四无论”的理论意义》，《云南大学学报（社会科学版）》2020年第2期。

3.武道房：《明代儒将万表的心学与诗学》，《浙江大学学报（人文社会科学版）》2020年第6期。

4.邓国元：《钱绪山对阳明学“四句教”的诠释——以“无善无恶”为中心的考察》，《湖北大学学报（哲学社会科学版）》2020年第2期。

5.陈伟良：《阳明学中“无”的思想探析——以查铎〈水西会语〉为例》，《孔子研究》2020年第6期。

（二）江右王门

1.彭树欣、朱晓丽、彭雨晴：《江右王门刘元卿的教育实践与思想》，《赣南师范大学学报》2020年第4期。

2.严志伟、吉朝晖：《江右王门邹守益良知学研究综述》，《江西广播电视大学学报》2020年第2期。

3.刘心奕：《论罗洪先对“现成良知”说的吸收》，《贵阳学院学报（社会科学版）》2020年第5期。

4.李永洪：《论邹守益对王学思想的继承与发展》，《赣南师范大学学报》2020年第4期。

5.王英：《聂豹思想中的寂感范畴》，《上饶师范学院学报》2020年第2期。

6.欧阳祯人、李想：《王时槐思想中恶的问题》，《道德与文明》2020年第2期。

7.吕辛、文碧方：《阳明学派佛儒调和论的发展困境——以邓元锡〈论儒释书〉为例》，《赣南师范大学学报》2020年第4期。

8.莫蕤：《邹元标儒学中“仁”的思想探析——以〈愿学集〉为中心》，《汉字文化》2020年第14期。

（三）南中王门

1.司马周：《“唐荆川纪念专题”按语》，《江苏理工学院学报》2020年第3期。

2.武道房：《“天机说”与唐顺之诗学思想的演进》，《文学遗产》2020年第1期。

3.孙彦：《〈董中峰侍郎文集序〉与唐顺之的“文法”论》，《南京师范大学文学院学报》2020年第2期。

4.杨绪敏：《从〈左编〉〈右编〉看唐顺之的历史编纂学》，《史学史研究》2020年第3期。

5.张婧：《论流寓视野下文学风格的转变——以唐顺之为研究中心》，《戏剧之家》2020年第8期。

6.纪玲妹、陈书录：《论唐顺之〈任光禄竹溪记〉中的江南文化特质》，《江苏理工学院学报》2020年第3期。

7.李金坤：《唐顺之“本色论”及其崇陶情结发微》，《江苏理工学院学报》2020年第3期。

8.赵洋、王晓晨、彭春兰：《唐顺之〈峨眉道人拳歌〉考》，《中华武术》2020年第3期。

9.李德锋：《唐顺之〈周襄敏公传〉与〈明史·周金传〉关系考》，《江苏理工学院学报》2020年第3期。

10.陈书录、纪玲妹：《唐顺之及明清常州文人与江南商贾精神》，《江苏理工学院学报》2020年第3期。

11.张慧琼：《唐顺之制义文集版本述考》，《周口师范学院学报》2020年第1期。

12.刘涛：《唐顺之认识“嘉靖大倭寇”思想来源考》，《中国边疆学》2020年第2期。

13.蓝士英：《赵怀玉对唐顺之接受摭谈》，《江苏理工学院学报》2020年第3期。

14.陶潇宇：《明代首辅徐阶少年事迹考》，《文物鉴定与鉴赏》2020年第8期。

（四）楚中王门

1.牛磊：《“一体”与“一气”——试论明儒蒋道林“万物一体”论的气之维度》，《汕头大学学报（人文社会科学版）》2020年第1期。

2.陈寒鸣：《荆楚王学述论》，《国学学刊》2020年第1期。

3.陈寒鸣：《王阳明与“楚中王门”》，《中共宁波市委党校学报》2020年第2期。

4.姚才刚、曾诚：《传统儒家“万物一体”说及其现代价值——以明儒蒋信为中心》，《文化发展论丛》2020年。

（五）北方王门

1.阮春晖：《良知之教愈有发明：北方王门对阳明学的义理辨进》，《伦理学研究》2020年第6期。

2.秦蓁：《从“北方王门”到“关学”：阳明学的地域化研究——以关中南大吉为中心》，《福建论坛（人文社会科学版）》2020年第4期。

3.秦佳慧：《北方王门杨东明心性思想浅析》，《汉字文化》2020年第2期。

4.任永安：《明代北方王门心学研究的回顾与前瞻》，《西部学刊》2020年第8期。

5.钟治国：《穆孔晖的理学思想与其学派归属考论》，《中州学刊》2020年第11期。

6.伍红军：《阳明弟子南大吉抗疫记》，《新阅读》2020年第6期。

（六）粤闽王门

1.陈东：《峄山大通岩与明代心学遗存》，《齐鲁学刊》2020年第6期。

2.陈椰：《潮州理学与宗族祠堂建设——以薛侃、周光镐为中心》，《潮学研究》2020年第1期。

（七）泰州王门

1.程昕：《“思维降格”与“思想层次”——焦竑“华实”观三论》，《中国文学批评》2020年第4期。

2.黄芳：《焦竑研究综述》，《安顺学院学报》2020年第4期。

3.米文科：《论焦竑对王阳明“三教一道”思想的发展与转变——儒释道三教关系视域下的阳明心学思想建立之检讨》，《贵阳学院学报（社会科学版）》2020年第3期。

4.温庆新：《史官意志与焦竑的小说观念及意义——以〈国史·经籍志〉的小说著录为中心》，《中国文学研究》2020年第1期。

5.殷勇：《从明代方志看王艮学说的“正统化”》，《中国地方志》2020年第5期。

6.单杨：《泰州学派王艮的哲学思想研究》，《现代交际》2020年第15期。

7.张爱萍：《圣学视域下王艮大成之学的特质》，《内蒙古电大学刊》2020年第5期。

8.赵振滔：《王艮“乐”思想探微》，《新乡学院学报》2020年第8期。

9.张星：《安身与安心——王心斋“安身论”的理论与工夫意义》，《朱子学研究》2020年第1期。

10.张菁洲：《耿定向〈新建侯文成王先生世家〉的版本与价值》，《六盘水师范学院学报》2020年第2期。

11.李雅婷：《耿定向生平与思想发展历程》，《鸭绿江》2020年第15期。

12.王格：《耿定向的“不容已”说及其卫道意识》，《肇庆学院学报》2020年第6期。

13.唐东辉：《耿天台非泰州学派考辨》，《济宁学院学报》2020年第4期。

14.李玉端：《顾成、罗汝芳“文”“武”二墓探源》，《云南大学学报（社会科学版）》2020年第6期。

15.朱义禄：《论罗汝芳的民本思想及其施政实践》，《赣南师范大学学报》2020年第1期。

16.耿加进：《明代大儒罗汝芳的教育思想及其当代价值》，《淮阴工学院学报》2020年第2期。

（八）止修王门

1.李璐楠：《“修身为本即是性学”——李材的“止修”工夫诠释》，《哲学动态》2020年第11期。

（九）黔中王门

1.牛磊：《“易”以贯之——试论明儒孙应鳌工夫论的易学资源》，《宁波大学学报（人文科学版）》2020年第4期。

2.汪洋：《论孙应鳌的七绝创作》，《名作欣赏》2020年第33期。

3.崔道贵：《明朝理学家李渭辞官回黔兴教》，《贵阳文史》2020年第2期。

4.王路平、石祥建：《王阳明黔籍再传弟子李渭家世考述》，《贵州民族大学学报（哲学社会科学版）》2020年第2期。

5.赵广升、赵蕙：《西安碑林博物馆藏孙应鳌教育碑刻五种述评》，《贵州文史丛刊》2020年第4期。

6.扈继增：《心体 工夫 境界——黔中王门孙应鳌知行说的三重向度》，《贵州文史丛刊》2020年第3期。

7.莫蕤：《邹元标儒学中“仁”的思想探析——以〈愿学集〉为中心》，《汉字文化》2020年第14期。

（十）李贽研究

1.吴震：《“名教罪人”抑或“启蒙英雄”？——李贽思想的重新定位》，《现代哲学》2020年第3期。

2.张建平：《〈明史·儒林传〉不载李贽传研究》，《红河学院学报》2020年第3期。

3.杜璇：《狷狂稚子与超灵之子——现代生态视阈下李贽与爱默生的诗学精神比较》，《长沙大学学报》2020年第3期。

4.王丽、李涛：《李贽“童心说”的现代性精神特质及其教育价值》，《教育学报》2020年第1期。

5.胡祥：《李贽“童心说”思想的本质及其影响》，《今古文创》2020年第1期。

6.屈彦奎、任竞泽：《李贽〈说书〉的文体辨析》，《中南大学学报（社会科学版）》2020年第2期。

7.龚建伟、李若昌、孙兆寅等：《李贽道德观的二重统一与矛盾》，《今古文创》2020年第47期。

8.刘二永：《李贽戏曲叙事结构论及其理论史意义》，《戏曲艺术》2020年第4期。

9.肖雯：《李贽原儒型“德”“真”“学”探讨》，《山西能源学院学报》2020年第1期。

10.李松霖：《论李贽“琴者心也”命题的美学意义》，《交响（西安音乐学院学报）》2020年第2期。

11.隋晓聪：《论李贽“童心说”》，《濮阳职业技术学院学报》2020年第2期。

12.杨媛媛：《论李贽文学批评真伪观及其意义》，《顺德职业技术学院学报》2020年第2期。

13.马琪：《麻城与李贽思想的形成》，《回族研究》2020年第1期。

14.俞士玲：《明代图书生产与思想争鸣：以李贽的图书刊刻为中心》，《文献》2020年第4期。

15.郭伟：《试论五缘文化视域中的李贽形象》，《黄冈师范学院学报》2020年第5期。

16.陈笃彬：《晚明中西文化的别样碰撞——当李贽遇上利玛窦》，《泉州师范学院学报》2020年第3期。

17.葛薇、穆敏娟：《李贽“童心说”中的“知行合一”逻辑与教师发展意蕴》，《生活教育》2020年第3期。

（十一）综合研究及其他

1.张卫红：《草根学者的良知学实践——以明嘉靖至万历年间的安福学者为例》，《文史哲》2020年第3期。

2.牛磊：《试论阳明后学对“天根月窟”的争论与辨析》，《宗教学研究》2020年第4期。

3.刘凤霞：《“风教”与“风情”——阳明学人的曲学态度及其戏曲发展史意义》，《山东社会科学》2020年第1期。

4.颜炳罡、邝宁：《“合内外”视野下阳明后学的发展及其分化》，《西南民族大学学报（人文社科版）》2020年第1期。

5.汪学群：《〈明儒学案〉与阳明学的分派》，《贵阳学院学报（社会科学版）》2020年第3期。

6.李敬峰：《吕柟都对阳明心学的辨难及其思想史意义》，《中国哲学史》2020年第6期。

7.郗韬：《明中后期阳明心学盛行的传播学解读》，《石家庄学院学报》2020年第2期。

8.关泽田、崔海东：《阳明后学南直隶书院考论》，《贵阳学院学报（社会科学版）》2020年第6期。

9.陈寒鸣：《张居正与阳明后学》，《贵阳学院学报（社会科学版）》2020年第6期。

10.张海晏：《道德主体性的折散——阳明后学的分化》，《贵阳学院学报（社会科学版）》2020年第2期。

11.陈福滨、黄伟铭：《儒佛会通：晚明“居士佛教”与“阳明后学”》，《吉林师范大学学报（人文社会科学版）》2020年第3期。

12.王晓娣：《儒学民间化：阳明后学“觉民行道”的社会伦理建构》，《东南大学学报（哲学社会科学版）》2020年第5期。

13.于闽梅：《王学左派的欲望观及其现代性》，《吉林师范大学学报（人文社会科学版）》2020年第3期。

14.华建新：《越文化视域下明嘉靖初年越中阳明心学的勃兴与流播》，《教育文化论坛》2020年第3期。

15.唐明贵：《张岱对朱学的扬弃和对王学的归宗——以〈论语遇〉为例》，《廊坊师范学院学报（社会科学版）》2020年第4期。

16.朱和双、曹晓宏：《作为“阳明后学”的陶希皋、陶珽与陶珙交游新证（上）》，《楚雄师范学院学报》2020年第5期。

阳明后学研究著作目录

1.〔明〕王艮：《王心斋家训译注》，杨鑫译注，上海：上海古籍出版社。

2.〔明〕王时槐：《王时槐集》，钱明、程海霞编校，上海：上海古籍出版社。

3.沈敖大：《徐阶传》，杭州：浙江文艺出版社。

4.杨宗红、蒲日材：《狂狷与启蒙：李贽的教育思想》，太原：山西人民出版社。

5.李子林主编：《李贽与近四百年湖北文化》，武汉：武汉出版社。

6.〔明〕李贽：《李贽全集续编》，张建业主编，北京：首都师范大学出版社。

7.陈寒鸣：《李贽学谱附焦竑学谱》，贵阳：孔学堂书局。

8.〔明〕李贽编著：《藏书》，学文点校，北京：商务印书馆。

9.陈蔚松、顾志华导读：《李贽集》，南京：凤凰出版社。

10.张建业：《李贽论》，北京：首都师范大学出版社。

11.〔明〕孙应鳌：《孙山甫督学集》，贵阳：孔学堂书局。

12.〔明〕薛侃：《薛侃集》，陈椰编校，上海：上海古籍出版社。

13.〔明〕张元忭：《张元忭集》，钱明编校，上海：上海古籍出版社。

14.〔明〕刘元卿：《刘元卿集》，彭树欣编校，上海：上海古籍出版社。

15.〔明〕黄绾：《黄绾集》，张宏敏编校，上海：上海古籍出版社。

16.〔明〕胡直：《胡直集》，张昭炜编校，上海：上海古籍出版社。

阳明后学研究学位论文目录

1.王晓娣：《阳明后学伦理思想研究》，东南大学博士学位论文，2020年。

2.俞汉群：《讨真心——唐一庵哲学思想研究》，浙江大学博士学位论文，2020年。

3.刘淑龙：《气学视域下的王畿心学》，杭州师范大学硕士学位论文，2020年。

4.黄文：《王畿调息静坐养生思想研究》，江西中医药大学硕士学位论文，2020年。

5.曹书嘉：《王畿心学思想中的儒佛融汇问题研究》，西安电子科技大学硕士学位论文，2020年。

6.陈鑫：《王艮明哲保身论和泰州学派的政治参与》，武汉大学硕士学位论文，2020年。

7.邬雯琳：《王艮儒学思想平民化特色初探》，内蒙古大学硕士学位论文，2020年。

8.吕幸：《邓元锡心学思想研究》，武汉大学硕士学位论文，2020年。

9.任为：《王塘南“以性为宗”思想研究》，武汉大学硕士学位论文，2020年。

10.贺淼：《季本“龙惕”思想探析》，河南大学硕士学位论文，2020年。

11.卢添成：《章潢工夫论思想研究》，武汉大学硕士学位论文，2020年。

12.王安然：《浙中王门现成良知研究》，中央民族大学硕士学位论文，2020年。

13.田明：《邵廷采的学术与文学》，南京师范大学硕士学位论文，2020年。

14.秦蓁：《关学与心学的交会研究——以南大吉、冯从吾、李二曲为中心的哲学考察》，陕西师范大学博士学位论文，2020年。

15.谭婷婷：《万表诗文研究》，湖南师范大学硕士学位论文，2020年。

16.李家城：《晚明士人思想的时代特质——以张岱为个案》，上海师范大学硕士学位论文，2020年。

17.舒迪：《明清时期阳明心学的扩散机制与传播场所研究》，南京师范大学硕士学位论文，2020年。

18.刘倩倩：《明代状元罗洪先的科学思想和科学贡献研究》，南京信息工程大学硕士学位论文，2020年。

19.李丹：《徐阶年谱》，兰州大学硕士学位论文，2020年。

20.于聪：《焦竑与佛教》，西北大学硕士学位论文，2020年。

21.高志强：《罗汝芳“赤子之心”与“孝悌慈”思想研究》，西北民族大学硕士学位论文，2020年。

22.陆嘉呈：《泰州学派劝善运动的理念与实践研究》，南京大学硕士学位论文，2020年。

23.张晓伟：《李贽自由思想新诠》，湘潭大学硕士学位论文，2020年。

24.陈幸运：《李贽〈老子解〉研究》，华中师范大学硕士学位论文，2020年。

25.肖宁：《李贽庄学思想研究》，河北师范大学硕士学位论文，2020年。

26.林惠兰：《罗年洪先调息静坐养生文献与理论研究》，江西中医药大学硕士学位论文，2020年。

27.李强：《明代阳明学士人友朋观研究》，黑龙江大学硕士学位论文，2020年。

日本阳明学研究成果目录

1.［日］土田健次郎：《最终讲义：观心》，《东洋的思想与宗教》第37号，2020年。

2.［日］小路口聪：《过的意识——王畿的改过论》，《阳明学》第30号，2020年。

3.［日］永富青地：《王畿〈中鉴录〉的考察》，《阳明学》第30号，2020年。

4.［日］荒木龙太郎：《王心斋格物说与王一庵诚意说》，《活水日文》第61号，2020年。

5.［日］三浦秀一：《万历王学者邹元标的前半生及其思想》，《集刊东洋学》第122号，2020年。

6.刘心奕：《罗洪先“主静”思想的展开》，《东洋大学大学院纪要》第56号，2020年。

7.［日］阿部亘：《李贽的“迩言”论：境界与实践》，《日本儒教学会报》第4号，2020年。

8.［日］五藤嵩也：《〈李卓吾先生批评三国志〉的版本分化》，《名古屋大学中国语学文学论集》第33号，2020年。

9.［日］和泉瞳：《正德末年至嘉靖年间“性气诗派”的继承（前篇）——白沙学派的诗文意义及湛若水的宣扬》，《关西大学中国文学会纪要》第41号，2020年。

10.［日］吉田公平、小路口聪、早坂俊广等译注：《邹守益“会语”资料（惜阴会、青原会、龙华会相关）译注——阳明门下会语纪录精读（其四）》，《白山中国学》第26号，2020年。

11.［日］吉田公平、小路口聪、早坂俊广等译注：《邹守益“会语”资料（复古书院相关）译注——阳明门下会语纪录精读（其五）》，《白山中国学》第26号，2020年。

12.二松学舍大学宋明资料轮读会王龙溪班：《王畿〈龙溪王先生全集〉卷十三译注（3）》，《阳明学》第30号，2020年。

13.［日］中江彰：《中江藤树其人与思想》，《弘道》第1128号，2020年。

14.［日］高桥文博：《俟后之君子的熊泽蕃山——近世日本阳明学的展开（3）》，《就实大学大学院教育学研究科纪要》第5号，2020年。

15.［日］奥谷浩一：《蔡温的哲学与林政思想》，《札幌学院大学人文学会纪要》第107号，2020年。

16.［日］船户雅也：《石田梅岩的思想与宋明心学》，《日本语·日本学研究》第10号，2020年。

17.［日］后藤三愚：《石田梅岩有关事业继承的启示》，《事业承継》第9号，2020年。

18.［日］森田健司：《克服特别情况的石门心学——石田梅岩〈齐家论〉的思想》，《众知（特别编）》，2020年。

19.［日］黑田一贤：《石田梅岩、近江商人的启示：日本独自投资的可能性》，《エコノミスト》第6号，2020年。

20.［日］冈田干彦：《历史的指标石田梅岩（1）江户时代的庶民教师》，《明日への選択》第418号，2020年。

21.［日］冈田干彦：《历史的指标石田梅岩（2）神之心即人之心》，《明日への選択》第419号，2020年。

22.［日］吾妻重二：《佐藤一斋〈哀敬编〉——日本阳明学者的新儒教葬祭书》，《アジア遊学》，第245号，2020年。

23.［日］佐藤一斋、洼田哲夫：《重职心得个条：在上者必读的“品格行动指针”》，《世界と日本》，第1310号，2020年。

24.［日］荻原大地：《近世实录中的大盐平八郎的人物像》，《早稻田大学大学院教育学研究科纪要：别册》第28号，2020年。

25.［日］荻原大地：《大盐平八郎物实录的展开及其容受》，《近世文艺》第112号，2020年。

26.［日］荒木龙太郎、关干雄：《〈读我书楼长历〉翻刻（一）——九州大学附属图书馆藏“吉村文库”研究》，《活水日文》第61号，2020年。

27.［日］井上快：《幕末时期藩儒的〈孟子〉讲义——论吉村秋阳与吉村斐山》，《日本の教育史学：教育史学会紀要》第63号，2020年。

28.［日］高伟高：《山田方谷的“诚意本位”思想》，《史学研究》第306号，2020年。

29.［日］桥本彻：《从危机中诞生新的生存方式（第1回）学习以地方产品

的殖产兴业克服备中松山藩财政困难的山田方谷思想——混乱的江户末期，大胆的财政改革，实现殖产兴业的方谷》，《财界》第8号，2020年。

30.［日］桥本彻：《从危机中诞生新的生存方式（第2回）影响日本资本主义之父涩泽荣一的山田方谷思想——“立于事外，不屈于事内”。危机之时保持大局观以成事的方谷思想》，《财界》第9号，2020年。

31.［日］伊故海贵则：《横井小楠的“议论”与世界认识——道理、武威、一致》，《明治维新史研究》第18号，2020年。

32.［日］三谷博：《“公议”运动中福井的作用——楠井小楠的作用》，《福井县文书馆研究纪要》第17号，2020年。

33.［日］松谷升藏：《西村茂树与文部省编辑局（其一）》，《弘道》第128号，2020年。

34.［日］松谷升藏：《西村茂树与文部省编辑局（其二）》，《弘道》第128号，2020年。

35.［日］平岛敏幸：《三宅雪岭与嘉纳治五郎》，《流通経済大学スポーツ健康科学部紀要》第13号，2020年。

36.［日］中野目彻：《湖南与三宅雪岭》，《湖南》第40号，2020年。

37.［日］井泽耕一：《书评山村奖著〈近代日本与变容的阳明学〉》，《日本思想史学》第52号，2020年。

38.［日］吉田健一：《萨摩（鹿儿岛）的文化与稻盛和夫》，《鹿儿岛大学稲盛アカデミー研究紀要》第9号，2020年。

39.曹亚杰：《〈啾啾吟〉与〈恋情〉试论——松元清张的人生观与阳明学的关联》，《跨境：日本语文学研究》第10号，2020年。

40.［日］童门冬二：《历史中的总务部长（419）伊那的勤王婆松尾多势子（14）与横井小楠相遇》，《月刊総务》第5号，2020年。

41.［日］须田努：《历史研究最前线（85）吉田松阴视角下开国期的政治与思想》，《歴史地理教育》第904号，2020年。

42.［日］石上七鞘：《言灵与大和魂》，《教育文化研究》第8号，2020年。

43.［日］小野美典：《论吉田松阴的歌集〈涓松集〉——由松阴本到流传本变化与松阴形象的塑造》，《山口国文》第43号，2020年。

44.［日］小野美典：《吉田松阴〈涓松集〉的〈吉备宫〉歌解释考》，

《桜文论丛》第101号，2020年。

45. ［日］牛见真博：《近世第一人称代词“仆”的使用——从江户中期徂徕学派山县周南到幕末的吉田松阴》，《東アジア研究》第18号，2020年。

46. ［日］镰田出：《吉田松阴与汉诗——行志》，《国士馆大学经济研纪要》第32号，2020年。

47. ［日］德田武：《久坂玄瑞与吉田松阴》，《江户风雅》第21号，2020年。

48. ［日］佐藤敦：《佐久间象山与其弟子胜海舟、吉田松阴——先见性与自我肯定感（第1回）》，《研究開発リーダー》第4号，2020年。

49. ［日］笠谷和比古：《近世幕府与朝廷（36）幕末尊王攘夷论（2）吉田松阴的思想》，《ミネルヴァ通信“究”》第115号，2020年。

50. ［日］道迫真吾：《历史与现代　幕末瘟疫大流行与吉田松阴主张的预防法》，《山口県地方史研究》第124号，2020年。

51. ［日］德田武：《安积艮斋与吉田松阴》，《江户风雅》第22号，2020年。

52. ［日］海原彻：《〈名字说〉中的启示》，《至诚馆大学吉田松阴研究所纪要》第2号，2020年。

53. ［日］小山良昌：《松阴的门生——藩主毛利敬亲（1）》，《至诚馆大学吉田松阴研究所纪要》第2号，2020年。

54. ［日］野村兴儿、关厚夫：《野村兴儿校长特别访谈松阴、左内、象山到戴尔（Dyer）明治时期开花结果的松下村塾教育思想——奠定近代日本制造基础的一所工科大学》，《至诚馆大学吉田松阴研究所纪要》第2号，2020年。

55. ［日］三宅绍宣：《吉田松阴与〈坤舆图识〉》，《至诚馆大学吉田松阴研究所纪要》第2号，2020年。

56. ［日］佐川春久：《附加地图解说原本大小的复制品〈赤水图〉中寻找吉田松阴〈东北游日记〉的足迹》，《地図》第2号，2020年。

57. ［日］中岛广明：《日本女性的自立源泉——吉田松阴的女子教育观》，《敬心・研究ジャーナル》第2号，2020年。

58. ［日］埋忠美沙：《歌舞伎的西乡隆盛》，《歌舞伎：研究と批評》第64号，2020年。

59. ［日］谷晃：《历史文化探访鹿儿岛（上）——西乡隆盛与岛津家之

地》，《茶道雑志》第84号，2020年。

60.［日］小野耕资：《基于风土与共同体的经济（8）——社仓的思考方式（2）西乡隆盛》，《国体文化》第1155号，2020年。

61.［日］久保田瑞成：《“西乡殿！”与“西乡殿！”——林真理子的“西乡殿！”》，《鹿儿岛纯心女子短期大学研究纪要》第50号，2020年。

62.［日］西村真：《日本人、最后的话语（第40回）无趣之世的趣味高杉晋作（1839—1867）》，《花田》第47号，2020年。

韩国阳明学研究成果目录

1.［韩］金世贞：《阳明学：照顾与共生之路》，大田：忠南大学出版文化院，2020年。

2.〔明〕王守仁：《王阳明心学的诞生地龙场相关资料译注》，［韩］崔在穆、金明月译注，庆山：岭南大学出版部，2020年。

3.［韩］曹玟焕：《东洋的狂气与艺术：东亚文人的自由与创造的美学》，首尔：成均馆大学出版部，2020年。

4.［韩］金俊承：《王守仁教育论和施泰纳·瓦尔多夫教育论的比较研究：以儿童期教育为中心》，成均馆大学博士学位论文，2020年。

5.［韩］金明月：《邹守益与李滉的心学思想及其比较研究》，岭南大学、成均馆大学博士学位论文，2020年。

6.［韩］朴东真：《关于中年期的自主成长——成长的哲学咨询性研究：以王阳明的人生和思想为中心》，韩国咨询研究生院大学硕士学位论文，2020年。

7.［韩］金珉在：《教科书中记述的阳明学实态分析及改善的建议——以高中〈伦理和思想〉教科书为中心》，《阳明学》第56辑，2020年。

8.［韩］金世贞：《在韩国中国阳明学派研究现状与课题》，《阳明学》第59辑，2020年。

9.［韩］金世贞：《朝鲜时代阳明学研究的过去、现在、未来——以朝鲜时代阳明学一般研究为中心》，《儒学研究》第52辑，2020年。

10.［韩］金承大：《德村梁得中的家系与追崇的研究》，《阳明学》第58辑，2020年。

11.［韩］金俊承：《王阳明致良知论分析——从情感、欲望和境界体验的角度》，《阳明学》第56辑，2020年。

12.［韩］金俊承：《从王守仁致良知思想中看到的儿童教育论——从先天知识到体认知识》，《教育思想研究》第34辑，2020年。

13.［韩］金俊承：《王守仁的情感论和鲁道夫·斯坦纳12感觉论对比考察》，《东西哲学研究》第97辑，2020年。

14.［韩］金亨灿：《退溪的阳明学批判和朝鲜儒学的成立》，《退溪学报》第148辑，2020年。

15.［韩］金熙永、金珉在、金容载：《朝鲜性理学家对阳明学的批判性认识检讨（3）——以李敏叙、徐宗泰、宋徵殷为中心》，《阳明学》第56辑，2020年。

16.［韩］朴成浩：《后新型冠状病毒时代的霞谷思想——以生理和感通为中心》，《阳明学》第59辑，2020年。

17.［韩］朴荣熙：《王阳明的修辞方法和思维方式》，《中国学报》第94辑，2020年。

18.［韩］朴钟道：《王守仁与曹植的知行合一的实践性质研究》，《阳明学研究》第66辑，2020年。

19.［韩］朴炫贞：《从学派视角看霞谷学的性质和特点——以国内外研究成果比较为中心》，《阳明学》第56辑，2020年。

20.［韩］朴炫贞：《藏书阁收藏郑济斗草集〈稽山先生学录〉初探》，《阳明学》第59辑，2020年。

21.［韩］裴多彬：《关于王阳明知行合一观的逻辑妥当性及其运用局限的一考》，《民族文化论丛》第74辑，2020年。

22.［韩］裴炳大：《霞谷的〈孟子说〉〈浩然章〉的构造和其伦理学意义》，《阳明学》第57辑，2020年。

23.［韩］徐康挥：《霞谷的真理及阳明正统派的本体》，《东洋哲学》第54辑，2020年。

24.［韩］徐倩延：《蕴含于董其昌作品中的禅宗美学》，《东洋艺术》第46辑，2020年。

25.［韩］宣炳三：《甘泉后学洪垣的心学思想》，《阳明学》第56辑，2020年。

26.［韩］宣炳三：《甘泉后学唐枢的心学思想》，《儒家思想文化研究》第79辑，2020年。

27.［韩］辛炫承：《明末时期学术共同体和政治网络研究——以东林和复社为中心》，《儒学研究》第50辑，2020年。

28.［韩］梁鲜轸：《人工智能时代和新型冠状病毒时代的交叉点，人类自由和监视社会——以郑齐斗、王阳明、柏格森、梅洛·庞蒂为中心》，《阳明学》第59辑，2020年。

29.［韩］梁鲜轸：《人类的经济、道德和宗教层面：超越亚当·斯密的经济学和伦理学，成为王阳明和克尔凯郭尔宗教的存在》，《退溪学论丛》第36辑，2020年。

30.［韩］禹知延：《朝鲜后期文人画家的艺术、哲学特征一考——以“尹斗瑞”和“赵英锡”为中心》，《阳明学》第57辑，2020年。

31.［韩］李庆龙：《王阳明48—49岁左右从静坐学习转变为向良知和学术意义》，《阳明学》第57辑，2020年。

32.［韩］李南沃：《全州李氏德川郡派李京直家族的来历和地域性的展开》，《阳明学》第57辑，2020年。

33.［韩］李相勋：《王龙溪的成德体系和江右王门的批评》，《阳明学》第56辑，2020年。

34.［韩］李偶赈：《重读王阳明的龙场悟道》，《阳明学》第59辑，2020年。

35.［韩］李致亿：《从〈传习录论辩〉看退溪知行论的意义》，《韩国民族文化》第75辑，2020年。

36.［韩］李海任：《崔鸣吉和赵翼的经典解释倾向及其意义：以〈史文录〉〈孟子记疑〉为中心》，《哲学探求》第58辑，2020年。

37.［韩］林洙满：《为堂郑寅普的“心”思想和文学》，《清蓝语文教育学会》第75辑，2020年。

38.［韩］林弘泰：《阳明的圣凡一体观研究》，《栗谷学研究》第43辑，2020年。

39.［韩］田炳述：《他们为什么要成为阳明弟子——以董沄和韩贞为例》，《阳明学》第56辑，2020年。

40.［韩］全修延、金珉在、金容载：《朝鲜性理学者对阳明学的批判认识检讨（4）——以朴世彩的〈王阳明学辨〉为中心》，《儒学研究》第51辑，2020年。

41.［韩］郑甲任：《有机体的知性和治愈——以王阳明的万物一体观为中心》，《阳明学》第59辑，2020年。

42.［韩］郑甲任：《我们心中的“孩子”资源》，《阳明学》第57辑，2020年。

43.［韩］赵智善：《利用阳明学进行大学人性教育教科开发相关研究》，《阳明学》第59辑，2020年。

44.［韩］黄仁玉：《〈思辨录中庸〉的阳明学形态考察——以〈中庸〉首章为中心》，《儒学研究》第51辑，2020年。

45.［韩］陈晟秀：《藫园郑寅普的子女教育》，《阳明学》第56辑，2020年。

46.［韩］千炳敦：《贺麟的陆王心学解析研究》，《阳明学》第59辑，2020年。

47.［韩］崔一凡：《花潭徐敬德的理气论研究——关于霞谷郑齐斗》，《牛溪学报》第38辑，2020年。

48.［韩］崔在穆：《王阳明与退翁心性论、修行论比较——以退翁阳明学讨论为线索的试论》，《退翁学报》第17辑，2020年。

49.［韩］崔在穆、徐承完、金容载：《在近代日本阳明学中大盐中斋之位（Ⅰ）》，《东洋哲学研究》第102辑，2020年。

50.［韩］崔在穆、徐承完、金容载：《在近代日本阳明学中大盐中斋之位（Ⅱ）》，《阳明学》第57辑，2020年。

欧美阳明学研究成果目录

1.Sanjarbek Sultanbekovich Khoshimov, “Thoughts about Human Nature in Chinese Philosophical Thinking and their Interpretation in the Ideas of Wang Yangming”, *Scientific Bulletin of Namangan State University*, no.1（2020）: 173-177.

2.Xiaomei Yang, “The Problem of Evil in the Neo-Confucian Context: Wang Yangming’s View on evil”,*Asian Philosophy*, no.4（2020）: 351-366.

3.Yinghua Lu, “The Inversion of Values and the Renunciation of Desire and Love: An Investigation through Max Scheler and Wang Yangming”, *Asian Philosophy*, Vol. 30, 4（2020）: 351-366.

4.Roland Reichenbach, “‘When the Heart-Mind is Lost…’ Remarks on the Metaphysics of Educational Theory,” in Roland Reichenbach & Duck-Joo Kwak ed.,*Confucian Perspectives on Learning and Self-Transformation: International and Cross-Disciplinary Approaches*,（Dordrecht: Springer, 2020）: 105-123.

5.Niklaus Schefer, “Enlightenment and Freedom in a Confucian Way:（Wanwu Yiti）–A Philosophical Concept and Its Educational Relevance,” in Roland Reichenbach & Duck-Joo Kwak ed., *Confucian Perspectives on Learning and Self-Transformation: International and Cross-Disciplinary Approaches*,（Dordrecht: Springer, 2020）: 91-103.

6.Charlene Tan, “An Ethical Foundation for Global Citizenship Education: A Neo-Confucian Perspective”,*Journal of Beliefs & Values: Studies in Religion & Education*, no.4（2020）: 446-457.

7.Yong Huang, “Why Confucian Ethics is a Virtue Ethics, Virtue Ethics is not a Bad Thing, and Neville Should Endorse It”,*Journal of Chinese Philosophy*, no.3-4（2020）: 283-297.

8.Margus Ott, “Wang Yangming’s Notion of Primary Knowledge and Primary Ability”,*Synthesis philosophica*, no.1（2020）: 173-196.

9.Mary Mee-Yin Yuen, “Neo-Confucian Ethics: Unity of Knowing and Acting. In her Solidarity and Reciprocity with Migrants in Asia: Catholic and Confucian Ethics in Dialogue”,（*New York: Palgrave Macmillan*, 2020）: 183-210.

10.Wanying Wang, "Chinese Currere, Subjective Reconstruction, and Attunement: When Calls My Heart", (*New York: Palgrave Macmillan*, 2020) : 82-92.

11.Eva Kit Wah Man, "A Historical Review and Reflection on the Confucian 'Great Learning' and its Contemporary Implications for Higher Education," in King Sang Mak ed.,*Transmitting the Ideal of Enlightenment: Chinese Universities since the Late Nineteenth Century,* (Maryland: University Press of America Inc., 2009) : 135-148.

12.Edward Chung,*The Great Synthesis of Wang Yangming Neo-Confucianism in Korea: the Chonŏn (Testament) by Chŏng Chedu (Hagok)* , (Washington D.C.: Rowman & Littlefield, 2020) .

13.Byeongsam Sun, "Yi Gan's Inclination Toward the Learning of the Mind-Heart in the 18th Century: A Comparison with Wang Yangming's Mind-Heart Philosophy" , *Dao: A Journal of Comparative Philosophy*, no.19 (2020) : 251-267.

14.S. Kapranov, "Interpretation of Yangmingism in the Late Works of Mishima Yukio" ,The World of the Orient, no.3 (2020) : 63-70.

15.Tina Lu, "If Not Philosophy, What Is Xinxue? " *Harvard Journal of Asiatic Studies*, Vol. 80, no.1 (2020) : 123-163.

16.Zemian Zheng, "Zhu Xi and Later Neo-Confucians, in Kai-chiu Ng & Yong Huang ed." ,*Dao Companion to ZHU XI's Philosophy*, (Dordrecht: Springer, 2020) : 195-219.

17.David Lee, "The Role of the Heart in the Islamic Thought of Wang Daiyu: With Reference to Wang Yangming, in Ruth J. Nicholls & Peter G. Riddell ed." ,*Insights into Sufism: Voices from the Heart*, (Newcastle upon Tyne: Cambridge Scholars Publishing, 2020) : 127-149.

18.Ping Dong, *Historical Background of Wang Yang-ming's Philosophy of Mind: From the Perspective of his Life Story*, translated by Xiaolu Wang & Liang Cai, Dordrecht: Springer, 2020.

19.Ping Dong, "George L. Israel, The Eight Virtues of Liangzhi: An Analysis of the Fundamental Characteristics of Wang Yangming's Central Doctrine" ,*Journal of World Philosophies*, no.5 (2020) : 73-93.

20.Chunqing Li, *Zhong and Zhongyong in Confucian Classics, Translated by Yuan*

Zhu,（Singapore: Palgrave Pivot, 2020）.

21.Hongbo Deng, "Like Tea and Rice at Home: Lecture Gatherings and Academies during the Ming Dynasty," in Vladimir Glomb, Eun-Jeung Lee, and Martin Gehlmann ed.,*Confucian Academies in East Asia*, Vol. 3,（Leiden: Brill, 2020）: 159-196.

22.Leah Kalmanson, "Three Streams: Confucian Reflections on Learning and the Moral Heart-Mind in China, Korea, and Japan by Philip J. Ivanhoe （review）" ,*Philosophy East & West*, no. 2（2020）: 1-4.

23.K. Lauriston Smith, "Oneness: East Asian Conceptions of Virtue, Happiness, and How We Are All Connected by Philip J. Ivanhoe （review）" ,*Philosophia Christi*, no.2（2020）: 364-367.

24.James T. Bretzke, "Oneness: East Asian Conceptions of Virtue, Happiness, and How We Are All Connected by Philip J. Ivanhoe （review）" ,*Journal of Korean Religions*, no.1（2020）: 188-197.

25.Jana S. Rošker, "The debate at the spring of heaven: Neo-Confucian epistemology and some forgotten foundations of Chinese humanism" ,International Communication of Chinese Culture, 7（2020）: 455-466.

26.Justin Tiwald, " 'Song-Ming Confucianism' , in Stanford Encyclopedia of Philosophy" , https://plato.stanford.edu/entries/song-ming-confucianism/, First published Thu Mar 19, 2020.

编后语

在贵州省孔学堂发展基金会的大力支持下，贵阳孔学堂文化传播中心近几年，每年出版一本《阳明学研究年鉴》，总结过去，展望未来，为传统文化“创造性转化”和“创新性发展”尽一点绵薄之力。

经过《年鉴》编委会再三讨论，决定从2020年起，在本书原有基础上进行较大的改动。将阳明后学研究与中国阳明学研究（含港澳台）、域外阳明学研究并列，形成了中国阳明学研究综述、国外阳明学（含阳明后学）研究综述、阳明后学研究综述几大板块内容，并附录了较为详细的文献目录。其中，国内阳明学研究综述涵盖了中国境内出版和发表的阳明学研究著作、期刊（含辑刊）、学位论文、会议文集等；国外阳明学研究综述涵盖了韩国、日本、欧美等地区的阳明学（含阳明后学）内容；阳明后学研究综述以黄宗羲《明儒学案》对阳明后学及其人物归属分类为基础，增加了“黔中王门”学派，依次分类进行综述，内容包括专著、期刊（含辑刊）、学位论文等部分，并酌情增加未列入《明儒学案》但学界又比较认可的阳明后学学者如李贽等。而在日、韩、欧美阳明学研究综述当中，考虑到研究的地域特色，对阳明后学的定位较国内更加宽泛。

在此，尤其要感谢撰写本书日、韩、欧美板块内容的同仁。韩国成均馆大学博士、京畿大学东亚艺术研究所徐信延教授，成均馆大学东洋哲学文化研究所金俊承博士，他们撰写并翻译了韩国阳明学研究综述；杭州师范大学申绪璐教授及其团队成员刘心奕、日本学者播本崇史和志村淳弘撰写并翻译了日本阳明学研究综述；上海财经大学王格副教授撰写并翻译了欧美阳明学研究综述。是他们的付出，国外阳明学研究成果综述才得以呈现，拓展了本书的国际化视野。同时还要感谢中国社会科学院张宏斌副研究员，河北大学戴木茅副教授，天津社科院杨莉副研究员，中山大学赵天博士，华南师范大学梁文晓博士，贵州财经大学冯相磊副教授、邓立副教授，贵州师范大学李光庆副教授，贵州民族大学曹发生副教授，贵阳孔学堂韩淑娟老师，黔南民族职业技术学院欧阳英桃老师等，他们为本书的文献搜集和分类、文稿撰写和校对给予了大力支持。孔学堂书局相关编辑为本书的编校耗费了大量精力和时间。是他们的参与，才使得这本《年鉴》得以完稿并顺利出版。

在编撰过程中，虽然编者花费了大量的心血，力求详备，但有限的能力和有限的时间，难免挂一漏万。疏漏和差错之处，还请方家不吝指教！如有意见和建议，请联系我们。

曾顺岗

于孔学堂高等研究院